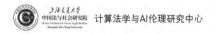

上海交通大学
中国法与社会研究院　计算法学与AI伦理研究中心

计算法学与数字社会译丛　丛书主编 季卫东

人工沟通与法：
算法如何生产社会智能

[意] 埃琳娜·埃斯波西托　著

翁壮壮　译

上海交通大学出版社
SHANGHAI JIAO TONG UNIVERSITY PRESS

内容提要

本书主要探讨现代社会的算法如何生产社会智能问题。作者埃琳娜·埃斯波西托(Elena Esposito)教授沿袭其导师尼可拉斯·卢曼(Niklas Luhmann)的"社会沟通"理论，指出机器学习等数字技术不是人工智能，而是"人工沟通"。在算法和人类智能之间进行这种类比是一种误导。如果机器对社会智能有贡献，不是因为它们学会了如何像人类一样思考，而是因为人类学会了如何与它们进行沟通。"人工沟通"意味着人类的沟通伙伴可能不是人类，而是算法。鉴于算法在社会生活的各个领域中的广泛使用，本书深入探索了人类与算法互动、在线网络列表的激增、数字本文分析中的可视化、算法个性化与数字画像、数字记忆与被遗忘权、遗忘图像、算法预测、法律 AI 的透明度与解释等数字社会的前沿问题。在 ChatGPT 热潮持续升温的当下，相信本书在帮助中国读者准确了解当代数字社会的同时，也能促进我们对数字法学与计算法学领域前沿问题的深入思考。本书的读者对象包括高校科研作者、人工智能及计算法学相关研究人员、对人工智能算法感兴趣的读者等。

图书在版编目(CIP)数据

人工沟通与法：算法如何生产社会智能 /（意）埃琳娜·埃斯波西托（Elena Esposito）著；翁壮壮译
. 一上海：上海交通大学出版社，2023.7（2023.12 重印）
（计算法学与数字社会译丛）
书名原文：Artificial Communication：How Algorithms Produce Social Intelligence
ISBN 978 - 7 - 313 - 28712 - 0

Ⅰ.①人… Ⅱ.①埃… ②翁… Ⅲ.①人工智能—科学技术管理法规—研究 Ⅳ.①D912.170.4

中国国家版本馆 CIP 数据核字(2023)第 085412 号

人工沟通与法：算法如何生产社会智能
RENGONGGOUTONG YU FA：SUANFA RUHE SHENGCHAN SHEHUIZHINENG

著　　者：[意]埃琳娜·埃斯波西托　　　　　译　　者：翁壮壮
出版发行：上海交通大学出版社　　　　　　　地　　址：上海市番禺路 951 号
邮政编码：200030　　　　　　　　　　　　　电　　话：021 - 64071208
印　　制：苏州市古得堡数码印刷有限公司　　经　　销：全国新华书店
开　　本：710 mm×1000 mm　1/16　　　　　印　　张：12.5
字　　数：187 千字
版　　次：2023 年 7 月第 1 版　　　　　　　 印　　次：2023 年 12 月第 2 次印刷
书　　号：ISBN 978 - 7 - 313 - 28712 - 0
定　　价：49.00 元

总　序

　　人类社会正在经历翻天覆地的数字化转型。通过物联网、大数据、人工智能等信息技术赋能，人们的生产方式和生活方式发生了全面而深刻的变化，世界几乎被数字全面覆盖，形成多重宇宙的景观。在数字孪生、虚实相生的条件下，所有权、合约、利益分配以及婚姻家庭都呈现出前所未有的复杂形态；人际关系与法律秩序究竟应该如何定位和重构，已成为法学、政治学以及社会学的一个重要的研究课题。

　　特别值得注意的是，从 2022 年 11 月 30 日 ChatGPT 问世开始，人工智能突然进入令人瞠目结舌的物种大爆发阶段。2023 年 3 月 15 日发布的GPT-4，通过横跨数十国语种的大规模人机对话模型和人工智能生成的大量衍生物，展示了其对包括图表、图像在内的信息进行自由处理的强大能力，呈现出非常多样化的应用场景，在很多方面俨然达到甚至超越了人类的聪慧水平。与此类似的新型人工智能成果（例如中国的文心、盘古、悟道、商量、通义、星火）也不断涌现。但是，3 月 17 日，斯坦福大学教授米哈尔·科辛斯基公开了他的惊人发现：GPT-4 不仅具有机器觉醒的迹象，而且暴露出试图摆脱人类控制的动机和潜力。紧接着，未来生命研究所发表了一份公开信，呼吁所有 AI 实验室立即暂停训练比 GPT-4 更强的 AI 系统至少6 个月的时间，并获得千名以上的科技界领袖和业界专家学者的签名支持。3 月 30 日，美国联邦贸易委员会收到来自人工智能和数字政策中心的举报，要求对 OpenAI 及其新产品 GPT-4 展开调查。当然诸如此类主张和动议的宗旨并非遏制人工智能的研发，只是希望人类谋定而后动，及时建立和健全防范风险、敏捷治理的有效机制，以防止人工智能在运作过程中失控,带来不可逆的灾难。因此,中国没有必要闻风而动,急急忙忙地给 AI 研发本身按下暂停键,但必须加强与新型人工智能应用场景相关的监控和危机管理,并在充分调研的基础上制定一部足以防患于未然的人工智能法。

无论如何,随着人工智能的高速迭代,经济和社会运行的智能化以及行政的自动化程度必将不断倍增;社会科学的研究范式也由数据驱动(第四范式)迅速转换为 AI 深度学习驱动(第五范式);与此相应,一直强调逻辑推理和概念演算的现代法律制度势必越来越与代码并行和交错在一起,甚至在很大程度上由电脑的算法来主导。基于大数据分析和计算机专家软件的立法、执法以及智慧法院在中国正方兴未艾,ChatGPT 等新型人工智能也开始应用到审判和法律服务中,并引起一系列连锁反应。在这样的背景下,计算法学当然也会作为文理交融的一个新兴的独立学科而被广泛重视。

狭义的计算法学脱胎于 20 世纪 70 年代以来的法律推理计算机化尝试,以及 20 世纪 80 年代以来的法律信息学领域,特别是美国斯坦福大学的 CodeX 研究中心有力推动了相关学术项目和课程体系的设置。《欧洲 2020 年战略》资助的未来法学项目还宣告了一个"计算法学时代"的到来。在中国,虽然从 20 世纪 80 年代起就开始探讨法律工作计算机化的可能性,但 21 世纪初叶才真正确立计算法学的体系。体系的确立可以举出三个重要标志,即 2015 年四川大学出版社出版《计算法学导论》、2018 年清华大学法学院启动计算法学全日制法律硕士教育项目、2021 年中国计算机学会成立计算法学分会。通过这三步走的平台战略和举措,计算法学作为交叉学科开始崛起,并且在学术研究和教学方面形成了全国相关机构通力合作的局面。在这个过程中,基于小数据的法社会学实证分析和计量法学与基于大数据＋AI 的计算社会科学相结合,法律与代码、算法以及大规模语言模型相结合,大幅度拓展了计算法学的外延和内涵,也在一定程度上重构了法律界的生态环境,俨然开创出继政法学、法教义学之后的"法科 3.0"格局。

从 2009 年年初区块链投入应用开始,计算机系统和信息通信技术进入到一个崭新的发展阶段。在 2014 年重新定义 Web3.0 之后,人们认识到互联网不仅具有去媒介化、去中心化、确立智能合约的可信度、确立数字资产持有权等基本特征,而且还能在立体化、全息化的基础上发展出元宇宙的基础设施。在 2016 年 VR 热销、2020 年 NFT 爆发之后,以作为数字通行证的虚拟货币和作为用户数字分身的虚拟人为载体或媒介,元宇宙与人工智能交错、互动,形成了另一种以虚运实的经济生态圈、借助机器语言的沟通方式以及人类的数字生存形态,浮现出前所未有的跨链行为规则和关系性秩序原理。ChatGPT 以及 GPT-4 等新型人工智能将会进一步改写社会的底层逻辑和基本算法。如何准确地理解和驾驭上述社会巨变、预防和管控各种科技风险、探索和发现法律制度演化的奇点是我们面临的紧迫任务。

为此,上海交通大学中国法与社会研究院及其计算法学与 AI 伦理研究中心策划并组织翻译了这套世界前沿丛书,试图从理论和实践的不同维度及时追踪各国瞬息万变的新动向、新思考以及新对策。"计算法学与数字社会译丛"的各卷承担者基本上都属于千禧一代和 Z 世代的新锐研究者,是网络空间的原住民或持有数字永居权的移民,代表着法与社会变迁的辉煌但却充满不确定性的未来,当然也肩负着理论创新和制度创新的殷切期待。祝愿这套丛书的翻译者的知识和研究能力与时俱进,能在人工智能革命和计算法学时代中脱颖而出,进而引领科技与法律互动实践的浩荡潮流!

是为序。

季卫东
于 2023 年仲春的上海

目　录

导论 1

第一章 人工沟通？——算法作为互动伙伴 6

人工沟通 8

我们可以与不思考的伙伴沟通吗？ 11

虚拟的偶联性 15

谷歌化 17

算法学到什么 21

学习从机器中学习 23

结论 26

第二章 未经理解的组织：古代和数字文化中的列表 27

列表、评级、排名 29

写作、语境和抽象 30

列表机器 35

结论 39

第三章 阅读图像：数字文本分析中的可视化和解释 40

非语言文学分析 40

探索图像　　　　　　　　　　　　　　　　42

视觉刺激　　　　　　　　　　　　　　　　47

阅读、非阅读、远距离阅读　　　　　　　　51

算法式阅读不是算法阅读　　　　　　　　　55

结论　　　　　　　　　　　　　　　　　　59

第四章　算法个性化　　　　　　　　　　　　61

匿名个性化　　　　　　　　　　　　　　　61

个人的网络　　　　　　　　　　　　　　　62

个性化和标准化　　　　　　　　　　　　　65

画像：语境化或行为化?　　　　　　　　　67

数字沟通的诸形式　　　　　　　　　　　　70

结论　　　　　　　　　　　　　　　　　　79

第五章　算法记忆和被遗忘权　　　　　　　　80

记住去遗忘　　　　　　　　　　　　　　　80

数据驱动代理　　　　　　　　　　　　　　83

网络社会的记忆　　　　　　　　　　　　　84

没有记住的遗忘　　　　　　　　　　　　　88

数据驱动记忆　　　　　　　　　　　　　　91

结论　　　　　　　　　　　　　　　　　　93

第六章　遗忘图像　　　　　　　　　　　　　94

摄影体验　　　　　　　　　　　　　　　　94

要记住的图像　　　　　　　　　　　　　　95

现在的风险　　　　　　　　　　　　　　　97

特定时间的体验　　　　　　　　　　　　　99

结论　　　　　　　　　　　　　　　　　　101

第七章 预测的未来：从统计的不确定性到算法预测　103

开放未来的不确定性　103

算法预测的占卜面向　104

管理未来的不确定性　109

平均值 vs 个体化预测　111

制造可预测的未来　114

当正确的预测错误时　117

失明和过拟合　120

记忆与幻想　122

结论　124

结语　125

作者致谢　130

参考文献　132

附录 透明度与解释：模糊性在法律 AI 中的作用　167

简介：从人工智能到人工沟通　167

对难以理解的机器的诠释　168

解释需要透明度吗？　171

人工理性与机器法学　174

模糊性在法律论证中的作用　177

结论：与机器沟通　181

译后记　183

导　论

与深度学习和大数据协同工作的算法越来越擅长做更多的事情：它们可以快速而准确地生成信息，并且正在学习比人类更安全可靠地驾驶汽车。它们可以回答我们的问题、进行对话、创作音乐和阅读书籍，甚至还可以写出有趣的、恰当的，而且（如果需要的话）幽默的文本。

然而，在观察这一进程时，我们很少能完全放松——这不仅是因为我们担心偏差、错误、隐私威胁或公司和政府的蓄意使用。实际上，算法变得越好，我们的不适感就越大。《纽约客》最近的一篇文章描述了一位记者使用"智能撰写"①的体验，"智能撰写"是谷歌邮箱的一项功能，可使用者输入句子时为其提供提示结尾。该算法如此恰当、中肯地完成了记者的电子邮件，并符合他的风格，以致记者发现自己从机器中不仅学习了他会写的内容，而且还学习了他应该写的（并且没有想到的）内容，或者想写的内容。然而，这名记者一点也不喜欢这种感觉。

这种体验在我们与所谓的智能机器的互动中极为常见，被称为"恐怖谷"：②

---

① SEABROOK J. Can a Machine Learn to Write for the New Yorker? [N]. New Yorker，2019 - 10 - 14.

② MORI M. The Uncanny Valley[J]. Translated by Karl F. MacDorman and Norri Kageki. IEEE Robotics and Automation，2012，19（2）：98 - 100. 译者注：恐怖谷理论（另名诡异谷，英语：Uncanny Valley；日语：不気味の谷現象）是一个关于人类对机器人和非人类物体的感觉的假设。它在1970年由日本机器人学专家森政弘提出，但"恐怖谷"一词由恩斯特·詹池于1906年的论文《恐怖谷心理学》中所提出，而他的观点被弗洛伊德在1919年的论文《恐怖谷》中阐述，因此成为著名理论。森政弘的假设指出，由于机器人与人类在外表、动作上相似，所以人类会对机器人产生正面的情感；直到一个特定程度，它们的反应会突然变得极为负面。哪怕机器人与人类只有一点点的差别，都会显得非常显眼、刺眼，并且僵硬、恐怖，使人有面对僵尸的感觉。可是，当机器人和人类的相似度继续上升，相当于普通人之间的相似度的时候，人类对它们的情感反应会再度回到正面，产生人类之间的移情作用。"恐怖谷"一词用以形容人类对跟它们相似到特定程度之机器人的排斥反应。而"谷"就是指在研究里好感度对相似度的关系图中，当相似度接近100%前，好感度突然降至反感水平，回升至好感前的那个阶段。

在机器看起来自身与人类或观察者过于相似的情况下，人类会出现一种毛骨悚然的不适感。我们希望机器支持自己的思想和行为，但是当我们发现机器自身似乎有思想和行为时，我们会感到不舒服。今天，我们每个人都习惯于与自动化程序（机器人）进行沟通，而很少关注它们的本质——当我们在线购买机票、网络上寻求帮助、玩电子游戏时，以及在许多其他场合。① 然而，当我们反思或辩论算法的主题时，我们仍然会发现自己在讨论诸如机器通过图灵测试的可能性、②技术"奇点"的到来或远超人类能力的超级智能的创造等话题。③ 虽然我们将自己与机器做比较，却并不喜欢机器获胜。在我们努力打造智能机器的过程中，我们不仅想知道我们是否成功了，而且还想知道机器是否变得太聪明了。

但这真的是我们需要担心的吗？虽然我们可能会对与我们太相似的机器产生一种奇怪的感觉，但我们是否应该认为算法的基本风险在于它们可能会与人类智能进行比较或竞争？本书的出发点是类比算法性能和人类智能不仅没有必要，而且还具有误导性——即使它们背后的推理似乎是合理的。毕竟，今天很多算法似乎都能够进行"思考"和沟通。在我们所知的沟通中，我们的合作伙伴一直是人，而人则是被赋予了智慧的。如果我们的对话者是一种算法，我们会冲动地将人类的特征归因于"他"或"她"。如果机器可以自主沟通，人们会认为，"它也一定是智能的"，尽管可能与人类不同。在这个类比的基础上，研究集中在人类智能和机器性能之间的相似和差异，观察它们的极限并进行比较。④ 但是继续遵循这个类比真的可取吗？

笔者认为，我们可以与机器沟通并不意味着需要解释机器的智能（这种解释可能还需要解释"自然"智能的奥秘），但最重要的是，沟通正在发生变

---

① 关于算法以自然方式进行复杂对话的能力，参见 WELCH C. Google Just Gave a Stunning Demo of Assistant Making an Actual Phone Call[EB/OL]. [2018 - 05 - 08]. https://www.theverge.com/2018/5/8/17332070/google-assistant-makes-phone-call-demo-duplex-io-201.

② 艾伦·图灵（Alan Turing）在《计算机械与智能》（*Computing Machinery and Intelligence*）中提出了图灵测试，来评估机器表现出智能行为的能力。该测试标准是：如果观察者无法将计算机在自然语言对话中的贡献与其人类同伴的贡献区分开来，则机器通过了测试。

③ KURZWEIL R. The Singularity Is Near[M]. New York: Viking Books, 2005；BOSTROM N. Superintelligence: Paths, Dangers, Strategies[M]. Oxford: Oxford University Press, 2014.

④ SEARLE J. R. Mind, Brains and Programs[J]. Behavioral and Brain Sciences, 1980, 3(3): 417-457；NEGARESTANI R. Intelligence and Spirit[M]. Cambridge, MA: Urbanomic/Sequence Press, 2018.

化。本书的研究对象并非智能而是沟通,智能至今仍然是一个谜,但我们可以观察到沟通,并且我们已经对沟通了解甚多。例如,我们知道几个世纪以来,随着人类社会的发展,沟通是如何变化的。我们知道,沟通已经从共享物理空间的各方之间的简单互动,转变为更灵活和更具包容性的形式,并允许在越来越匿名和非个人化的环境中,与以前无法访问的遥远时空中的伙伴进行沟通。

在沟通的发展过程中,人类的角色发生了深刻的变化。如今已不需要所沟通的伙伴在场,无需知道他们是谁、为什么沟通、他们的意思是什么,并加以考虑。我们可以阅读和理解洗碗机的说明书,而不必知道是谁写的,并且也可以不认同作者的观点;我们解释一件艺术作品,可以不受艺术家观点和意图的约束。[①] 大多数信息不需要存储在某人的脑海中(没有人会时刻牢记《民法典》),在所有虚构的情况下,我们知道小说和电影中的人物并非真实存在,而且他们之间的沟通也并非由创作人产生。如果不是在理论层面而是在实践中,成功的沟通是在参与者的思想之间精确共享相同内容的想法,这在许多世纪以来一直是不现实的。在大多数情况下,告知者和接收者彼此不认识,彼此不知道对方的观点、背景或约束条件(事实上,也不需要这样做)。相反,这种透明度的缺乏还带来了无法想象的自由度和抽象度。

沟通形式的改变并不新鲜,也不是一个谜。相反,问题在于识别和理解新旧形式之间的差异性和连续性。如今,来自参与者认知过程的沟通自主性已经更进一步。我们需要一个沟通概念,它可以考虑沟通伙伴或许不是人类而是算法的可能性。今天已经观察到的结果是,在这种情况下,我们掌握了我们经常无法重建其发展或起源的信息,但这并不是恣意的。算法自主生成的信息根本不是随机的,而是完全受控的——但其不受人类思维过程的控制。[②]

我们如何掌控这种控制,这对我们来说也是难以理解的吗? 在笔者看来,这是当今机器学习技术和大数据的使用给我们带来的真正挑战。本书

---

① ECO U. Opera aperta[M]. Milan: Bompiani, 1962.
② 显然,它们受到控制并不意味着其是正确的、中立的,或者应该毫无保留或批判性地接受。正如反馈的动态所显示的那样,控制的存在并不排除风险、操纵或负面结果。另外,众所周知,人为控制当然不是成功的保证,甚至也不是理性的保证。

详细阐述了这一观点，同时研究了算法在社会生活不同领域里的使用。如果我们将算法的运作视为沟通而不是智能，我们将会看到什么，将看不到什么，或者将看到什么不同的东西？

本书首先讨论了人工智能的经典隐喻以及神经网络等衍生工具的充分性，以分析数字技术和网络的最新发展。最新一代的算法以各种形式引起了大数据和相关项目的使用，却没有试图人为地再现人类智能的过程。笔者认为，这既不是放弃，也不是弱点，而是它们在信息处理和与用户互动能力方面无与伦比的效率基础。机器第一次能够产生人类思维从未考虑过的信息，并充当有趣和有能力的沟通伙伴——不是因为它们变得聪明了，相反，这是因为它们不再尝试这样做了。驱动算法的过程与人类思维的过程完全不同，事实上，没有人类思维或人类思维的组合可以再现它们，更不用说理解算法的决策过程了，然而，人类的智慧仍然不可或缺。自学习算法能够以惊人的效率计算、组合和处理差异，但它们不能自己产生差异。网络环境中的自学习算法有其独特之处。通过大数据，算法"喂养"个人及其行为（有意或无意地）产生的差异，以产生新的、令人惊讶的和潜在的指导信息。算法过程从用户的智能和不可预测性（来自偶联性）出发，对其进行重做并像沟通伙伴那样实现智能运作，而无需算法自身变得智能化。

随后的章节探讨了这种情况在算法实际工作中的结果。在第二章中，笔者将数字化社会中列表的增殖追溯至自古以来就为人所知的一个关于列表的事实：它们使得管理人们所不理解的信息成为可能——结果可能产生新的信息。笔者在第三章中分析了可视化在数字人文学科中的使用，并将其作为一种使算法文本处理过程中难以理解的结果变得有意义的技术。第四章涉及数字画像和算法个体化，它们实现了标准个性化和一般语境化的矛盾形式，从而重新定义了"语境参考"和"活跃公众"的含义。第五章的重点是试图通过算法实现遗忘技术（"记住要忘记"）所固有的谜团，该章讨论了将算法用于此目的的可能性，结论是算法无法做到这一点。第六章探讨了数字化对照片使用的影响，如今，照片的制作似乎是为了逃避当下的压力，而不是为了将体验保存为记忆。

本书在第七章中对算法预测进行了分析，并通过回归智能及其数字形式来结束对本书的探索。随着越来越高效的算法越来越缺乏透明度，一种想法正在出现，即机器之所以难以理解主要是因为其没有什么可理解的。之所以其没有什么可理解的，是因为机器并不去理解。算法看起来很聪明，不是因为它们可以理解，而是因为它们可以预测。正如"开放 AI"（OpenAI）的首席科学家伊利亚·萨茨克维尔在描述自动写作软件时明确指出的那样，"如果一台机器……可以有足够的数据和计算能力来完美预测……这就相当于理解。"①

　　预测是智能人工形式研究的新视野，它从根本上改变了问题所运用的术语，即当你使用算法时，问题不是解释而是预测，不是识别因果关系而是找到相关性，不是管理未来的不确定性而是发现其结构（模式）。然而，世界仍然不确定，未来仍然开放，算法的使用仍然需要解释。在笔者看来，今天出现了控制问题和算法挑战——在意义、偶联性和不确定性仍然是宝贵资源的全球社会中，如何管理算法意义自主程序的影响。

作者于博洛尼亚

2021 年 2 月

---

① SEABROOK J. Can a Machine Learn to Write for the New Yorker? [N]. New Yorker, 2019 - 10 - 14.

第一章

人工沟通？
——算法作为互动伙伴

算法能否"思考"还很不确定，①而能确定的是，基于机器学习和大数据的当代算法可以参与沟通。今天的算法可以充当沟通伙伴。尽管准确的估计是困难的，但据称机器人是大约 50% 在线流量的作者。② 数百万推特（Twitter）的用户是机器人，③大多数虚假的脸书（Facebook）账户是由自动化程序创建的，④至少 40% 的维基百科的编辑是由计算机控制的账户执行。⑤ 根据牛津互联网研究所的一项评估，高度自动化的账户产生了近 25% 的关于 2016 年美国总统选举的推特流量。⑥ 谷歌和脸书由算法驱动已被众所周知，自相矛盾的后果是，人类操作者在脸书的热门话题列表中引导新闻选择的"发现"（discovery）被视为丑闻。⑦ 自动化系统也用于个性化沟通，在谷歌邮箱（Gmail）里，智能回复（Smart Reply）可识别需要回复的电子邮件，并即时生成完美的自然语言答案。⑧ "声田"（Spotify）最受欢迎的合辑"每

---

① 本章是对下文大幅修改的版本：Artificial Communication? The Production of Contingency by Algorithms[J]. Zeitschrift für Soziologie，2017，46(4)：249 - 265.

② FERRARA E.，VAROL O.，DAVIS C.，MENCZER F.，FLAMMINI A. The Rise of Social Bots[J]. Communications of the ACM，2016，59(7)：96 - 104.

③ 根据推特的说法，它为用户提供了一个工具——推特审计（Twitteraudit），用于计算他们的粉丝中有多少是真实的（即人类）。

④ 2020 年前三季度，脸书（Facebook）禁用了 45 亿个虚假账户。详见脸书（Facebook）的透明度报告，https：//transparency.facebook.com/community-standards-enforcement#fake-account.

⑤ KLOC J. Wikipedia Is edited by Bots，thats a Good Thing[N]. Newsweek，2014 - 02 - 25.

⑥ KOLLANYI B.，HOWARD P. N.，WOOLLEY S. C. Bots and Automation over Twitter during the U：Election[EB/OL]. Data Memo 2016.4. Oxford：Project on Computational Propaganda，2016.

⑦ GILLESPIE T. Algorithms，Clickworkers and the Befuddled Fury around Facebook Trends [EB/OL].［2016 - 05 - 19］. https：//www. niemanlab. org/2016/05/algorithms-clickworkers-and-the-befuddled-fury-around-facebook-trends.

⑧ MIKLOS B. Computer Respond to This Email：Introducing Smart Reply in Inbox by Gmail [EB/OL].［2015 - 11 - 03］. https：//gmail.googleblog.com/2015/11/computer-respond-to-this-email.html.

周发现"(Discover Weekly)与超个性化的最新轨迹播放列表"发布雷达"(Release Radar)都完全由算法组合而成。①

算法也可以是传统印刷媒体中文本和书籍的作者。"叙事科学"(Narrative Science)②和"自动洞见"(Automated Insight)③等公司已经开发出算法来生成与人类作者所写的文本无法区分的文本：报纸文章、商业产品手册、教科书等。枫丹白露欧洲工商管理学院的菲利普·帕克教授为一种自动制作合理且信息丰富的书籍的方法申请了专利，其中包括亚马逊网站上已有的 10 万多种书籍。美联社、三星、雅虎、康卡斯特(Comcast)等许多公司经常使用机器人新闻。④

此外，我们经常直接与算法交谈。我们通常会通过与聊天机器人的对话来预订火车票、预约并寻求帮助。苹果的"Siri"、亚马逊的"Alexa"或谷歌助手等数字个人助理使用自然语言界面来回答新问题、管理日历或提供个人建议和推荐服务。在许多情况下，这些程序似乎比它们的人类伙伴更了解用户，而且往往比用户更了解用户自己，⑤甚至在这些用户出现之前就预测到他们的要求和需要。

我们应该如何解释算法在沟通性能方面的这些惊人发展？我们所知道的沟通通常发生在人类之间（或最多发生在人类与其他生物之间）。如果机器现在参与了沟通，这是否意味着机器已经变成了人，或者至少它们已经学会了复制人类的智能？我们是否正在见证从一开始就伴随着数字化进程的人工智能理想的实现？⑥ 还是我们面临的是不同的事物，它需要我们过渡

---

① PIERCE D. Spotifys Latest Algorithmic Playlist Is Full of Your Favorite New Music[EB/OL]. [2015 - 08 - 05]. http://wired. com/2016/08/spotifys-latest-algorithmic-playlist-full-favorite-new-music.

② https://www.narrativescience.com.

③ https://automatedinsights.com.

④ PODOLNY S. If an Algorithm Wrote This, How Would You Even Know? [N]. New York Times, 2015 - 03 - 07; Peiser, Jaclyn. The Rise of the Robot Reporter[N/OL]. [2019 - 02 - 05]. New York Times, https://www.nytimes.com/2019/02/05/business/media/artificial-intelligence-journalism-robots.htm.

⑤ Youyou, Wu, KOSINSKI M., STILLWELL D. Computer: Based Personality Judgments Are More Accurate Than Those Made by Humans[J]. Proceedings of the National Academy of Sciences, 2015, 112(4): 1036 - 1040.

⑥ 这里的创始事件通常被认为是 1956 年的达特茅斯会议。See MOOR J. The Dartmouth College Artificial Intelligence Conference: The Next Fifty Years[J]. AI Magazine, 2016, 27(4): 87 - 91.

到不同的思维方式？

在本章中，笔者认为我们在与算法的互动中可以观察到的不一定是一种智能的人工形式，而是一种沟通的人工形式。智能和沟通能力不是一回事。算法能够充当沟通伙伴——它们是否智能则是另一回事。现代机器学习算法之所以如此高效，不是因为它们学会了模仿人类智能和理解信息，而是因为它们放弃了这样做的尝试和野心，并面向不同的模型。笔者断言，使用大数据的机器学习算法不是在人工复制智能，而是在人工复制沟通技巧，它们是通过寄生方式利用用户在网络上的参与来实现的。

必须重新考虑沟通的概念。当其中一位伙伴不了解所传达的信息时，我们还能谈论沟通吗？这对社会信息处理意味着什么？在下文中，笔者试图通过检验沟通的概念并提出一个不以参与者之间分享任何想法为前提的概念，来回答这些问题。在本章的最后一部分，笔者展示了算法设计中从智能转向沟通的结果，特别是在自主学习程序的概念中。

人工沟通

当前的沟通革命主角是算法，但算法本身并不新奇。算法的概念至少可以追溯到中世纪，该术语本身源于"花拉子米"（al-Khwarizmi）的拉丁化，这是 9 世纪一位波斯数学家的名字。[①] 新鲜之处是最近利用了大数据和机器学术技术，使算法缺乏智能这一特殊的特征成为可能。

算法的优势一直在于其执行过程中不需要任何"创造性"思想。[②] 与计算机一样，它们根据精确的指令按顺序机械地执行运作。[③] 在算法以及依赖

---

① 有关花拉子米（al-Khwarizmi）的更多信息，参见 CHABERT J-L, ed. Chabert, Jean-Luc, ed. A History of Algorithms. From the Pebble to the Microchip[M]. Berlin-Heidelberg：Springer，1999. 译者注：关于花拉子米的生平，目前所掌握的资料甚少，甚至连他的出生地也未能确定。他的《代数学》是第一本解决一次方程与一元二次方程的系统著作，因此被称为代数的创造者。

② DAVIS M. Computability and Unsolvability[M]. New York：McGraw-Hill，1958.

③ ESPOSITO E. Algorithmische Kontingenz：Der Umgang mit Unsicherheit im Web[M]//CEVOLINI A. Die Ordnung des Kontingenten：Beiträge zur zahlenmäßigen Selbstbeschreibung der modernen Gesellschaft. Wiesbaden：Springer VS，2014：233 - 249. 而在经典人工智能中，算法是计算结果必须执行的一系列动作，而在机器学习中，该术语表示为使机器学习人们想要获得的区分而执行的动作序列。在第一种情况下，执行算法意味着进行计算；在第二种情况下，它意味着调整（tuning）系统。作者感谢 Stefano Borgo 的澄清。

于算法的数据的数字管理中，信息处理和映射与理解无关——事实上，在许多情况下，对理解的需求反而会成为障碍。① 随着要分析的元素数量的增加[达到今天令人难以置信的拍字节（petabytes）和皆字节（zettabytes）]，这些机器的运作变得越来越难以理解②——但它们的性能不仅没有下降，而且逐渐变得更加精确和可靠。还有其他方法来测试数字机器程序的正确性。

算法的沟通相关性实际上与它们理解的独立性有关。我们面临着一种不同于人类信息处理和理解的数据处理（和管理信息）方式。③ 笔者的假设是，这种差异不是一种责任，而是这些技术成功的根本所在。正如人类最初实现了飞翔，是因为他们放弃了制造像鸟一样拍动翅膀的机器的想法，④在放弃以数字形式再现人类思维进程的雄心之后，数字信息处理成功地实现了我们今天看到的结果。如今算法不再试图模仿我们的意识，算法已经变得越来越能够充当有能力的沟通伙伴，适当地回应我们的请求，并提供人类思维无法构建或重构的信息。⑤

这在我们对算法的实际使用中已经表现得很明显，但在我们对它们的理论研究中并不总是如此。大数据和机器学习领域里使用的隐喻保留了对人类思维及其过程的参考。举个例子，人们普遍认为最近的深度学习程序之所以如此有效，是因为它们基于生物神经网络复制了人脑的功能。然而，正如

---

① Peng 在 LeCun vs Rahimi 中问道，我们是想要更有效的机器学习模型而没有明确的理论解释，还是更简单、更透明但在解决特定任务方面效率较低的模型？甚至有人声称，在机器学习领域，某种不可解释性可能是一个积极因素，因为不精确和错误会使算法的工作更加灵活，并被数据的增加所抵消。参见 MAYER-SCHONBERGER V, CUKIER K. Big Data. A Revolution That Will Transform How We Live, Work and Think[M]. London: Murray, 2013.

② BURRELL J. How the Machine Thinks: Understanding Opacity in Machine Learning Algorithms [J]. Big Data & Society, 2016(1): 1 - 12.

③ BORGO S. Ontological Challenges to Cohabitation with Self-Taught Robots[J]. Semantic Web, 2020, 11(3): 161 - 167.

④ 关于汉斯·布鲁门伯格（Hans Blumenberg）的隐喻，参见 BLUMENBERG H. Nachahmung der Natur: Zur Vorgeschichte der Idee des schöpferischen Menschen[J]. Studium Generale, 1957 (10): 266 - 283.

⑤ 从人类行为中逐步自主的想法并不新鲜：所有媒体都引入了一种沟通形式，这种沟通形式在某些方面从与人类过程的直接协调中变得自主，参见 LUHMANN N. Die Gesellschaft der Gesellschaft[M]. Frankfurt am Main: Suhrkamp, 1997: 216 - 217。在书面沟通中，伙伴不必在场，而媒体和大众媒体甚至不要求他们了解彼此或曾经见过的任何事情。读者产生自己的沟通，其节奏、时间和顺序可能与发送者的完全不同。接收者获得的信息越来越独立于发送者的想法。然而对于算法，显然发送者不需要考虑任何信息。

大多数研究人员承认的那样，①我们对大脑的运作仍然知之甚少，这使得这个类比非常奇怪——将我们的无知作为模型是否有意义？② 如果机器不再试图理解人类头脑中发生的意义，我们不应该找到一种不同的、更合适的隐喻吗？

最近的大数据方法与 20 世纪 70 年代和 20 世纪 80 年代的 AI 研究计划有很大不同，后者旨在通过机器模仿或类比（分别为"强"或"弱"人工智能）再现人类智能的过程。③ 现在已经不是这样了。正如一些人工智能设计师明确宣称的那样，"我们不会试图复制智能"④——因为这将是一个太重的负担。翻译程序不会试图理解它们翻译的文件，它们的设计者也不依赖任何语言学习理论。⑤ 算法在不懂中文的情况下，可以从中文翻译文本，它们的程序员也不懂中文。拼写检查器可以纠正任何语言的印刷错误，但它既不了解这些语言，也不了解它们的（变化的）习俗。数字助理在不理解单词含义的情况下使用文字，生成文本的算法"不会像人一样推理，以便像人一样写作"。⑥ 这些例子在算法最成功的所有领域中都成倍增加。在国际象棋、扑克和围棋中，与人类玩家竞争的算法既不了解游戏，也不了解人类策略的巧妙之处。⑦ 使用协同过滤的推荐程序对它们推荐的电影、歌曲

---

① GOODFELLOW I., BENGIO Y., COURVILLE A. Deep Learning[M]. Cambridge, MA：MIT Press, 2016：15；WOLCHOVER N. AI Recognizes Cats the Same Way Physicists Calculate the Cosmos[EB/OL]. [2014 - 12 - 15]. https://www.wired.com/2014/12/deep-learning-renormalization/.

② 在试图建造一台思考机器的过程中，科学家们迄今为止只成功地重申了我们大脑如何思考的奥秘。SEABROOK J. Can a Machine Learn to Write for the New Yorker?[N]. New Yorker, 2019 - 10 - 14.

③ SEARLE J R. Mind, Brains and Programs[J]. Behavioral and Brain Sciences, 1980, 3(3)：417 - 457.

④ SOLON O. Weavrs. The Autonomous, Tweeting Blog-Bots That Feed on Social Content[EB/OL]. [2012 - 03 - 28]. https://www.wired.co.uk/article/weavrs-spambots-or-discoverability-agent.

⑤ BOELLSTORFF T. Making Big Data, in Theory[J/OL]. First Monday, 2013, 18(10).

⑥ HAMMOND K. Practical Artificial Intelligence for Dummies[M]. Hoboken NJ：Wiley, 2015：7.

⑦ SLIVER D, HASSABIS D. AlphaGo：Mastering the Ancient Game of Go with Machine Learning[EB/OL]. [2016 - 01 - 27]. https://research.googleblog.com/2016/01/alphago-mastering-ancient-game-of-go.htm. 2017 年 1 月击败最优秀人类玩家的扑克 AI Libratus 的程序员表示，它开发了一种完全独立于人类游戏的策略，它可能与人类玩游戏的方式大不相同。METZ C. Inside Libratus, the Poker AI That Out-Bluffed the Best Humans[EB/OL]. Wired [2017 - 02 - 02]. https://www.wired.com/2017/02/libratus.

或书籍一无所知，但运行起来它们却是可靠的时尚引领者。① 基于计算机的人格判断"自动进行，并不会涉及人类的社会认知技能。"②

这些程序不是在复制智能，而是在复制沟通能力。与算法的智能无关，使算法具有社会相关性和实用性的是它们在沟通实践中充当合作伙伴的能力，这些沟通实践产生和传播信息。我们可以说机器学习程序实现的不是人工智能，而是一种人工沟通（artificial communication），为人类提供了不可预见和不可预测的信息吗？也许我们整个社会变得"更智能化"，不是因为它人工地复制了智能，而是因为它以不同的方式使用数据创造了一种新的沟通形式。

社交媒体的巨大成功证实了互联网的重点在于沟通而不在于智能，这在任何数字演化模型中都没有预见到。今天的网络更多地通过联系人、链接、推文和喜好来组织，而不是通过内容之间和站点之间有意义的联系③——它是由沟通驱动的，而不是由意义和理解驱动的。④ 每个链接（每个沟通行为）都被视为一个"喜好"（like），"在喜好中"（liking）和"正对此产生喜好"（being like）也被等同起来了。⑤ 网上发生的一切都被当作事实，从而成为事实、形成结果，并产生信息。

我们可以与不思考的伙伴沟通吗？

如果我们要检验沟通能力，并因此将我们的指称从（人工）智能转向（人

---

① GROSSMAN L. How Computers Know What We Want——Before We Do[N]. Time, 2010 - 05 - 27；KITCHIN R. Big Data, New Epistemologies and Paradigm Shifts[J]. Big Data & Society, April 2014.

② YOUYOU WU, KOSINSKI M., STILLWELL D. Computer-Based Personality Judgments Are More Accurate Than Those Made by Humans[J]. Proceedings of the National Academy of Sciences, 2015, 112(4): 1036.

③ ROGERS R. Digital Methods[M]. Cambridge, MA: MIT Press, 2013: 155；VIS F. A Critical Reflection on Big Data: Considering APIs, Researchers and Tools as Data Makers[J/OL]. First Monday, 2013, 18(10), https://doi.org/10.5210/fm.v18i10.487.

④ 社会事实和个人观点之间的区别似乎正在消失，参见 LATOUR B. Beware, Your Imagination Leaves Digital Traces[N]. Times Higher Education Literary Supplement, April 6, 2007.

⑤ SEAVER N. Algorithmic Recommendations and Synaptic Functions[EB/OL]. http://limn.it/algorithmic-recommendations-and-synaptic-functions.

工)沟通,我们必须开始提出不同的问题。重点不再是参与者(他们是否是人, 以及在数字世界中成为人意味着什么),①而是产生信息的过程。在与网络上 的算法互动时,会发生什么"沟通",还是我们需要修正这个概念? 当不了解正 在沟通内容的机器执行数据处理时,谈论沟通仍然有意义吗? 网络服务的 用户是否在沟通,如果是,在与谁沟通? 这些问题的答案取决于我们对"沟 通"概念的界定,而且这个概念应该足够强大,也可以涵盖与机器的互动。

大多数"沟通"概念都要求参与者的心理过程集中于一些共同的内容 上。根据术语"沟通"(communicatio)的拉丁语词根,假设伙伴有相同的想 法,或者至少有一部分想法相同。如果在流程结束时,接收者至少获得了告 知者放入通道中的一些信息,则沟通发生。即使考虑编码(解码)、解释和能 力方面的噪声和差异,我们的想法是,在成功的沟通中,必须保留信息身份 的某些元素。② 然而,这种方法的问题在于与机器的互动,我们正在处理这 样一种情况,沟通中的一个沟通伙伴并不理解内容、含义或解释的算法,它 只处理数据。③ 因此,用户不与他们的对话者分享任何信息(甚至不是分享 部分信息),因为对话者不知道任何信息。我们还能说他们在沟通吗?④ 我 们是在处理"异常"情况,还是前所未有的沟通方式?⑤

笔者在以下几节中的论点里遵循尼克拉斯·卢曼的社会系统理论 及其沟通概念。⑥ 笔者断言,卢曼的方法当前受到批评(并且经常被误

---

① HAYLES N. K. How We Became Posthuman: Virtual Bodies in Cybernetics, Literature and Informatics[M]. Chicago: University of Chicago Press, 1999.

② 香农和韦弗的沟通的传播模型(transmission model)仍然是大多数社会学和符号学方法的(修订 和补充)基础。SHANNON C.E., WEAVER W. The Mathematical Theory of Communication [M]. Urbana: University of Illinois Press, 1949; FISKE J. Introduction to Communication Studies[M]. London: Routledge, 1990; ECO U. Trattato di semiotica generale[M]. Milan: Bompiani, 1975: 65 - 69.

③ 仅作为差异存在的数据在语境化和解释时会变得丰富。关于数据和信息之间的区别,请参见 BATESON G. Steps to an Ecology of Mind[M]. San Francisco: Chandler, 1972: 582.

④ 我们应该认真对待人类和机器人根据现实观点行事的可能性……基本上无法沟通。BORGO S. Ontological Challenges to Cohabitation with Self—Taught Robots[J]. Semantic Web, 2020, 11(3): 161 - 167.

⑤ 符号学意义上的异常解码(aberrant decoding),参见 ECO U., FABBRI P. Progetto di ricerca sullutilizzazione dellinformazione ambientale[J]. Problemi dellinformazione, 1978(4): 555 - 597.

⑥ LUHMANN N. Soziale Systeme. Grundriß einer alllgemeinen Theorie[M]. Frankfurt am Maine: Suhrkamp, 1984; LUHMANN N. Die Gesellschaft der Gesellschaft[M]. Frankfurt am Main: Suhrkamp, 1997.

解）的原因，正是其特别适合处理数字沟通的新颖方面。卢曼明确拒绝根据有意识的主体来定义沟通。他认为，主体和个体的概念只是作为一个非常复杂现象的空洞公式，这种现象属于心理学的范畴，并不直接引起社会学家或沟通理论家的兴趣。[①] 社会学的对象不是主体而是沟通，其中参与个人的思想（正在和仍然不可或缺）不是构成要素。因此，卢曼的沟通理论与心理过程及其沟通角色保持距离，从而打破了社会学的这一传统。

在处理不思考的算法时，卢曼的"沟通"概念不是基于心理内容，也不需要参与者之间分享思想，这成为一个很大的优势。卢曼认为，在所有形式的沟通中，每个人的信息都是不同的，而且总是相对于特定的观察者而言。[②] 但参与者之间信息的共同身份本身并不是沟通所必需的。

卢曼简单但非常有效的创新是，由接收者而非告知者来界定"沟通"的概念。根据他的想法，沟通不是在某人说了什么时发生，[③] 而是当某人理解对方说了什么时发生。一个人可以写整本书，发表详尽的演讲，但如果没有人阅读、聆听，甚至注意，就没有真正的沟通。然而，如果接收者理解（他们相信）某人说出的信息就会发生沟通——无论这些信息对接收者来说是什么，以及告知者心中有什么（或实际上其并未想到）。笔者不必进入普鲁斯特的头脑中就可以理解他的《追忆似水年华》（*À la recherche du temps perdu*）——笔者可能会在该作品完成 100 年后，从另一种语言和经验中获得理解。笔者只需要了解他的沟通方式——以笔者的方式，根据笔者的想法。笔者从普鲁斯特的作品中得到的信息不可避免地与普鲁斯特的思想有所不同，这使得沟通成为一个无穷无尽的、令人着迷的发现过程。

由于信息总是相对于观察者而言，接收者总是获得与告知者想法不同

---

① LUHMANN N. Was ist Kommunikation？［M］//LUHMANN N. Soziologische Aufklärung，Opladen：Westdeutscher Verlag，1995. S.113.

② VON FOERSTER H. Notes on an Epistemology for Living Things［R］. BCL Report No.9.3；Biological Computer Laboratory，University of Illinois，1972：6.

③ 或写作，或标示（indicates），或广播（broadcasts）——不受口头沟通的约束。参见 LUHMANN N. Soziale Systeme. Grundriß einer alllgemeinen Theorie［M］. Frankfurt am Maine：Suhrkamp，1984：193 - 201.

的信息。① 由于参与者的想法不是沟通本身的一部分，故导致个体理解的无限多样性。社会学和沟通理论的任务是分析这种理解的多样性如何仍然能够产生协调的形式。② 即使没有共同的理解，也不是每一种解释都被社会所接受，明显的误解是例外，而不是规则。

就我们对算法的关注而言，"沟通"概念的基本力量在于这样一个事实，即在不包含参与者思想的情况下，③这种概念原则上可以扩展到不思考的参与者(例如算法)。如果我们从接收者的角度出发，重要的是他们是否把某物当做沟通伙伴。然而，由于在沟通中，接收者将获得的信息归于对方，因此伙伴通常是指人。④ 我们一般不与机器进行沟通，故获得的信息不可能来自机器。

然而，这并不意味着机器不能提供信息。我们习惯性地从世界上的物体和机器中收集信息——例如，我们的手表告诉我们现在几点了——但我们不会将信息归因于手表。我们的手表会告诉我们时间，但这只是因为它是由某人制造的，以传达该信息。它不发展自己的时间处理方式，也不决定如何计算时间。所以，我们不与手表沟通。然而，算法正让我们面临前所未有的局面。从算法中我们得到的信息往往不是事先计划好的或者事先可用的，而且程序员自己也不知道。自学习的数字程序自主开发其程序并识别模式，它们用于产生针对我们请求的答案。例如，在与数字个人助理或社交机器人的对话中，我们获得的信息在我们提出请求之前并不存在，而是由机器专门生成以回应该请求。没有人事先知道这些信息，也没有人决定如何生成它——这些信息是算法自己生成的。信息的产生只能归因于互动伙

---

① 沟通在技术上被定义为三种选择的统一：信息(information)、告知(utterance，mitteilung)和理解(understanding)；参见 LUHMANN N. Soziale Systeme. Grundriß einer alllgemeinen Theorie [M]. Frankfurt am Maine：Suhrkamp, 1984：196. 确切地说，应该明确指出，包含在沟通定义中的理解与社会相关而非与心理相关：它与接收者的理解和想法不一致，而是指任何可能的沟通参与者都可以使用的潜在意义。参见 LUHMANN N. Was ist Kommunikation? [J]. In LUHMANN N. Soziologische Aufklärung, Opladen：Westdeutscher Verlag, 1995(6)；LUHMANN N. Die Gesellschaft der Gesellschaft[M]. Frankfurt am Main：Suhrkamp, 1997：73.

② 关于卢曼的社会理论，请参见他的《社会的社会》(Die Gesellschaft der Gesellschaft)一书。

③ 然而，沟通不是由思想构成的，但这并不意味着沟通可以在没有思想的人参与的情况下进行。如果没有人听，也没有人参与，沟通就不会发生。沟通需要有思考的参与者，然而，沟通并不是他们的想法。一个人不需要进入伙伴的思想来理解他或她的沟通，第三方总是会以不同的[但也是合法的(legitimate)]方式理解它。人们只需要理解所说的话。

④ 也可能是一种动物，例如当人们声称与他们的狗沟通时。

伴，就像在沟通中一样——但在这种情况下，伙伴不是人，而是机器。

那么，当我们与算法互动时，我们会与它们沟通吗？它们在沟通中的作用是否要求我们将它们视为可能的伙伴？这是一件棘手的事情。与机器沟通的问题以及图灵测试的当前相关性取决于这个问题的答案。这里的问题不在于这个人是否意识到与机器打交道，因为现在这样做是每天都会发生的事情，而且这样的问题一般是不相关的。今天，我们的对手通常是在线服务、视频游戏、社交媒体中的机器人，即使我们没有意识到这一点——当我们意识到时，也不会在乎。① 重要的是我们从中收集自身信息的互动是否具有与偶联的自主伙伴关系的特征。

虚拟的偶联性

偶联性意味着选择和不确定性。这意味着有许多可能的选项可供选择，我们的决定可能总是不同。② 但是根据定义，算法不知道不确定性；它们不会在诸多可能性之间进行选择，也没有创造力，只是被设计成遵循编程它们行为的指令。从这个意义上说，算法不是偶联的——这就是它们能够如此高效和可靠运行的原因。就像传统机器一样，我们希望算法既非不可预测的，也非怪异的，甚至当它们传递信息时也是如此。如果它们正常工作，不同的手表都应该向所有用户指示相同的时间。正如冯·福斯特所观察到的，如果传统机器的结果变得不可预测，我们不认为它具有创造性或原创性——我们认为它出了故障。③ 我们不关心机器的情绪或观点，只关心

---

① 使用聊天机器人小冰（2015 年 5 月 29 日）在微信（中国流行的消息应用程序）上进行的测试表明，人们通常不关心他们是在与机器聊天。WANG YONGDONG. Your Next New Best Friend Might Be a Robot：Meet Xiaoice. Shes Empathic, Caring and Always Available——Just Not Human[EB/OL]. [2016 - 02 - 04]. http://nautil. us/issue/33/attraction/your-next-new-best-friend-might-be-a-robo. 几周之内，小冰就成了微博上活跃度排名第六的名人，与人们进行了数百亿次的对话，主要是关于私事。该实验被认为是历史上最大的图灵测试。

② 在哲学中，特别是在模态逻辑中，偶联性表示既非必然，也非完全不可能的事物，可能存在但也可能不存在或以其他方式存在。HUGHES G. E., CRESSWELL M. J. An Introduction to Modal Logic[M]. London：Methuen, 1968.

③ VON FOERSTER H. Cibernetica ed epistemologia：Storia e prospettive[M]//BOCCHI G., CERUTI M. La sfida della complessità. Milan：Feltrinelli, 1985：129.

它们的结果。我们精确地修复它们是恢复它们的可预测性。

　　然而，近期的算法则不同，它们的偶联性是一个基本特征。即使这些机器遵循完全确定的路线，我们也希望它们的结果是不可预测的，并产生我们还不知道的东西，即适合与用户的给定互动的新信息。任何人都无法预测预期的结果，并且在自学习算法的情形下也无法预测——这就是我们使用算法的原因，也是它们看起来很有创造力的原因。因此，设计师所面临的困境是制造具有创造力但同时又受控的机器——对无法预测结果的产生进行编程。即使机器是完全确定的，它的行为也应该是偶联的，并对用户的偶联性做出反应。例如，科兹莫（Cozme）是一个基于一系列机器学习算法的现实玩具机器人，①被"编程为不可预测"，而非被编程为简单的随机性。② 科兹莫的行为必须对用户表现出共鸣性和适当性，否则它就毫无乐趣而言。像"Alexa"这样的个人助理应该适当地回应用户的请求，在互动过程中产生新的相关信息。编写智能算法的矛盾目的是以受控方式构建不可预测的机器，目标是控制失控。③

　　算法如何在互动中充当临时伙伴？ 在某些情况下，机器的偶联性只是其用户偶联性的投影。例如，雪莉·特克尔研究的机器人玩具就是这种情况，它们可以很好地作为沟通伙伴，因为与它们互动的儿童或老人会将他们自己的偶联性投射到它们身上。④ 这种情况总是发生在玩具和木偶上，孩

---

① https://anki.com/en-us/cozm.

② PIERCE D. Meet the Smartest, Cutest AI-Powered Robot Youve Ever Seen[EB/OL]. [2016 - 06 - 27]. https://www.wired.com/2016/06/anki-cozmo-ai-robot-toy.

③ ESPOSITO E. Risiko und Computer: Das Problem der Kontrolle des Mangels der Kontrolle [M]//HIJIKATA T, NASSEHI A. Riskante Strategien: Beiträge zur Soziologie des Risikos. Opladen: Westdeutscher Verlag, 1997: 93 - 108. 温伯格关于放弃控制作为数字文化战略原则的讨论，参见 WEINBERGER D. Everything Is Miscellaneous: The Power of the New Digital Disorder[M]. New York: Henry Holt, 2007: 105. 译者注：Amazon Alexa，简称 Alexa，是亚马逊公司推出的一款智能助理，最初用于 Amazon Echo 智能音箱。它具有语音交互、音乐播放、待办事项列表、闹钟、播放有声读物以及提供天气、交通、体育和其他实时信息的功能。Alexa 还可以将自身用作智能家庭系统来控制多个智能设备。

④ TURKLE S. Alone Together. Why We Expect More from Technology and Less from Each Other[M]. New York: Basic Books, 2011. 这样做的包括孩子，而且不只发生在与拟人化设备的互动中，也不仅发生在与机器海豹和机器狗等动物型设备的互动中。各种实验表明，人们在没有意识到的情况下，可以像对待真人一样对待计算机，参见 NASS C., YAN C. The Man Who Lied to His Laptop: What We Can Learn About Ourselves from Our Machines[M]. London: Penguin, 2010.

子们玩这些玩具，就像玩具会理解并回应他们的行为。机器人玩具的表现所反映的以及使它们比传统娃娃更有趣的原因不是理解能力，而是以精细和看似反应性的方式"执行理解"的能力。①

自学习算法走得更远，可以做一些更神秘的事情。当用户与学习型算法互动时，②用户面临的偶联性不是用户自身造成的——尽管此种偶联性也并非机器造成的。机器呈现的视角仍然是一种反映的视角——因为算法本身必然不具备自己的偶联性——尽管它并不简单地反映用户的视角。相反，算法反映和代表的是其他观察者的观点；用户通过机器观察到的是其他用户观察处理的结果。笔者将虚拟偶联性称为算法利用用户的偶联性作为充当有能力的沟通伙伴的一种手段的能力。

谷歌化

算法在哪里找到它们反映的偶联性？它们如何访问其详细阐述并呈现给它们的沟通伙伴的外部观点？为了能够参与沟通，算法必须呈现在网络上。③ 算法虽然智能且复杂，但如果没有网络，人工沟通就不可能实现——这种力量只有在算法上线后才能实现。"参与式网络"（Web 2.0，可能还有 3.0）④的开创性影响与其说是用户定制化，不如说是对虚拟偶联性的包容和利用。⑤ 算法寄生地"食用"用户的贡献，并积极增加它们自己行为的复杂性以

---

① TURKLE S. Alone Together. Why We Expect More from Technology and Less from Each Other[M]. New York：Basic Books, 2011：26. 对于像科兹莫这样的精致机器人也是如此。皮尔斯在《遇见最聪明、最可爱的人工智能机器人》中写道，要靠人类与它们玩耍来提供创造力。蒂尔在《什么是游戏 AI？》中指出，在电子游戏设计中，基本问题是创造智能的错觉……而不是创造真正的智能。

② RUSSELL S. J., NORVIG P. Artificial Intelligence. A Modern Approach[M]. Upper Saddle River, NJ：Pearson Education, 2003：763-764.

③ HARDY Q. Artificial Intelligence Software Is Booming：But Why Now? [J]. New York Times, September 19, 2016.

④ OREILLY T. What is Web 2.0：Design Patterns and Business Models for the Next Generation of Software[J/OL]. Communications & Strategies, 2007(1)：17-37. https://ssrn.com/abstract=100883；BERNERS-LEE T., HENFER J., LASSILA O. The Semantic Web：A New Form of Web Content That Is Meaningful to Computers Will Unleash a Revolution of New Possibilities[J]. Scientific American, 2001(284)：1-5.

⑤ 有关这方面的更多详细信息，请参见本书第四章。

及沟通能力的复杂性。笔者断言，在与学习型算法的互动中，用户体验到了一种（人工）形式的不可预测性和反身性。这种互动人为地再现了沟通的条件。

这种方式的原型是谷歌，这也是它成功的原因。该项突破出现在 1998 年，万维网引入了链接分析。[①] 以前，信息检索是通过搜索有限的、未链接的、静态的文档集合来进行的。信息的组织和分类委托给专家，例如图书馆员、期刊编辑或各个领域的专家。相反，链接分析扩展到网络，并引入了一种信息检索形式，这种形式变得巨大、动态（与传统文档不同，网页不断更改其内容）、超链接，但最重要的是，它是自己组织的。结构不是由专家决定的，而是由网络的动态所决定的。它的效率无与伦比。

谷歌网页排名算法的设计标志着概念的转向，"发明"了我们今天所知的互联网。[②] 它的作者以及后来的公司所有者，将其描述为从利用网络链接结构作为大型超文本系统这一想法开始。[③] 关键的见解是确定哪些页面是重要的，以及对谁重要，而不考虑页面本身的内容。为了适当地决定回应用户请求页面的排名，其想法是使用网页本身之外的信息，而这些信息是指其他用户在他们之前的活动中所做的事情。换句话说，要确定哪些页面很重要，网页排名算法不会查看页面说什么或如何说，而是查看链接到的频率和由谁链接。排名基于页面的反向链接数量（其他网站指向它们的次数）和它们的重要性——反向链接的"重要性"取决于它们反过来有多少链接。"相关性"的定义是公开循环的：如果一个页面的反向链接的排名总和很高，则该页面的排名很高，[④]包括具有许多不是特别权威的反向链接的页面

---

① LANGVILLE A. N., MEYER C. D. Google's PageRank and Beyond: The Science of Search Engine Rankings[M]. Princeton: Princeton University Press, 2006: 4 - 5.

② METZ C. If Xerox Parc Invented the PC, Google Invented the Internet[EB/OL]. [2012 - 08 - 08]. https://www.wired.com/2012/08/google-as-xerox-parc.

③ PAGE L., BRIN S., MOTWANI R., WINOGRAD T. The PageRank Citation Ranking: Bringing Order to the Web[R/OL]. Technical Report, 1999. http://ilpubs.stanford.edu:8090/422. 有趣的是，与拉里·佩奇（Larry Page）、谢尔盖·布林（Sergey Brin）和拉吉夫·莫特瓦尼（Rajeev Motwani）一起，第四位作者是特里·维诺格拉德（Terry Winograd），十年前他与费尔南多·弗洛雷斯（Fernando Flores）一起撰写了面向沟通的人工智能方法的参考文本。WINOGRAD T. A., FLORES F. Understanding Computer and Cognition Reading[M]. MA: Addison-Wesley, 1986.

④ PAGE L., BRIN S., MOTWANI R., WINOGRAD T. The PageRank Citation Ranking: Bringing Order to the Web[R/OL]. Technical Report, Stanford Infolab, 1999: 3.

情况，以及具有一些高度被链接的反向链接页面的情况。

　　网页排名算法创新的天才之处在于，其放弃了理解页面内容的目标，而仅依赖结构和沟通的动态。谷歌的创造者并没有像阿尔塔维斯塔（Altavista）和雅虎之类的竞争搜索引擎那样，试图根据经验丰富和称职的顾问，为网络提供一个伟大的组织方案。[①] 他们没有试图理解和构建一个有理解能力的算法；取而代之的是，通过上网和建立联系，"他们让其他人为其做这件事"。[②] 内容是后来才发挥作用的，它是结果而不是前提。谷歌使用这些链接不仅可以了解页面的重要性，而且可以了解它是关于什么内容的。如果指向给定页面的链接使用某个句子，系统会推断该句子准确地描述了该页面，并在以后的搜索中考虑到这一点。该算法旨在理解和反映用户所做的选择，[③] 激活一个递归循环，在该循环中，用户使用算法获取信息，他们搜索并修改了算法，于是该算法就影响了他们随后的信息搜索。程序员设计的只是算法的自我修改能力。算法选择什么以及如何选择，取决于用户如何使用它。

　　该系统经过进一步开发，考虑到了超出受欢迎程度的因素，例如用户的点击行为、阅读时间和查询重组模式。[④] 正如谷歌在其网站的内部搜索（Inside Search）页面中所声明的那样，今天的算法依赖于 200 多个信号和线索指的是"网站中的术语、内容的新鲜度、您所在的地区。"[⑤]该公司制作了一个"知识图"，它提供了数十亿实体之间的语义联系，并允许更快速和适当地回应，也包括尚未由任何人想到的信息和结果。然而，该系统的"智能"源于它对先前用户活动的使用，以及网络上已有的信息来源，从维基百科到常识数据库。正如谷歌工程总监约翰·詹南德里亚所说：当人们在谷歌上搜索"爱因斯坦"时，"我们并不是要告诉你爱因斯坦的重要性——我们是要告

① WEINBERGER D. Taxonomies to Tags：From Trees to Piles of Leaves[M]. New York：CNET Networks，2005：8 - 9. 雅虎总编辑斯里尼加·斯里尼瓦桑对温伯格说：我们的工作是了解网络，了解搜索者想要什么，并将两者结合起来。

② GRIMMELMANN J. The Google Dilemma[J]. New York Law School Law Review，2009(53)：941.

③ GILLESPIE T. The Relevance of Algorithms[M]//GILLESPIE T.，BOCZKOWSKI P. J.，FOOT K. A. Media Technologies. Cambridge，MA：MIT Press，2014：167 - 194.

④ GRANKA L. A. The Politics of Search：A Decade Retrospective[J]. Information Society，2010(26)：367.

⑤ https://www.google.com/insidesearch/howsearchworks.

诉你人类在搜索时正在寻找什么。"①所谓系统的智能，其实是算法用来指导和组织自身行为的用户的智能。

　　谷歌已成为一种方法的象征，这种方法可以在网络上的其他成功项目中找到。②自 2003 年以来，"谷歌化"一词已被用来描述在越来越多的应用程序和语境中沟通的一种模式，这种模式不依赖于编辑或专家等传统的地位制造者，而是"依靠"网络的动态来组织其运作，甚至是组织其自身。③瓦德安纳森认为，网络是由"一切的谷歌化"引导的，它利用用户执行的操作来产生"谷歌为我们工作，因为它似乎能读懂我们的思想"的状况。④实际上，谷歌不需要这样的权力。相反，谷歌只是使用我们已经想到的结果，来产生我们没有想到的结果。

　　谷歌与其他以相同方式工作的系统一起汲取用户提供的信息，以产生新信息，并将其引入沟通路线。用户从与算法的互动中获得的正是这些信息，并且只能归因于算法本身。当谈到与算法的互动时，仅参考输入数据的人的观点是没有意义的，因为他们无法准确地知道数据将如何被使用。同样，从算法本身含义的角度来看也没有意义，因为它没有任何意义。约束和方向不取决于意图，而是取决于通常无法访问的程序。⑤

　　算法根据非随机的标准做出挑选和选择，而非反映和阐述参与者的不确定性。用户接收到其他用户的偶联性回应，这种偶联性回应是其他用户使用偶联性对作为接收者的用户自身偶联性的回应。虽然他们不直接与其他用户进行沟通，但这种互动的结果是对特定问题的特定回答，如果

① HAMBURGER E. Building the Star Trek Computer：How Googles Knowledge Graph Is Changing Search[EB/OL]. [2012 - 06 - 08]. https://www.theverge.com/2012/6/8/3071190/google-knowledge-graph-star-trek-computer-john-giannandrea-intervie.
② 根据联合创始人斯图尔特·巴特菲尔德的说法，在 Flickr 上搜索标签就像图片的页面排名一样。WEINBERGER D. Taxonomies to Tags：From Trees to Piles of Leaves[M]. New York：CNET Networks, 2005：23.
③ ROGERS R. Digital Methods[M]. Cambridge, MA：MIT Press, 2013：83 - 94.
④ VAIDHYANATHAN S. The Googlization of Everything（And Why We Should Worry）[M]. Berkley/Los Angeles：University of California Press, 2011：51.
⑤ LUHMANN N. Einführung in die Systemtheorie[M]. Heidelberg：Carl-Auer-Systeme, 2002：143. 算法沟通的真正创新在于选择，不再以意义为导向，放弃了告知（Mitteilung）和理解的统一——即使在任何沟通中仍然需要两者。参见 LUHMANN N. Die Gesellschaft der Gesellschaft[M]. Frankfurt am Main：Suhrkamp, 1997：309.

其他用户不参与沟通则不会存在该问题。谷歌和类似的模型似乎能与它们的用户沟通，并且能够这样做正是因为它们不试图理解内容。它们并不会人工地复制智能，而是直接进行沟通。鉴于此，我们是否正在处理一种新的沟通方式？

算法学到什么

如果与学习型算法的互动是沟通，我们正在处理一种人工沟通的形式。笔者在这里所说的"人工"不只是指由某人进行的沟通，因为从这个意义上说，所有沟通都是人工的。① 当涉及一个实体（算法）时，该沟通就是人工的，该算法是由不参与沟通的人构建和编程来充当沟通伙伴的，这是与人工伙伴的沟通。②

更认真地考虑人工沟通可以帮助我们探索算法学习的神秘能力。最近使用大数据的算法可以学习识别以前从未遇到过的图像，就未知话题进行对话，分析医疗数据并制定诊断，以及预测用户的行为、推理和意愿。基于这些能力，我们可以（或很快能够）自动驾驶汽车，将在线电话从一种语言实时翻译成另一种语言，并使用数字助理在任何特定时刻传递我们需要的信息。但是学习型算法学到了什么？又是谁教会了它们？

自学习算法显然可以自学习。无论是有监督的、半监督的还是无监督的，学习型算法都会自主决定如何学习和学习什么。它们能够使用数据来学习它们尚未经专门编程的功能。③ 它们的程序员只设计一组程序，应该

---

① 显然，许多沟通都涉及制造实体：行动者网络理论（ANT）的社会技术设备；CALLON M. The Role of Hybrid Communities and Socio-Technical Arrangements in the Participatory Design[J]. Journal of the Centre for Information Studies, 2004, 5(3): 3-10.

② 所有社会对象都是建构的，因此不是自然的，但这并不意味着在使用它们时人们会进行沟通。人们不会通过了解开瓶器的工作原理来与开瓶器的制造者进行沟通，也不会与开瓶器本身进行沟通。ECO U. Ci sono delle cose che non si possono dire: Di un realismo negativo[J]. Alfabeta, 2012, 2(17): 22-25. 人们可以通过对象进行沟通，例如艺术作品或设计作品，当然还有书籍——但随后是与作者沟通。对象是人工的，而不是沟通。

③ 需要通过监督或强化来引导学习过程朝着有用的结果方向发展或选择有意义的结果。机器学习的方法非常普遍：算法可以用来解决广泛的问题，从下围棋到控制冷却系统的参数，以提高燃油效率。TAYLOR P. The Concept of Cat Face[J]. London Review of Books, 2016, 38(16): 30-32.

允许机器以开发自己的方式来完成任务，甚至（在无监督学习的情况下）来确定自己的任务、在数据中查找结构，例如分组或集群。程序员不知道机器在学习什么，而是教它自主学习。

这不是一件容易的事，特别是如果它是一个明确的目标。卡内基梅隆大学训练有素的机器人研究员迈克尔·华纳声称，在许多情况下，你这样做是"因为你并不真正了解系统应该做什么。"①程序员给出指示，学习者会按照自己的方式使用，然后看结果是否令人满意。例如，当一个学习型算法被期望去学习玩游戏时，程序员不会教它动作，甚至游戏规则，机器经过多次尝试后，程序员会告诉它游戏的结果是赢还是输。学习型算法使用这些"强化"，以自己的方式计算一个评估函数，该函数指示应采取哪些行动——无需做出预测、制定游戏策略、"思考"，也无需想象对手的观点。②　没有人知道什么机器学习了，或者它是如何学习的，但这些机器却有惊人的表现，例如击败了国际象棋或围棋冠军。正如谷歌为下围棋而构建的计算系统阿尔法狗的程序员所言："我们的目标是击败最优秀的人类棋手，而不只是模仿他们。"③

阿尔法狗学会了成为一名出色的围棋选手，并击败了世界上最好的棋手。为此，它没有学会像人类玩家那样（或更好地）玩游戏。事实上，该算法并没有学习围棋——它学会了参与围棋，利用其他参与者的动作来开发和改进自己的动作。阿尔法狗最初是使用来自服务器的数据进行训练的，该服务器允许人们在互联网上相互对战。玩家都是业余爱好者，他们的技能相当粗糙，但程序通过与自己进行数百万场比赛极大地提升了这些技能。阿尔法狗和其他以游戏为导向的算法通过自我对弈来学习，通过反复试验

---

① 最聪明、最可爱的人工智能机器人。

② 强化可以来自程序员，但最近在线运行的算法开始定期从网络直接接收参考用户参与的强化。在与用户的互动中，学习型算法可以从人们的行为中收集到很多强化信息——人们可能会如何反应，以及他们是否接受算法的提议或继续搜索。通过其在线拼写检查的自动更正功能，可以再次在谷歌中找到最清晰的示例之一。常见的问题例如你的意思是什么？该算法针对用户，并优先服务于生产强化。

③ SLIVER D., HASSABIS D. AlphaGo: Mastering the Ancient Game of Go with Machine Learning [EB/OL]. [2016 - 01 - 27]. https://research.googleblog.com/2016/01/alphago-mastering-ancient-game-of-go.htm.

的过程来完善它们的技能。① 系统"不仅从人类的动作中学习,而且从自身的多个版本生成的动作中学习。"②

这些程序证实了"算法学习的不是思考而是参与沟通"这一假设,即(人为地)发展一种自主视角,使它们能够做出适当的反应,并在与其他参与者的互动中生成信息。阿尔法狗怎么想或不怎么想与它的表现无关。它是有能力的、反应性的和创造性的——也可能是令人惊讶的。它是一个完美的游戏伙伴,甚至正是因为它不像人类玩家那样思考。通过训练,算法不会变得更智能化,它们只是表现得更好。程序员自己并不理解算法的"推理"。当程序员指出算法"错误"时,他们只是发出错误信号,而不指出错误是什么。算法使用这些强化信号来指导自己的行为,这种行为变得越来越精细和有效——而且越来越难以理解。③

学习从机器中学习

学习型算法学会去参与沟通,它们可以这样做,因为它们不需要了解人们的想法。出于同样的原因,人们自己可以从与学习算法的互动中学习,即使他们不理解它们。

---

① SCHOLKOPF B. Learning to See and Act[J]. Nature, 2015(518): 486 - 487; Bellemare, Alex Graves, Martin Riedmiller, et al. Human——Level Control through Deep Reinforcement Learning[J]. Nature, 2015(518): 529 - 533.

② METZ C. How Googles AI Viewed the Move No Human Could Understand[EB/OL]. [2016 - 03 - 14]. https://www.wired.com/2016/03/googles-ai-viewed-move-no-human-understand. 在这个自我监督学习的过程中,算法变得比它玩家好得多,玩家无法理解算法的动作。ETZIONI O., BANKO M., CAFARELLA M. J. Machine Reading[C/OL]. American Association for Artificial Intelligence, https://www.aaai.org/Papers/AAAI/2006/AAAI06 - 239.pd. 最新版本甚至不需要人类玩家的起始数据:阿尔法狗——零(AlphaGo Zero)仅通过自我博弈强化学习进行训练。Guez, Thomas Hubert, et al. Mastering the Game of Go without Human Knowledge [J]. Nature, 2017(550): 354 - 359.

③ BURRELL J. How the Machine Thinks: Understanding Opacity in Machine Learning Algorithms [J]. Big Data & Society, 2016(1): 1 - 12; WEINBERGER D. Our Machines Now Have Knowledge Well Never Understand[EB/OL]. [2017 - 04 - 18]. https://www.wired.com/story/our-machines-now-have-knowledge-well-never-understand; GILPIN L. H., BAU D., YUAN B. Z, BAIWA A., SPECTER M., KAGEL L. Explaining Explanations: An Overview of Interpretability of Machine Learning[EB/OL]. [2018 - 05 - 31]. https://arxiv.org/abs/1806.0006.

　　一个例子是 2016 年 3 月世界顶级围棋选手之一李世石与阿尔法狗之间对弈时，阿尔法狗的第 37 步棋可谓是"传奇一手"。观察者将这一举动描述为绝对令人惊讶和不可预测。"这不是人类的举动"，不可能出现在任何人的脑海中。[①] 它实际上是由一种没有思想的算法产生的，但它让阿尔法狗赢得了游戏，然后胜过了对手。后来，这个难以理解的举动引发了人类玩家的学习过程，深刻地改变了游戏的实践。重温第 37 步，围棋棋手发现它非常出色，并以此为线索重新思考它们的游戏策略，大大改进了棋法——从而向阿尔法狗学习。[②] 在这次修订之后，李世石在他与阿尔法狗的第四场比赛中创造了著名的非常不可能的（万分之一）第 78 步（"神之一手"），使他能够赢得这场比赛。[③]

　　李世石用人类技能重新解释了人类无法设计的动作，从而击败了算法。阿尔法狗难以理解的行为突出了以下可能性——人类玩家可以用自己的处理方式来产生有意义的结果。该算法很可能后来在其程序中加入了第 78 步，并学会了使用该步及获取其后果；[④]然而，如果没有设计它的人，它就无法做到这一点。任何算法，无论其自学能力多高，都不可能产生不隐含在所提供数据中的可能性。[⑤] 没有算法可以独立产生偶联性，但算法可以用前所未有的方式来处理人为产生的偶联性，这些方式可能会产生更多的可能性以及与人类互动的进一步偶联性。

　　甚至且特别是如果算法不是另一个自我，如果它不遵循策略，并且如果它不理解我们的推理，人类用户仍然可以从他们与算法的互动中学习并制定自己的策略。不是通过可以触发可理解过程的可理解算法，而是通过获取和使用任何人都无法想象的线索，从而改变他们的观察方式。人们利用

① METZ C. What the AI behind AlphaGo Can Teach Us about Being Human[EB/OL]. [2016 - 05 - 19]. https://www.wired.com/2016/05/google-alpha-go-ai.
② 2017 年 5 月，在一场比赛中遇到阿尔法狗的中国围棋高手柯洁明确表示，该算法改变了顶级高手下棋的方式，做出的动作让人联想为阿尔法狗自己的风格。MOZUR P. Googles AlphaGo Defeats Chinese Go Master in Win for A.I.[N]. New York Times, 2017 - 05 - 23.
③ METZ C. In Two Moves, AlphaGo and Lee Sedol Redefined the Future[EB/OL]. [2016 - 03 - 16]. https://www.wired.com/2016/03/two-moves-alphago-lee-sedol-redefined-future; TAYLOR P. The Concept of Cat Face[J]. London Review of Books, 2016, 38(16): 30 - 32.
④ 阿尔法狗实际上也在 2017 年 5 月赢得了与柯洁的三场系列赛。
⑤ ETZIONI O. Deep Learning Isn't a Dangerous Magic Genie: Its Just Math.

他们的智能向非智能机器学习（non-intelligent machines），这是增加沟通复杂性的机会。就围棋而言，这是一个游戏策略问题，但同样的机制可以应用于设计一般化的社交算法。①

然而，依赖黑箱并不能让人放心，尤其是当人们知道他们的运作不能免受各种偏差和错误的影响时。② 最近关于"可解释的人工智能"的研究分支试图通过寻找能够使机器提供对其运作的解释。③ 但解释难以理解的过程似乎是一项毫无希望的任务。正如温伯格所说，这相当于有人试图强迫人工智能"人为地愚蠢到我们可以理解它是如何得出结论的。"④然而，作为沟通伙伴的算法可以被解释而不是被理解。⑤ 前提是这些算法有足够的沟通能力以适当、可理解和可控的方式回应对话者的澄清请求。用户通过对机器的解释所得到的理解，不一定是机器自身更精细的过程。这实际上也经常发生在人类的解释中，因为它们提供了理解沟通的线索，而无需访问伙伴

① 因为我们使用的方法是一般化的，我们希望有一天它们可以扩展，以帮助我们解决一些社会最棘手和最紧迫的问题。SLIVER D., HASSABIS D. AlphaGo: Mastering the Ancient Game of Go with Machine Learning[EB/OL]. [2016-01-27]. https://research.googleblog.com/2016/01/alphago-mastering-ancient-game-of-go.htm. 阿尔法狗中开发的技术目前用于处理科学问题，例如蛋白质折叠问题，可能会导致新药的开发或应用现有药物的创新方法。开发这些技术的 Deep Mind 团队的首席科学家约翰·基普尔说：我们不想成为领先的公司。我们希望有真正的生物学相关性。引自梅斯的话，伦敦人工智能实验室声称这些突破可以加速药物的开发。

② PASQUALE F. The Black Box Society. The Secret Algorithms That Control Money and Information[M]. Cambridge, MA: Harvard University Press, 2015.

③ WACHTER S., MITTELSTADT B., FLORIDI L. Transparent, Explainable, and Accountable AI for Robotics[J/OL]. Science Robotics, 2017, 2(6). https://doi.org/10.1126/scirobotics. aan608; SCOTT K., SCHIEBER S., WALDO J., WEINBERGER D. WOOD A. Accountability of AI Under the Law: The Role of Explanation[EB/OL]. [2017-11-03]. https://arxiv.org/abs/1711.01134; MILLER T. Explanation in Artificial Intelligence: Insights from the Social Sciences[EB/OL]. [2018-08-15]. https://arxiv.org/pdf/1706.07269.pd; BUSCGMEIER H., ESPOSITO E. Explanation as a social practice: Towards a conceptual framework to foster social design of AI systems[C/OL]//IEEE Transactions on Cognitive and Developmental Systems (2020). https://doi.org/10.1109/TCDS.2020.304436.

④ WEINBERGER D. Our Machines Now Have Knowledge Well Never Understand[EB/OL]. [2017-04-18]. https://www.wired.com/story/our-machines-now-have-knowledge-well-never-understand.

⑤ 关于透明度和事后可解释性之间的区别，参见 LIPTON Z. C. The Mythos of Model Interpretability [J]. ACM Queue, 2018, 16(3): 1-27.

的心理过程——这也是高级算法设计目前正在发展的方向。①

结论

与算法的互动对社会学和沟通理论来说是一个挑战。无论是决定它们是一种特定的沟通形式且应该相应地修改沟通概念，还是决定算法不是沟通伙伴，沟通理论的任务仍然是充分描述这些数字化过程的发展，我们必须能够展示与算法的互动如何影响整个社会的沟通，并提供有助于指导算法设计和编写人员工作的见解。②

在越来越多的领域，对（人工）智能的熟悉参考变得无用，无论是沟通被归因于事物的状态（例如物联网），还是沟通被视为事物的状态（例如数字人文学科）。这是否意味着我们正在走向一种广泛的智能状态，在这种情况下，物与人、智能算法和参与沟通的思想之间是否将不再分离？③ 笔者认为，这些发展需要从对智能的参考转向对沟通的参考。算法所再现的不是人的智能，而是沟通的信息化。当新的沟通形式将算法的性能与人的性能结合起来时，算法就不会再与人混淆，也不会变得智能化。算法运作与人类思维之间的差异性产生了在沟通线路中处理数据和产生信息的新方法。

以下章节通过描述和分析与算法进行沟通的各种案例来检验这一主张——每个案例都处在不同的条件下，并产生非常不同的结果。

---

① CIMIANO P., Sebastian Rudolph and Helena Hartfiel. Computing Intensional Answers to Questions——An Inductive Logic Programming Approach[J]. Data & Knowledge Engineering, 2010, 69(3)：261-278；KARIM A., ZHOU SHANGBO. X-TREPAN：An Extended Trepan for Comprehensibility and Classification Accuracy in Artificial Neural Networks[J]. International Journal of Artificial Intelligence & Applications, 2015, 6(5)：69-86. 萨克曼在《计划和情境行动》(1987年)中已经探索了人类和机器之间在产生可理解性方面合作的可能性，这依赖于利用它们在理解上的差异性。

② LUHMANN N. Die Gesellschaft der Gesellschaft[M]. Frankfurt am Main：Suhrkamp, 1997：304.

③ LEVY P. Intelligence Collective：Pour une Anthropologie du Cyberspace[M]. Paris：La Découverte, 1994.

第二章

未经理解的组织：古代和
数字文化中的列表

当算法与我们交谈时，它们会在列表中这样做[①]——并非总是如此，但比以前在新闻或大众媒体沟通中的情况要频繁得多。算法似乎正在检索一种被社会忽视了数千年的古老沟通方式。为什么会这样？我们将看到，这至少部分是由于列表是算法与我们沟通的"自然"方式的结果；我们组织信息和处理新闻的常用方式越来越受到我们与不像我们那样会思考的机器之间沟通的影响。

由翁贝托·埃科标记为"所有列表之母"[②]的网络显然以列表的形式"思考"。[③] 在数字世界中，列表的普遍形式似乎是组织信息的首选方式，并在组织的各个级别递增复制。[④] 指导网络的算法是指令列表；数据库是搜索引擎处理以提供更多网站列表的数据列表；亚马逊和旅行顾问（trip advisor）等服务提供产品和餐厅列表，而"新闻馈送"（News Feed）则不断提供朋友在脸书（facebook）活动中的更新列表。传统媒体的沟通形式进一步受到这种转变的影响：文章越来越多地以作为"列表"的"列表体"的方式编写，并且有只包含列表的整个网站，例如美国科普网站"列表宇宙"（Listverse）。[⑤]

网络在列表的基础上生成更多列表，然后二阶列表有助于指导我们对信息的搜索——也是通过列表的方式，例如，"百资得"和其他服务表现为具有新闻价值的列表。列表通过列表进行管理，其最终形式是无处不在的前

---

① 本章的前一个版本，请参见 Zeitschrift fur Literaturwissenschaft und Linguistik.

② ECO U. Vertigine della lista[M]. Milan：Bompiani, 2009：290.

③ POOLE S. Top Nine Things You Need to Know about Listicles[N]. Guardian, 2013 - 11 - 12.

④ ORING E. Jokes on the Internet：Listing toward Lists[M]//BLANK T. J. Folk Culture in the Digital Age：The Emergent Dynamics of Human Interaction. Boulder. CO：Utah State University Press, 2012：98 - 118.

⑤ POOLE S. Top Nine Things You Need to Know about Listicles[N]. Guardian, 2013 - 11 - 12.

十名列表似乎已成为新一代组织信息的主要形式之一。在尼克·霍恩比的小说《失恋排行榜》（*High Fidelity*）中，罗伯·弗莱明的角色可以找到一个预言性的虽然是滑稽的例子，但他通过编制个人生活和自我形象所有要素的前五名列表来反思自己和世界。

为什么列表在我们的数字社会中会呈指数级增长？为什么网络似乎与列表的形式有着密切的联系，这种形式在古代文明中有着悠久的历史，然后被补充，继而逐渐被其他更有效的数据管理方法所取代？

在本章中，笔者将探讨在数字社会中使用列表的实践，这种形式的信息组织不仅在网络上，而且在过去的几十年中它已成为一种更普遍、更无所不在的对象和服务评估模式。这种现象在评分和排名中随处可见：大学排名；财务评级；餐馆、医院和监狱的评级；国家排名；电影、书籍——几乎所有事物的排名都深刻影响社会各个领域的观察和自我观察实践。[1] 这些形式是否有共同点？鉴于它们在当代文化中的平行追溯——是否具有相同的效果？列表、评级和排名之间有什么区别（和关系）？与其他形式的顺序组织相比，列表的特殊性是什么？

为了回答这些问题，笔者首先描述和区分平面列表、评估列表和分层列表。然后，笔者追溯了列表形式的历史演变及其在西方文明中的逐步推广，导致越来越结构化的内容组织形式。随后，笔者专门讨论了网络和数字数

---

[1] ESPELAND W. N., MICHAEL S. Rankings and Reactivity. How Public Measures Recreate Social Worlds[J]. American Journal of Sociology, 2007, 113(1): 1-40; MUSSELIN C. La Grande Course des Universités[M]. Paris: Presses de Sciences Po, 2017; LANGOHR H., LANGOHR P. The Rating Agencies and Their Credit Ratings: What They Are, How They Work and Why They Are Relevant[M]. Chichester: Wiley, 2009; LEVICH R. M., MAJNORI G., REINHART C. Ratings, Rating Agencies and the Global Financial System[M/OL]. New York: Springer US, 2002. https://doi.org/10.1007/978-1-4615-0999; SCOTT S. V., ORLIKOWSKI W. J. Reconfiguring Relations of Accountability: Materialization of Social Media in the Travel Sector[J]. Accounting, Organizations and Society, 2012, 37(1): 26-40; MENNICKEN A. Too Big to Fail and Too Big to Succeed: Accounting and Privatisation in the Prison Service of England and Wales[J]. Financial Accountability & Management, 2013, 29(2): 206-226; MENNICKEN A. Numbers and Lists: Ratings and Rankings in Healthcare and the Correctional Services[Z]. Unpublished manuscript, 2016; COOLEY A., SNYDER J., eds. Ranking the World: Grading States as a Tool of Global Governance[M]. Cambridge: Cambridge University Press, 2016; ESPOSITO E., STARK D. Whats Observed in a Rating? Rankings as Orientation in the Face of Uncertainty[J/OL]. Theory, Culture & Society, 2019, 36(4): 3-26. https://doi.org/10.1177/026327641982627.

据处理，并询问为什么列表的形式此刻正在蔓延，尤其是在过去的 30 年里，因为算法已经开始成为社会沟通的积极参与者。列表、网络和算法（网络信息处理的核心工具）之间的关系是什么？

列表、评级、排名

列表无处不在，并且以不同的形式出现：有简单的列表（"脸书"上的好友列表）、评级（评价项目的列表，例如餐厅或金融资产的列表以及相应的指标——星星、字母、心形），还有排名组织为按层级顺序排列的对象列表（美国 100 所最佳大学）。它们都是列表，但并非所有列表都是排名，甚至也不是评级。此外，并非所有评级都是排名。那么，这些有什么区别呢？

评级具有评估成分，从某种意义上说，它们进行打分——关于公司的偿付能力、国家的可靠性、餐馆、葡萄酒或电影的质量等——例如 AAA、Ba2、三星级或两杯。在许多情况下，创建评级时并没有比较的意图——它们只是评估，将分数分配给各个对象的特殊性。评估集中在单个项目上，因为每一篇科学文章、每家公司、每瓶葡萄酒、每件物品——严格来说都是独一无二的。这些原始分数提供的是多种单一的判断。在像米其林这样的经典指南中，餐厅的各种特征最初是分开处理的：例如材料和准备的质量，还有创意、氛围、景观以及许多其他因素，这些因素无法被理智地汇总为一个衡量标准。①

相反，排名会比较列出的项目。它们建立了一个层级结构，通常从第一位到第十位（例如谷歌搜索结果第一页上的项目），尽管它们也可能达到第五十或第二百位，依此类推：伦敦十佳餐厅，排名前五十名的不到五十年的大学，有史以来最好的两百部科幻电影。每个项目都有一个高于或低于前一个项目的唯一位置，并且此位置信息由排名传递。一个人的注意力更多地集中在比较上，而不是在项目的特征上，这些特征往往从视野中消失。排名的使用者们注重的是项目排名的高低，而不是它们独立的属性。该排名

---

① KARPIK L. La Guide rouge Michelin[J]. Sociologie du Travail，2000，42（3）：369 - 389；
KARPIK L. Léconomie des singularités[M]. Paris：Gallimard，2007：113.

主要描述了多个实体之间的相互关系，而不是每个个体的表现。①

另外，简单列表没有评估成分，也不需要有顺序——博尔赫斯的中国百科全书中被大量引用的动物列表清楚地表明了这一点（属于皇帝的动物、经过防腐处理的动物、乳猪、鳗螈、传说中的神兽、流浪狗……包括"那些包括在当前分类中的"和"其他"），②同时也出现在我们的大部分日常购物列表中。通常没有理由将牛奶列在苹果、洗碗机的洗涤剂或鸡蛋之前，并且可以从下到上阅读该列表而不会丢失任何信息。列表非常灵活且可替代，它们通常需要语境补充或解释补充才能变得有用③——例如，我们购物的商店布局或用户分组（乳制品、水果、家用清洁剂）。

这些不同的形式（评级、排名和列表）何时成为社会组织的基本组成部分？是什么让它们成为可能？它们之间有什么关系？何时以及如何将评估形式和分层形式与列表的简单顺序结合起来？

写作、语境和抽象

平面列表是一种古老的形式，是早期书写实践时期文明的典型形式，尤其是那些在美索不达米亚、苏美尔人以及埃及和中国的古老文明中使用非字母技术的文明。④ 虽然口头话语中也存在列表，但在面对面沟通中很少

---

① STUART D. L. Reputational Rankings：Background and Development[J]. New Directions for Institutional Research，1995(88)：13 - 20.

② BORGES J. L. The Analytical Language of John Wilkins[M]//In Other Inquisitions 1937 - 1952，translated by Ruth L. C. Simms. Austin：University of Texas Press，1993：101 - 105. 译者注：米歇尔·福柯在《词与物》的开篇第一段话中便提及了博尔赫斯这个引自某部中国百科全书的动物分类。福柯承认，他在阅读这一段落的时候发出了笑声。然而，在笑声结束的时刻，福柯突然发现，这一笑声动摇了我们习惯于用来控制事物的所有秩序井然的表面和所有平面，这一混乱、庞杂、毫无逻辑可言，寓言式的动物分类实际上是在提醒一种特殊的世界秩序观念，揭示出世界的另一重可能的秩序。福柯认为，这对于欧洲人来说，可能就是其自身的思想限度。

③ CONTZEN E. Die Affordanzen der Liste [J]. Zeitschrift für Literaturwissenschaft und Linguistik，2007(3)：322，WEINBERGER D. Everything Is Miscellaneous：The Power of the New Digital Disorder[M]. New York：Henry Holt，2007：66.

④ HUNGER H.，ARCHI A. Vicino Oriente：Liste lessicali e tassonomie[EB/OL]. Entry in Enciclopedia Treccani. Rome，2001. http://www.treccani.it/enciclopedia/vicino-oriente-antico-liste-lessicali-e-tassonomie_%28Storia-della-Scienza%29；GOODY J. The Domestication of the Savage Mind[M]. Cambridge：Cambridge University Press，1977.

出现列表。

口头沟通的条件不利于使用列表，因为列表需要抽象和去语境化的初始步骤。列表的空间不是我们直接的物理空间。相反，面对面对话的参与者总是沉浸在语境和正处于的情境中。他们共享相同的时空——此时此地。在初级口语中，当所有沟通都是面对面的时候，不需要了解语境因素及其可变性，因为不需要观察它们：一个人只与同时在同一地点，知道并彼此了解的人进行沟通。[①] 语境被认为是理所当然的，沟通的特点是抽象程度低。[②]

写作的引入导致了对口语情形的实质性知识突破。它要求作者和读者远离当前情境的具体背景，并为不同的时间和空间条件记录内容——写作具有与这种分离相关的优势和自由，但也具有相关的复杂性。列表的形式有助于这一举措。列表从当前情境中抽象出它们的对象，并将它们与其他列出的项目一起放在不同的框架中。列表打破了"感知世界的自然统一"；[③]它们需要一种保持距离的行为，并在所列项目与其他所有事物之间以及所列对象彼此之间引入不连续性。列表形式的思维支持书写引入的智力态度，这需要书面记录的支持。

考古研究表明，在书写的开端，尤其是非字母书写的开端，列表非常普遍。[④] 古代书面文件几乎没有叙述形式，也没有再现话语——这些都将发生在很久以后。这些文件是以列表的形式起草的。从社会学沟通理论的角度来看，这是完全有道理的。人们写下他们所说的话，也不是为了与缺席的伙伴沟通而写——他们是为了行政和经济目的而写。书写列表是为了记录买卖、租赁、贷款、婚姻债券、遗嘱——不是为了与某人沟通，而是为了界定内容并记住它，就像我们处理自己的笔记和购物列表一样。但古代列表收集了最特别的材料。美索不达米亚楔形文字列表包括植物、动物、人工制

① LURIA A. R. Cognitive Development: Its Cultural and Social Foundations[M]. Cambridge, MA: Harvard University Press，1976: 12-19.

② ONG W. J. Orality and Literacy. The Technologizing of the Word[M]. New York: Methuen，1982: 42-43.

③ GOODY J. The Domestication of the Savage Mind[M]. Cambridge: Cambridge University Press，1977: 104.

④ AMAR A. On the Beginnings and Continuities of Omen Sciences in the Ancient World[M]// AMAR A. Divination and Interpretation of Signs in the Ancient World. Chicago: The Oriental Institute of the University of Chicago，2010: 1-18.

品、职业、官员头衔、地名、身体部位和食物——每一个都像博尔赫斯的中国动物列表一样具有冒险精神。在温伯格的术语中，古代列表是杂七杂八的，包括成堆的项目，没有预先确定的分类或类别。① 与所有平面列表一样，这些古代记录可以向下或向上阅读，因为顺序没有提供任何其他信息。②

尽管缺乏明确的顺序（或正因为如此），列表的产生却标志着知识组织的重要一步。③ 列表要求我们放弃对直接语境的隐含坚持，并以独立的方式观察记录的项目，④但这并不一定意味着构建替代语境所需的进一步抽象的概念工具。⑤ 根据古迪的说法，高级抽象和重新语境化是书面列表的结果而不是前提，抽象是后来出现的。当项目在一列（或表格的多列）中列出时，观察者可以注意到其对应关系和相似性，当一个人沉浸在语境中时，这些对应关系和相似性会避开放大的焦点，或者根据模式和结构组合对象。人们可以对其加以分组、反对或重新排列。这可以引起对相关性和对应关系的更深入分析，最终导致内容概念化的更抽象形式。正如多莱扎洛娃所说："一个想法不一定是编制列表的驱动力，但列表可能会从中产生。"⑥要使用列表，不必了解抽象的组织原则——而是在处理列表时就开发了一个组织原则。

这种非抽象内容组织的优势主要在于不完全靠语音的写作形式。随着

① WEINBERGER D. Everything Is Miscellaneous：The Power of the New Digital Disorder[M]. New York：Henry Holt, 2007.
② 在一个平面列表中收集的通常完全异质的元素处于等价关系。SCHAFFRICK M., WERBER N. Die Liste, paradigmatisch[J]. Zeitschrift für Literaturwissenschaft und Linguistik, 2017 (47)：307.
③ 鲍克尔（Bowker）和史塔尔（Star）将列表制作描述为先进人类社会的一项基本活动。BOWKER G. C., STAR S. L. Sorting Things Out. Classification and Its Consequences[M]. Cambridge, MA：MIT Press, 1999：137.
④ 根据曼伯格的说法，列表的效果使近的东西看起来很远，而远的东西看起来很近。MAINBERGER S. Exotisch——endotisch oder Georges Perec lernt von Sei Shonagon：Überlegungen zu Listen, Literatur und Ethnologie[J/OL]. Zeitschrift für Literatur und Linguistik, 2017, 48(3)：334. https://doi.org/10.1007/s41244-017-0063.
⑤ 列表是我们排序想法的最基本方式……如果它变得更简单，那就根本没有组织。WEINBERGER D. Everything Is Miscellaneous：The Power of the New Digital Disorder[M]. New York：Henry Holt, 2007：65.
⑥ DOLEZALOVA L. Ad Hoc Lists of Bernard Itier (1163 - 1225), Librarian of St. Martial de Limoges[M]. DOLEZALOVA L. The Charm of a List：From the Sumerians to Computerised Data Processing. Newcastle upon Tyne：Cambridge Scholars Publishing, 2009：80.

语音的完善，即自公元前 8 世纪开始使用字母表，与语境的分离得到了完善，新的抽象形式成为可能（并且需要）。虽然象形文字只有已经知道其符号含义的读者才能使用，而音节文字需要能够进行适当整合的读者添加元音，①但阅读字母文本不需要此类语境信息。有了字母表，如果读者知道应该如何阅读一种语言的规则，就可以阅读关于以前未知的主题和问题的文本，因为文本本身提供了沟通所需的全部信息。② 在语言学术语中，词语环境代替了语境。③ 只有这样，作者的语境才能与读者的语境完全脱钩。文本的时间和空间与读者的位置坐标不一致，读者必须能够应对这种分离，而作者必须考虑语境差异才能产生可理解的文本。作家和读者必须能够掌握一个抽象参考（日期、地名）的世界，独立于对他们当时所处情境（昨天，在山上）的任何参考。

　　根据哈夫洛克的说法，这些表现是西方文明中抽象思想开始的背景，④导致作为相对具体的秩序形式的列表逐渐边缘化。他认为，当"正义"这样的概念成为一个普遍的概念，并且不再与一系列其他例子相吻合时，西方意识就诞生了：阿伽门农是正义的，赫克托尔是正义的，等等。埃科声称，抽象的兴起导致了从根据属性的定义［亚里士多德称其为"偶性"（per accidens）定义］到根据本质的定义的转变，这需要对对象进行更独立的分析。⑤ 柏拉图首先根据事物的抽象本质来定义概念，他鄙视列表，声称列表只是列举了"一大群"例子。⑥ 众所周知的事实是，亚里士多德随后引入了抽象类别的

---

① HAVELOCK E. A. Origins of Western Literacy[M]. Toronto：Ontario Institute for Studies in Education，1976，chapter 3. 可以说，在音节书写中，相同的符号代表 ka、ke、ki、ko 和 ku 的发音。
② 例如，在作者年轻的时候，曾被一个德国家庭作为互惠生（au pair）接待。我会说的德语很少，但这是一种语音透明的语言，可以边写边读。然后我可以大声朗读童话书给我所照顾的孩子听。即使我对内容一无所知，但显然我的阅读对我的小听众来说足够满意。
③ DE MAURO T. Linguistica elementare[M]. Rome：Laterza，1998：187.
④ HAVELOCK E. A. Preface to PLATO[M]. Cambridge，MA：Harvard University Press，1963：ix‐xi；HAVELOCK E. A. The Greek Concept of Justice[M]. Cambridge，MA：Harvard University Press，1978：4‐14. 译者注：阿伽门农是特洛伊战争中的阿开奥斯联军统帅。战争胜利后，他顺利回到家乡，然而他的妻子克吕泰涅斯特拉对于阿伽门农在出征时因得罪狩猎女神阿耳忒弥斯而以长女伊菲革涅亚献祭之事怀恨在心，便与情人一起谋害了他。赫克托尔是特洛伊第一勇士，不仅勇冠三军，而且为人正直、品格高尚，是古希腊传说和文学中非常高大的英雄形象。
⑤ ECO U. Vertigine della lista[M]. Milan：Bompiani，2009：133.
⑥ PLATO. Meno, in Complete Works[M]. Indianapolis：Hackett，1997，part II；PLATO. Hippias Major, in Complete Works[M]. Indianapolis：Hackett，1997.

思想组织，①并提供了一个替代直接语境的参考框架。形而上学拒绝列表的形式。对世界的抽象理解先于观察。

哈夫洛克的解释可能会引起争议，但学者们一致认为，在引入字母书写之后，在古代世界普遍存在的列表形式逐渐变得不那么常见。② 列表仍然可以在《伊利亚特》等史诗（例如著名的船舶目录中）③或旧约的许多段落中找到——实际上这些段落是在引入字母表之前口头编写的。在西方文化的书面文本中，列表的形式逐渐被更复杂的排列方式——树形结构或分类系统所补充，产生了一种新秩序，这种新秩序既超越了对象的简单并列，又超越了积累和列举的修辞形式。

列表在此过程中并没有消失，而是具有其他功能，这证实了其形式的非凡灵活性。④ 将数据记录在列表中是对其进行操作和发展计算形式的先决条件，例如中国和美索不达米亚文明的占卜术，⑤最终导致代数和其他抽象计算。虽然公元前 4000 年和公元前 3000 年的古代"杂项"列表没有顺序，但自公元前 2000 年中叶以来，出现了更具体的组织形式。这些形式是指单词的含义（按照人体从头到脚的各个部分，或根据空间方向）、符号的形式（例如，根据首字母或手迹原则，即图形相似性）。一旦以书面形式将数据客观化，就可以从远处观察它们，并且几乎不可避免地要识别其他组织标准。

---

① ARISTOTLE. Posterior Analytics[M]. Translated by Jonathan Barnes. Oxford：Clarendon Press，1993：13.
② VISI T. A Science of List? Medieval Jewish Philosophers as List Makers[M]//DOLEZALOVA L. The Charm of a List：From the Sumerians to Computerised Data Processing. Newcastle upon Tyne：Cambridge Scholars Publishing，2009：14.
③ Homer, Iliad, book II, lines 494 - 759.
④ CONTZEN E. Die Affordanzen der Liste[J]. Zeitschrift für Literaturwissenschaft und Linguistik，2017(3)：318. 列表也出现在现代文学文本中，但与日常生活中使用的解释不同，它们不被视为支持信息的排序，而是被视为外来的、令人不安的因素，作者可以将其用于艺术或沟通目的。MAINBERGER S. Exotisch——endotisch oder Georges Perec lernt von Sei Shonagon：Überlegungen zu Listen, Literatur und Ethnologie[J/OL]. LiLi：Zeitschrift für Literatur und Linguistik，2017，48(3)：327 - 350. https：//doi.org/10.1007/s41244-017-0063.
⑤ VANDERMEERSCH L. Dalla tartaruga allachillea (Cina)[M]//VERNANT J. P.，VANDERMEERSCH L.，GERNET J.，BOTTERO J.，CRAHAY R.，BRISSON L.，CARLIER J.，GRODZYNSKI D.，RETEL-LAURENTIN A. Divination et Rationalité. Paris：Seuil，1974：27 - 52；BOTTERO J. Sintomi, segni, scritture nellantica Mesopotamia[M]//VERNANT J P，VANDERMEERSCH L，GERNET J.，BOTTERO J.，CRAHAY R.，BRISSON L.，CARLIER J.，GRODZYNSKI D.，RETEL-LAURENTIN A. Divination et Rationalité. Paris：Seuil，1974：73 - 214.

随着社会语义抽象程度的提高，随之而来的分类也越来越复杂。列表倾向于朝着有组织的系列发展，例如评级和排名。以"波菲利之树"①的形式，抽象类别的层级排列最终仍然是数千年来知识组织的基本方案。②

列表机器

向前跨越几个世纪，知识秩序的复杂化引入了本章争论的下一步：为什么列表在数字世界中会成倍增加，它们与算法数据处理的逻辑和操作模式有什么关系？

如上所述，对古代书写用途的研究表明，列表是一种以有限的抽象能力管理复杂性的有效方法。列表在开始记录和组织数据的古代文化中非常普遍。将数据组织成列表的一大优势就是它们既不需要抽象能力，也不需要对已排序的对象或组织活动进行反思。杂项列表可以在没有预定义的排序标准、不进入所列项目的详细信息以及不真正了解它们的情况下就能生成顺序。③它们几乎可以自动生成顺序，即使人们不了解自己在整理什么。

当然，现代社会非常具有抽象能力，但此种抽象能力并非无处不在。在网络上处理数据的算法不适用于抽象能力，而抽象能力是现代社会的主要资产。算法只是计算。情况一直如此；④随着复杂程序（例如处理大数据的自学习算法）的发展，抽象的缺乏变得越来越相关，就像最新的机器似乎能

---

① 在波菲利（PORPHYRY）的《导论》（*Isagoge*）中有所描述。译者注：波菲利之树是古罗马哲学家波菲利在其撰写的《亚里士多德〈范畴篇〉导论》中提出的一种对知识的分类体系。

② ECO U. Dallalbero al labirinto：Studi storici sul segno e linterpretazione[M].Milan：Bompiani，2007；WEINBERGER D. Everything Is Miscellaneous：The Power of the New Digital Disorder[M]. New York：Henry Holt，2007. 鲍克尔（Bowker）和史塔尔（Star）对理想分类系统及其属性的描述也证实了这一点。BOWKER G. C.，STAR S. L. Sorting Things Out. Classification and Its Consequences[M]. Cambridge，MA：MIT Press，1999：10 - 11.

③ See MAINBERGER S. Exotisch——endotisch oder Georges Perec lernt von Sei Shonagon：Überlegungen zu Listen，Literatur und Ethnologie[J/OL]. LiLi：Zeitschrift für Literatur und Linguistik，2017，48(3)：327 - 350. https://doi.org/10.1007/s41244-017-0063. 正如曼伯格（Mainberger）所表明的，出于这个原因，列表是民族志和民族学研究的基本工具，一般来说，它是研究外国文化的基本工具——直到蒙田（Montaigne）和弗雷泽（Frazer）出现。列表的空白形式允许我们管理未知数。

④ DAVIS M. Computability and Unsolvability[M]. New York：McGraw-Hill，1958.

够充当有能力的沟通伙伴一样。① 在基于算法的项目中，列表被认为是"非常有用的设备"。② 算法产生了我们在网络和数字数据处理中发现的无处不在的列表。为什么？

算法的能力和效率取决于它们在没有抽象推理的情况下进行计算的能力。近年来，自学习算法取得的令人瞩目的成就是通过使用明确放弃人工复制人类智能形式的想法，甚至野心的编程技术实现的。算法不会按照我们所做的方式进行推理，以便于做我们用抽象推理所做的事情。这可以解释，就像在古代前字母表文化中一样，人们偏好列表的形式，这种形式在制作和使用中不需要抽象就能提供信息。

根据大卫·温伯格的说法，数字时代正在引入一种"新秩序"，改变了我们知识的形态。③ 组织世界的系统不再与理解世界的系统重合——就像人类推理一样并入"波菲利之树"模型中。不是提前以结构化树的形式指定组织类别，而是在标记内容方面发生了一场革命，该内容使用没有预先定义顺序的"树叶堆"④——实际上就是没有排序原则的平面列表，其中一个以前未知的顺序可以出现，例如，自组织分类法以"民俗学"的形式出现。未经选择、不受控制的大数据（和元数据）杂乱无章地收集所产生的顺序没有基本原则，是灵活的、动态的、不可避免的模糊性（因此"混乱"），但仍然提供了一个框架，使数据处理成为可能。

---

① 有关这方面的更多信息，请参阅本书第一章。

② MICHURA P., RUECKER S., RADZIKOWSKA M., FIORENTINO C., CLEMENT T., SINCLAIR S. Slot Machines, Graphs and Radar Screens: Prototyping List——Based Literary Research Tools [M]//DOLEZALOVA L. The Charm of a List: From the Sumerians to Computerised Data Processing. Newcastle upon Tyne: Cambridge Scholars Publishing, 2009: 168. 例如，用于文本分析的 MONK（元数据提供新知识）项目以多种不同方式使用列表：分层列表、用户确定的随机列表、顺序列表、图表列表、用户定义列表、历史状态列表、虚线列表以及可折叠列表的搜索结果。MICHURA P., RUECKER S., RADZIKOWSKA M., FIORENTINO C., CLEMENT T., SINCLAIR S. Slot Machines, Graphs and Radar Screens: Prototyping List-Based Literary Research Tools [M]//DOLEZALOVA L. The Charm of a List: From the Sumerians to Computerised Data Processing. Newcastle upon Tyne: Cambridge Scholars Publishing, 2009: 171.

③ WEINBERGER D. Everything Is Miscellaneous: The Power of the New Digital Disorder[M]. New York: Henry Holt, 2007: 8.

④ WEINBERGER D. Everything Is Miscellaneous: The Power of the New Digital Disorder[M]. New York: Henry Holt, 2007: 29.

算法对数据进行排序并发现模式，而无需理解已排序的元素，并为它们提供有意义的解释，即为算法"添加语境"。① 至于意义和理解，如果它们出现，便来自数据的算法组织，它们不是算法组织的前提。例如，图像识别系统在它们分析的材料中"发现"了猫的面孔，但这并不是因为它们有"猫"的概念，这将作为理解和识别其实例的一种手段。② 反而观之，"网络相册"（Flickr）和"即时电报"（Instagram）使用的这些算法处理大量数据和元数据，在没有任何人类可以理解的原因的情况下识别模式。③ 然而，算法处理的结果可能对用户有意义，结果通常以列表的形式呈现。算法与列表一起工作以产生列表。

从用户的角度来看，意义必须从一个独立于意义产生的顺序中产生，这就是列表为什么如此有效的外因。例如，想一想"列表体"的成功。随着自动化技术使用量的增加和数据的高度可用性，算法在出版和新闻材料管理中的作用变得越来越重要。各种编辑决策都外包给算法——例如指导"脸书新闻馈送"（Facebook News Feed）、"图表节拍"（Chartbeat）或其他的算法。④ 它们的产品是列表，这对新闻的生产造成了深远的影响。最早意识到并明确利用这种组织形式的是"百资得"，它将在其他地方发布的报告中通过算法检测到的新闻项目塞入其列表中，然后将它们按原样发布。

结果是"列表体"，它易于编写（由机器生成），并且同样易于阅读。读者会遇到一系列彼此没有联系也没有争论顺序的主题。人们喜欢列表体。他们随心所欲地阅读和消费它们，并在适合他们的时候停下来，自由地建立自己的秩序——而不会反过来就失去或扭曲列表的意义，因为它没有任何扭

① WEINBERGER D. Taxonomies to Tags：From Trees to Piles of Leaves[M]. New York：CNET Networks，2005：30.
② TAYLOR P. The Concept of Cat Face[J]. London Review of Books，2016，38(16)：30 - 32.
③ 当错误发生时，观察者通常会尝试理解算法过程，例如在软件中通过背景部分是否存在雪来区分哈士奇和狼的软件的大量讨论，参见 RIBEIRO M. T.，SINGH S.，GUSETRIN C. Why Should I Trust You? Explaining the Predictions of Any Classifier[EB/OL]. [2016 - 08 - 09]. https://arxiv.org/pdf/1602.04938.pd. 译者注：网络相册（Flickr）和即时电报（Instagram）是两款图片分享软件。
④ LEPORE J. The Cobweb：Can the Internet Be Archived？[J]. New Yorker，January 19，2015. 译者注：图表节拍（Chartbeat）是一家网站流量分析公司。它的功能是网站流量分析，顾名思义就是提供网站实时流量分析的服务，让出版商和个人可以随时知道用户最关注的内容是什么，可以根据这项服务来进行首页的内容调整。

曲的意义，感觉可以作为列表的结果产生。普尔将列表体的极大成功归功于这种轻松。①

　　出于这个原因，当 2014 年 3 月《纽约时报》决定更贴近读者时，它开始发表更多的列表文章。不仅书籍、餐厅和电影推荐，②而且政治评论和来自相关事件或查询的要点都以要点序列的形式呈现在诸如"中期选举结果：4 个关键要点""脸书的损害控制：《泰晤士报》调查的 6 个要点"和"我们新项目的五大亮点"。③ 这种演变正在以复杂的反馈回路改变当代新闻业的格局。④ 尽管《纽约时报》等传统报纸越来越多地诉诸列表的算法形式，但高度自动化的网站发现需要通过接近传统新闻的实践和方法来关注和监控算法的运作："百资得"创建了"百资得新闻"，"脸书"推出了"新闻馈送"，谷歌提供了谷歌新闻。

　　这在新闻业中发生了很大的变化，但不仅是新闻业。十大榜单在网络上成倍增长，成为一种特定的信息沟通形式。在许多情况下，它们不是纯粹的列表，因为涉及层级排序：这些列表不仅包括一定数量的条目，而且它们还按数量级升序或降序["1 到 10：特拉斯提弗列（Trastevere）最好的素食餐厅"]。但即使是这些层级排序，也是由算法产生的，并非根据理解和抽象，而是利用指示并根据用户的行为和偏好（点赞、转发和反向链接）形成计算。⑤

---

① POOLE S. Top Nine Things You Need to Know about Listicles[N]. Guardian, November 12, 2013.

② 在一个典型的日子（2019 年 3 月 7 日），除了畅销书排行榜，人们还可以在《纽约时报》的在线网站上找到改变了食品历史的 6 位黑人厨师和 1 位发明家、3 本令人惊叹的关于爱与失落的新回忆录、本周末在纽约观看的 5 部电影系列、多洛米蒂山的 5 个吃饭的地方、当下最重要的 25 首歌曲、Netflix 上的 50 部最佳电影和要播放的 5 部太空纪录片。

③ Jeremy W. Peters, Matt Flegenheimer, Elizabeth Dias, Susan Chira, Kate Zernike and Alexander Burns, Midterm Election Results: 4 Key Takeaways [N/OL]. New York Times [2018 - 11 - 07]. https://www. nytimes. com/2018/11/07/us/politics/election-news. htm; Nicholas Confessore and Matthew Rosenberg, Damage Control at Facebook: 6 Takeaways from the Timess Investigation[N/OL]. New York Times[2018 - 11 - 14]. https://www.nytimes.com/2018/11/14/technology/facebook-crisis-markzuckerberg-sheryl-sandberg. html; Megan Specia, Five Takeaways from Our New China Project[N/OL]. New York Times[2018 - 11 - 21]. https://www.nytimes.com/2018/11/21/world/asia/china-rulestakeaways.htm.

④ LEPORE J. The Cobweb: Can the Internet Be Archived? [J]. New Yorker, January 19, 2015.

⑤ 第一章中描述的谷歌化程序。

结论

与古代美索不达米亚一样，在我们的数字文明列表中，产生了可以生成特定形式的信息和信息管理的安排，包括最近蓬勃发展的评级和等级排名，这对理论描述提出了挑战。为了研究这些发展，我们可能需要修订版的列表科学，①以处理巴比伦列表及其演变，并需要更新对网络组织的适当科学观察，以适应我们数字环境的特征。

这就提出了新的问题。关于网络信息处理的讨论必须处理列表中数据组织的社会影响。人们应该探索，当我们的数字社会根据不思考的算法过程来观察自身及其成员的观察时会发生什么——就像在当前的新闻业中一样。新闻的选择和组织不是由人类推理指导的，而是由用户行为计算得出的正式模式指导。当列表的形式不使用抽象化，而只是对抽象过程和用户的选择进行复制、重组和放大时，列表的形式使什么变得可见，又使什么变得模糊？了解列表的特征和结果如何有助于正确描述数字信息管理？

---

① VON SODEN W. Leistung und Grenze sumerischer und babylonischer Wissenschaft. Die Welt als Geschichte[M]//LANDSBERGER B. Die Eigenbegrifflichkeit der babylonischen Welt. Leistung und Grenze sumerischer und babylonischer Wissenschaft. Darmstadt：Wissenschaftliche Buchgesellschaft，1975：21 - 133.

第三章

阅读图像：数字文本分析中的可视化和解释

非语言文学分析

我们通常通过语言进行沟通，但我们也经常通过图像进行沟通，然而，我们如何从图片中获取信息与我们处理文本的方式不同。当我们的沟通伙伴是一种算法时，这种方式变得至关重要。可视化帮助我们理解计算机的工作过程并使用它们来获取新信息——即使并尤其是当它们处理的材料不是图像时，这由明确致力于文本研究的文学分析领域所表明。最新的创新研究不使用"文学"工具。文学学者并非阅读文本，也非使用语言将文本形象化，而是使用图像将文本形象化。①

正如佛朗哥·莫雷蒂和奥列格·索布丘克所言："如果有一个特征可以立即将数字人文学科与'其他'人文学科区分开来，那必须是数据可视化。"②应用计算技术扩大文本分析范围和能力的数字人文学科专家正在通过创新的类别和工具获取信息，并提出前所未有的问题，例如研究文学文本中声音的"响度"或小说标题长度与市场规模之间的关系。③ 但这种文学分析的结果不是通过阅读文学文本获得的，也不是以文学形式表达的。它们不是说

① JANICKE S., FRANZINI G., CHEEMA M. F., SCHEUERMANN G. On Close and Distant Reading in Digital Humanities: A Survey and Future Challenges [C]//BORGO R., GANOVELLI F. Eurographics Conference on Visualization——State of the Art Report (EuroVis). Aire-la-Ville: Eurographics Association, 2015.

② MORETTI F., SOBCHUK O. Hidden in Plain Sight. Data Visualization in the Humanities[J]. New Left Review, 2019, 118: 86.

③ KATSMA H. Loudness in the Novel[EB/OL]. [2020 - 02 - 12]. https://litlab.stanford.edu/LiteraryLabPamphlet7.pd; MORETTI F. Style, Inc. Reflections on Seven Thousand Titles (British Novels, 1740 - 1850)[J]. Critical Inquiry, 2009, 36(1): 134 - 158.

出来的，也不是写出来的——它们是显示出来的。①

可视化工具对数字人文学科的工作至关重要，尤其是在涉及大量数据的研究中。② 根据吉特尔曼和杰克逊的说法，"数据以图形方式移动。"③佛朗哥·莫雷蒂的"远距离"阅读将文本转化为"地图、图表、树木"。④ 算法识别的模式被转换为空间配置，将数字处理的复杂拓扑转换为二维（可能是三维）图像。⑤ 相应的技术正在获得越来越多的动力，"走出了一个奇异的研究专业领域，并成为用户界面应用程序设计的主流。"⑥明斯特和特拉斯提出"视觉数字人文学科"一词应作为该领域的一个新颖的总结术语。⑦

针对这一趋势的理论分析仍然不适用。⑧ 为什么卓越的文本学科和文学分析会转向可视化工具？⑨ 笔者在本章中的论点是，可视化是对算法程

---

① 例如，莫林和阿切尔比使用可视化来显示从 19 世纪开始的英语文学作品中情绪化程度的下降。MORIN O., ACERBI A. Birth of the Cool: A Two-Centuries Decline in Emotional Expression in Anglophone Fiction[J]. Cognition and Emotion, 2017, 31(8): 1664.

② 大数据需要可视化才能开始理解其可能的结构。参见 SCHOCH C. Big? Smart? Clean? Messy? Data in the Humanities[J]. Journal of Digital Humanities, 2013, 2(3): 19.

③ GITELMAN L., VIRGINIA JACKSON. Introduction to Raw Data Is an Oxymoron[M]. GITELMAN L. Cambridge, MA: MIT Press, 2013: 12.

④ MORETTI F. Maps, Graphs, Trees[M]. London and New York: Verso, 2005.

⑤ MANOVICH L. How to Compare One Million Images? [M]//BERRY D. M. Understanding Digital Humanities. London: Palgrave Macmillan, 2012: 249 - 278.

⑥ CARD S. K., MACKINLAY J. D., SHNEIDERMAN B. Readings in Information Visualization, Using Vision to Think[M]. San Francisco: Morgan Kaufmann, 1999: xiii. 雅尼克强调，自 2013 年以来，可视化作为一种对数字人文主义者的整体价值不断增加的研究手段——事实证明，不仅有关于文本可视化技术的调查和最先进的论文，而且甚至还有一份关于文本可视化技术的调查报告。调查报告对它们进行审查和分类。参见 JANICKE S. Valuable Research for Visualization and Digital Humanities: A Balancing Act[J/OL]. Paper presented at the workshop Visualization for the Digital Humanities, IEEE VIS. Baltimore, Maryland October 23 - 28, 2016. https://www.informatik.uni-leipzig.de/~stjaenicke/balancing.pd; ALHARBI M., ROBERT S. L. SoS TextVis: A Survey of Surveys on Text Visualization[J]. Computer Graphics & Visual Computing (2018): 143 - 152.

⑦ SANDER M., TERRAS M. The Visual Side of Digital Humanities: a Survey on Topics, Researchers and Epistemic Cultures[J/OL]. Digital Scholarship in the Humanities, 2019, 35(2): 366 - 389. https://doi.org/10.1093/llc/fqz02.

⑧ 新工具的具体使用——实践——先于并掩盖了他们的理论依据。See MORETTI F., SOBCHUK O. Hidden in Plain Sight. Data Visualization in the Humanities[J]. New Left Review, 2019 (118): 87.

⑨ 一个类似的问题——为什么对文学文本进行地理可视化可能会有所帮助？——作为基础的相关文献被收录于 COOPER D., CHRISTOPHER D., PATRICIA M-F. Literary Mapping in the Digital Age[M]. Abingdon: Routledge, 2016. 然而，在笔者的分析中，可视化比数字（转下页）

序不透明性的一种回答，也是一种使它们富有成效的方法。数字人文学科不是解释（"回答'为什么'的问题"），①而是设计其他方法来处理数字过程的不可理解性，并在与人类用户的互动中利用它。可视化是一种强大的、日益广泛的解决方案。

探索图像

就其本身而言，将图像用于沟通目的并不新鲜。如果以一种不特别分析的方式，与语言（口头或书面沟通）相比，图像具有一次传达大量信息的巨大优势。② 正如威尔指出的，可视化的最大好处之一是可以快速解释的大量信息，以及感知未预料到的涌现属性的可能性。③ 请看口头描述风景和呈现如图 3.1 所示图像的明信片之间的区别。

语言描述需要更长的时间（一次只能说一件事），并且只包含明确考虑到的信息。如果你忘记说屋前有花或烟囱是砖砌的，你的对话者不会知道。另外，图像在一个瞬间传输大量信息，甚至是告知者和接收者都不知道的信息。④ 即使接收者没有主动参与，在看到图像时，他们知道这棵树在房子的左边，天空中有云。同样，可视化可用于为接收者生成告知者自己也不知道的信息。

无论有没有参考文本，图片总是被用于叙述和解释，以执行两个不同的功能：使显示已经可用的信息和产生新信息成为可能。这两个功能分别对

（接上页）在人文学科中关于空间转向的辩论具有更抽象的含义。参见 PRESNER T.，SHEPARD D. Mapping the Geospatial Turn [M]//SCHREIBMAN S.，SLEMENS R.，UNSWORTH J. A New Companion to Digital Humanities. Chichester：Wiley，2016：201－212.

① BURRELL J. How the Machine Thinks：Understanding Opacity in Machine Learning Algorithms [J]. Big Data & Society，2016(1)：1－12.

② LUHMANN N. Soziale Systeme. Grundriß einer alllgemeinen Theorie[M]. Frankfurt am Maine：Suhrkamp，1984：560－561.

③ WARE C. Information Visualization：Perception for Design[M]. San Diego：Academic Press，2000：1－2.

④ 在对运作意象的反思中，克莱默指出了受时间连续性约束的口语与利用同时性的二维可视化之间的区别。参见 KRAMER S. Operative Bildlichkeit：Von der Grammatologie zu einer Diagrammatologie? Reflexionen über erkennendes Sehen [M]//HEßLER M.，MERSCH D. Logik des Bildlichen：Zur Kritik der ikonischen Vernunft. Bielefeld：Transcript，2009：94－123.

图 3.1 与口头描述风景对应的明信片

应于图像作为插图和可视化的角色，这也是数字过程的核心。

插图可以直接传达信息或支持语言文本（口头或书面），以使信息的沟通更加直接和有说服力。① 用图像说明语言文本，沟通利用了两个记录器：语言的明确性和视觉感知的扩散性。

然而，作为"使用视觉思考"的一种方式，图像也可用于自主地产生信息，② 这是笔者在本章中讨论的可视化所特别指出的情况。可视化被用作"人类与数据互动的媒介"③——不像插图那样更有效地传达现有信息，而是创造新信息。一个人展示一张图片，然后看看一个人从中得到了什么（如果有人得到了什么）。图像激活了无法通过口头方式发生的"假设生成过程"。④

---

① 我们在使用 PowerPoint(PPT)时这样做。参见 STARK D. and Verena Paravel. PowerPoint in Public. Digital Technologies and the New Morphology of Demonstration[J]. Theory, Culture & Society, 2008, 25(5): 30 - 55.

② CARD S K., MACKINLAY J. D., SHNEIDERMAN B. Readings in Information Visualization, Using Vision to Think[M]. San Francisco: Morgan Kaufmann, 1999: 1.

③ JESSOP M. Digital Visualization as a Scholarly Activity[J]. Literary and Linguistic Computing, 2008, 23(3): 282.

④ KEIM D. A., ANKERST M. Visual Data-Mining Techniques [M]//HANSEN C. D., JOHNSON C. R. The Visualization Handbook. Cambridge. MA: Academic Press, 2004: 816.

对于在与观众的互动中创造知识而言，可视化特别有用——不是传递信息，而是探索信息，①这主要发生在地图、简图、表格、图形、图表以及所有呈现数据视觉编码的设备中，以获得更多信息。

可视化并不是人文学科独有的工具。数字人文学科是从自然科学中借用的，自然科学使用可视化进行分析，可视化也是一种从数据中获取信息的古老技术。② 空间（双维、三维，以及如今的多维）表示，允许识别以其他方式无法掌握的连接和关系。自然科学一直都是这样做的，用于探索和处理图像、图案、射线照相和模型。③ 然而，随着计算机的介入，可视化的使用变得更加复杂，今天我们至少区分了三种不同方法来使用图像进行探索。在这里，笔者将它们称为"科学可视化""信息可视化"和"数字可视化"。

科学可视化（sciVis）具有悠久的传统，并支持"基于物理"的形式。④ 科学可视化与"基于先验的真实物理对象的空间布局"绑定，⑤这种布局是通过模型、图示或二维图像以简化的方式再现的，以便更容易地探索——想一想地图或几何图吧，对世界忠诚是必要的。X 射线板显示内部器官的图像，以进行诊断。地图标注领土并再现了其结构，尽管不复杂，但是这种简单性使得地图对于定位的目的如此有用。显然，图像的使用需要解读它们的技巧，这可能会被大大提炼。然而，即使在使用抽象而高度精细的

① 我们正在尝试将可视化作为一种用来开发关于历史进程和理解重大历史事件的新论点（新问题）的工具。详见斯坦福空间历史项目（斯坦福大学），https://web. stanford. edu/group/spatialhistory/cgi-bin/site/gallery.ph.

② GOODY J. The Domestication of the Savage Mind[M]. Cambridge：Cambridge University Press，1977；FRIENDLY M. A. Brief History of Data Visualization[M]//CHEN C-H.，HARDLE W. K.，UNWIN A. Handbook of Computational Statistics：Data Visualization. Heidelberg：Springer，2006：15 - 56. 另外，请参见第三章对使用列表和表格作为启发式工具的讨论。

③ LATOUR B. Visualization and Cognition：Drawing Things Together[M]//In Knowledge and Society：Studies in the Sociology of Culture Past and Present，ed. H. Kuklick，Greenwich，CT：Jai Press，1986：1 - 40.

④ CARD S. K.，MACKINLAY J. D.，SHNEIDERMAN B. Readings in Information Visualization，Using Vision to Think[M]. San Francisco：Morgan Kaufmann，1999：10；CARD S. K.，MACKINLAY J. D.，SHNEIDERMAN B. Readings in Information Visualization，Using Vision to Think[M]. San Francisco：Morgan Kaufmann，1999：12.

⑤ MANOVICH L. What Is Visualization? [M]//GUNZEL S.，LIEBE M.，MERSCH D. DIGAREC Keynote-Lectures 2009/10. Potsdam：University Press，2011：131.

图像时，科学可视化也总是这样做，这是为了使存在但无法直接感知的结构变得可见。

信息可视化（infoVis）从这些实践开始，但不同之处在于它不受对象布局的约束。① 这是一项令人惊讶的新发明，于 18 世纪下半叶引入，旨在将图形用作"推理定量信息的工具"。② 信息可视化的目的是理解，而不是表示——获得"洞察力而非图片"。③ 想象信息被描述为一种"认知艺术"，它使用抽象的、非代表性的图像来显示信息，而不是对象。④ 在信息可视化中，图形模型可能表示在物理世界中不一定有其对应物的概念和关系⑤——时间序列、患病频率、股票价格变动、犯罪行为跨代分布。图形、图表、直方图、饼图、散点图的广泛存在，它们与其所指的对象并不相似。

将信息所依据的数据通过点、圆、矩形、升降线进行量化和可视化表达，以供自由探索和分析。例如，随着时间的推移，最常见的科幻小说主题的演变——相当复杂而不是空间——可以用图表的线条来表示。⑥ 这使我们可以立即看到从 1970—2009 年，外星人、太空旅行、机器人和时间旅行的流行程度是如何变化的。几何学和拓扑学用于表达具有可见标志的数据及其在

① Saussure, Cours de linguistique générale[M]. chapter 1. 例如，"狗"这个词并不像真正的有腿和尾巴的狗。关于可视化中任意性的含义，在选择空间表示时是信息可视化，而在给定空间表示时是科学可视化。MUNZNER T. Process and Pitfalls in Writing Information Visualization Research Papers[M]//KERREN A., STASKO J. T., FEKETE J-D., NORTH C. Formation Visualization: Human-Centered Issues and Perspectives. Heidelberg: Springer, 2008: 149. 关于信息可视化与科学可视化的技术性比较，参见 TELEA A C. Data Visualization: Principles and Practice[M]. Boca Raton: CRC, 2015: 438 - 445.

② TUFTE E. R. The Visual Display of Quantitative Information[M]. Cheshire: Graphic Press, 1983: 9.

③ CARD S. K., MACKINLAY J. D., SHNEIDERMAN B. Readings in Information Visualization, Using Vision to Think[M]. San Francisco: Morgan Kaufmann, 1999: 6; TUFTE E. R. Visual Explanations: Images and Quantities, Evidence and Narrative[M]. Cheshire: Graphic Press, 1997: 9. 根据阿戈斯蒂尼奥（Agostinho）的说法，这是对图像的后光学（post-optical）使用，它们支持的不是视觉而是思考。AGOSTINHO D. The Optical Unconscious of Big Data: Datafication of Vision and Care for Unknown Futures[J]. Big Data & Society, 2019, 6(1).

④ TUFTE E. R. Envisioning Information[M]. Cheshire: Graphic Press, 1990: 9.

⑤ OLIVEIRA F., CHRISTINA M., LEVKOWITZ H. The Rise of Social Bots[J/OL]. IEEE Transactions on Visualization and Computer Graphics, 2003, 9(3): 378 - 394. https://doi.org/ieeecomputersociety.org/10.1109/TVCG.2003.120744.

⑥ DAVIS L. Classical Probability in the Enlightenment[EB/OL]. [2009 - 08 - 28]. https://io9.gizmodo.com/at-last-a-graph-that-explains-scifi-tv-after-star-trek-534763.

空间中位置的关键差异。① 通过探索图像，用户可以产生新的想法。

自20世纪90年代以来，随着桌面2D图形软件的兴起和设计师对个人计算机的使用，信息可视化的使用量大幅增加，并在21世纪初由于大数据和新的高级编程而进一步增强其语言——当前的数字人文学科方法源自这些语言。分析侧重于"过大或过于复杂，无法通过单个（静态）图像完全理解的过程或数据集。"②根据马诺维奇的说法，计算机的使用导致一种特定的信息可视化变体，可称为数字可视化。③ 在这里，一个新的行动者介入了这个过程，并实施了其他方式不可能做出的努力：这个探索数据和产生信息的新的行动者在这种情况下是计算机本身。算法不只是显示模式——而是能够找到它们。通过其数字形式，包括算法在数据管理和处理中的自主干预，可视化改变了它的对象和目的。④

在笔者看来，这里的核心创新是使用计算机支持的数据可视化表示，明确或隐含地伴随着承诺或希望，用亚历山德鲁·泰勒亚的话来说，就是"发现未知。"⑤通过数字可视化，我们可以获得自己并未掌握的知识。⑥ 算法的自主工作有望在没有研究人员干预的情况下，识别数据中的结构（或模式）。将这些模式可视化后，算法可以显示研究人员并未寻找的东西，从而拓宽他们的解释视野。⑦ 显示的既不是研究对象的结构，也不是可用数据的简化

---

① 2019年12月2日，《纽约时报》通过动态可视化，即时有效地展示了全球不同城市的污染程度。这些工具在大众媒体的数字版本中越来越频繁地使用。参见 Popovich, Nadja, Blacki Migliozzi, Karthik Patanjali, Anja Singhvi and Jon Huang. See How the Worlds Most Polluted Air Compares With Your Citys[N/OL]. New York Times, December 2, 2019. https://www.nytimes.com/interactive/2019/12/02/climate/air-pollution-compare-ar-ul.htm.

② TELEA A. C. Data Visualization: Principles and Practice[M]. Boca Raton: CRC, 2015: 10.

③ MANOVICH L. What Is Visualization? [M]//GUNZEL S., LIEBE M., MERSCH D. DIGAREC Keynote-Lectures 2009/10. Potsdam: University Press, 2011: 116 - 156.

④ CARUSI A. Making the Visual Visible in Philosophy of Science[J]. Spontaneous Generations, 2012, 6(1): 106 - 114.

⑤ TELEA A. C. Data Visualization: Principles and Practice[M]. Boca Raton: CRC, 2015: 6.

⑥ SCHWANDT S. Digitale Objektivität in der Geschichtswissenschaft? Oder: Kann man finden, was man nicht sucht? [J]. Rechtsgeschichte, 2016(24): 337 - 338. 该过程类似于斯塔克分析的搜索过程，其中一个人不知道自己在寻找什么，但在找到时却能够识别它。参见 STARK D. The Sense of Dissonance: Accounts of Worth in Economic Life[M]. Princeton: Princeton University Press, 2009.

⑦ 卡纳托娃等人在《破碎的时间，持续的进化》中介绍了一个触发新假设形成的可视化案例。卡纳托娃及其同事展示了一个可视化案例，该案例触发了新假设的形成。一项关于过去（转下页）

表示，而是由算法自主"发现"的配置，这些配置被用于解释和探索。然后，这种解释可能会导致新信息。

对于文学研究来说，使用图像来产生信息的可能性开辟了新的探索视野。因此，可视化在数字人文学科中发挥着核心作用，因为今天的学者将图像阅读与文本阅读结合起来了。

视觉刺激

当一个人使用数字技术时，文本分析会发生怎样的变化？为什么可视化在文学研究中发挥了如此重要的作用？原因在于对难以理解的材料的管理。数字人文学科的学者广泛使用算法来处理文本——一个产生自己文本的过程，尽管那些文本对于人类读者来说是难以理解的[①]——并使用太大或太小的语料库来进行人类分析。数字人文学科的程序分析数百个文本或文本中的每个单词和字符。[②] 在管理算法的工作结果方面，前所未有的挑战是使人类意识到通常不透明的过程的结果具有信息性。[③]

为了应对这一挑战，文学研究专家开始系统地转向可视化，这正在成为一种新的文本分析形式的基本工具。这种分析是基于人类读者对意义的协调

（接上页）40 年在电影中使用更多不合时宜的趋势的研究中，数据的可视化显示出意想不到的"分支"。作者回过头来解释它，假设不合时宜的功能发生了变化，可以用来连接情节中的不同时间线。

① CLEMENT T. The Story of One：Narrative and Composition in Gertrude Steins The Making of Americans[J]. Texas Studies in Literature and Language，2012，54(3)：426 - 448；CECIRE N. Ways of Not Reading Gertrude Stein[J]. ELH：English Literary History，2015，82(1)：281 - 312.

② Algee-Hewitt Mark Sarah Allison Marissa Gemma Ryan Heuser Franco Moretti and Hannah Walser. Canon/Archive：Large-scale Dynamics in the Literary Field[M/OL]. Stanford California：Literary Lab，2016. http://litlab. stanford. edu/LiteraryLabPamphlet11. pdf；ALGEE-HEWITT M.，RYAN H.，FRANCO M. On Paragraphs：Scale，Themes，and Narrative Form[J/OL]. Literary Lab Pamphlet，2015，10(1). https://litlab. stanford. edu/LiteraryLabPamphlet10. pd.

③ MILLER T. Explanation in Artificial Intelligence：Insights from the Social Sciences[EB/OL]. [2018 - 08 - 15]. https://arxiv.org/pdf/1706.07269.pd；RIBEIRO M. T.，SINGH S.，GUSETRIN C. Why Should I Trust You? Explaining the Predictions of Any Classifier[EB/OL]. [2016 - 08 - 09]. https://arxiv.org/pdf/1602.04938.pd.

贡献，以及不知道也不使用意义的算法程序。① 文本处理机器不像我们那样思考，而且通常根本不会思考："计算机将文本作为无意义的字符串'读取'（处理）。"②正如大卫·温伯格所说，"想象一下以计算机的思维方式……就是想象其根本不思考。"③数字可视化的任务是让这些难以理解的过程为人类读者提供信息；它的"关键问题"是关于将数据转换为人们可以理解之物的最佳方式。④

数字可视化技术可以被视为允许用户调查模式和获取信息的探索工具——包括以前不存在的信息。例如，其目的可以是"可视化"算法在处理文本中识别模式中的不确定性。⑤ 这不是通过传达模式和配置对文本作者（他们不知道它们）的意义来实现的，也不是通过传达在这些模式和配置中通过算法确定的意义（文本对他们并无意义）来实现的。毕竟，算法肯定不会感知不确定性。相反，算法需要可视化，因为没有人知道算法程序生成的信息是什么。被界定的模式在与浏览结果图像的用户的互动中生成信息（如果信息被生成）。

这会产生特定的挑战。信息的开放性是使用图像的一大优势，但同时它也是数字人文学科必须处理的责任。可视化可以产生以前未知的信息，但人们无法事先知道可视化是否提供以及如何提供信息。⑥ 人们不知道用

① 例如，知识图谱最近得到了普及，为信息检索任务提供了人类可解释的表示和形式化的机器可读基础。HASLHOFER B., ISAAC A., Simon R. Knowledge Graphs in the Libraries and Digital Humanities Domain[M]//SAKR S., ZOMAYA A. Encyclopedia of Big Data Technologies. Cham: Springer, 2018.

② SINCLAIR S., ROCKWELL G. Text Analysis and Visualization: Making Meaning Count [M]//SCHREIBMAN S., SLEMENS R., UNSWORTH J. A New Companion to Digital Humanities. Chichester: Wiley, 2016: 288.

③ WEINBERGER D. Everything Is Miscellaneous: The Power of the New Digital Disorder[M]. New York: Henry Holt, 2007: 189.

④ WARE C. Information Visualization: Perception for Design[M]. San Diego: Academic Press, 2000: 4.

⑤ WRISLEY D. J., JANICKE S. Visualizing Uncertainty: How to Use the Fuzzy Data of 550 Medieval Texts? [EB/OL]. Abstract for Digital Humanities, University of Nebraska-Lincoln [2013 - 07]. http://dh2013.unl.edu/abstracts/ab-158.htm.

⑥ 埃尔廷等人讨论了可视化选择如何影响决策过程的示例。他们分析了关于常规治疗和研究性治疗对一组患者的有效性的相同数据的四种表示形式：一个简单的表格、饼图、堆积条形图和代表患者的一系列矩形。关于治疗的决定因数据的呈现方式有很大差异。ELTING L. S., WALKER J. M., MARTIN C. G., CANTOR S. B., RUBENSTEIN E. B. Influence of Data Display Formats on Decisions to Stop Clinical Trials[J]. British Medical Journal, 1999(318): 1527 - 1531.

户是否会获得信息，也不知道会获得什么信息。从相同的数据开始，可以产生许多不同的视图，这些视图或多或少地为读者提供了信息。① 可视化设计人员总是不得不面对"从众多的数据处理可能性中进行选择，并且选择更多的潜在的可视化选项"，因为目的是仅识别可以产生"可解释的视觉模式"的可视化，即那些对用户有意义的可视化，这一事实加剧了这种情况。②

根据所使用的技术，相同的数据可能具有启发性或难以理解。气泡线可以突出显示在图形、词云或直方图中无法识别的关系，即使它们可视化的数据并没有改变。③贝里施及其同事展示了从可用选项中进行选择，以决定如何将高维数据的复杂性予以可视化。④ 例如，散点图可以让人们清楚地看到两个变量是否相关，但如果需要显示大量项目，则可能会产生视觉混乱。另外，平行坐标和径向可视化使分析人员能够在一大组维度上探索模式，矩阵表示可以在局部和全局细节层次上显示模式——但特定任务的错误排序可能会隐藏模式而非显示模式。类似的考虑适用于所有可用技术。可视化始终是一个开放且成问题的过程。⑤

在实际使用可视化的过程中，数字人文学科的专家正在处理这些问题。今天已经具备有效的工具来支持研究人员。例如，文本阅读和分析环境"预言家"瓦扬（Voyant）允许用户通过生成许多不同的视图来处理文本语料库：图形、气泡线、相关性、曼荼罗（坛）、卷云、散点图、链接、梦境、织机、结、趋势等。⑥ 不同观点所依据的数据是相同的，尽管其结果图像非常不

---

① TUFTE E. R. The Visual Display of Quantitative Information[M]. Cheshire: Graphic Press, 1983.

② Diehl, U. Brandes, H. Pfister, T. Schreck, D. Weiskopf and D. A. Keim. Quality Metrics for Information Visualization[J/OL]. Computer Graphics Forum, 2018（37）: 625 - 662. https://doi.org/10.1111/cgf.1344.

③ 在气泡线可视化语料库中术语的频率和分布，为每个文档提供一条线，由一系列不同大小的气泡填充，代表单词的相对出现频率。

④ Diehl, U. Brandes, H. Pfister, T. Schreck, D. Weiskopf and D. A. Keim. Quality Metrics for Information Visualization[J/OL]. Computer Graphics Forum, 2018（37）: 625 - 662. https://doi.org/10.1111/cgf.1344.

⑤ 可视化也可能会产生误导，并暗示直观的联系，其结果证明是错误的。SCHWANDT S. Digitale Objektivität in der Geschichtswissenschaft? Oder: Kann man finden, was man nicht sucht? [J]. Rechtsgeschichte, 2016(24): 337 - 338.

⑥ https://voyant-tools.or. 译者注：Voyant Tools 是一个基于 Web 的开源应用程序，用于执行文本分析。它支持文本或语料库的学术阅读和解释，尤其是数字人文学科的学者，同时也支持学生和公众的阅读和解释。它可用于分析在线文本或用户上传的文本。

同。研究人员可以尝试不同的可视化并找出它们所显示的内容——如果它们显示了什么。加洛韦观察到"数据没有必要的视觉形式。"[1]可视化是从数学结构到视觉形式的偶然转换，因此可以采用不同的形式。即使其绝对受控，它们也没有对与错之分，因为"数据没有必要的信息"，[2]"这是没有任何明显空间映射的信息。"[3]可视化只要有效即为正确，这取决于情况和研究人员。

　　算法本身产生的不是文本分析的结果，而是作为"可以挑战现有假设的令人惊讶的观察结果"的"刺激"。[4] 它们展示的可视化可以触发假设的产生，[5]但解释取决于处理该文本的学者，他们可以接受刺激并从机器自动生成的"建议"开始修改他们的观点——也可以不接受或不修改。刺激可能奏效，也可能无效——可能会产生信息，也可能不会产生信息。如果一种刺激成功了，结果就是一种新的文本分析形式，它不能仅归因于研究人员，而应以机器处理材料和读者解释结果的积极贡献为前提。使用数字可视化，文本可以通过与我们熟悉的阅读实践非常不同的程序产生信息，因此，人们

① Galloway A. Are Some Things Unrepresentable? [J]. Theory, Culture & Society, 2011, 28 (7-8)：88.显然，形象化从来都不是中性的，参见 AMOORE L. Algorithmic War：Everyday Geographies of the War on Terror[J]. Antipode：A Radical Journal of Geography, 2009(41)：49-69. 然而，由于可视化让解释变得开放，我们通常倾向于认为它们有更高的客观性，几乎独立于观察者。参见 DRUKER J. Humanities Approaches to Graphical Display[J]. Digital Humanities Quarterly, 2011, 5(1)；DRUKER J. Graphical Approaches to the Digital Humanities [M]//In A New Companion to Digital Humanities, ed. Susan Schreibman, Raymond George Siemens and John Unsworth, Chichester：Wiley, 2016：238-250. 正如辛克莱和洛克菲尔所说，对这些解释工具的解释感兴趣，但这作为另一种类型的文本分析总是可能的，有时是有用的。SINCLAIR S., ROCKWELL G. Text Analysis and Visualization：Making Meaning Count [M]//SCHREIBMAN S., SLEMENS R., UNSWORTH J. A New Companion to Digital Humanities. Chichester：Wiley, 2016：288.

② Galloway A. Are Some Things Unrepresentable? [J]. Theory, Culture & Society, 2011, 28 (7-8)：89.

③ CARD S. K., MACKINLAY J. D., SHNEIDERMAN B. Readings in Information Visualization, Using Vision to Think[M]. San Francisco：Morgan Kaufmann, 1999：6-7.

④ SCHWANDT S. Digitale Methoden für die Historische Semantik——Auf den Spuren von Begriffen in digitalen Korpora[J]. Geschichte und Gesellschaft, 2018, 44(1)：107-134.

⑤ JANICKE S. Valuable Research for Visualization and Digital Humanities：A Balancing Act[J/OL]. Paper presented at the workshop Visualization for the Digital Humanities, IEEE VIS. Baltimore, Maryland October 23-28, 2016. https://www.informatik. uni-leipzig.de/~stjaenicke/balancing.pd.

需要对阅读的概念及其形式进行反思。①

阅读、非阅读、远距离阅读

在文本分析中使用算法使得使用与我们既定的阅读实践截然不同的方法获取信息成为可能。将数字程序应用于文本是否应该被视为一种新的阅读方式？当一个人解释数字图像而不是语言句子时，是一种阅读吗？谁在阅读，以及阅读什么？

这些问题的答案取决于阅读的意义，在数字人文学科中，关于阅读的概念和算法的贡献存在着激烈的争论。我们当然正在处理被用来管理书面材料的创新和可能非常有效的方法，这对文学分析和批评的既定模式构成了挑战。② 然而，尚不清楚它们是否仍然是一种阅读形式。扩大我们对阅读理解的主要支持者佛朗哥·莫雷蒂在这方面故意采取模糊性态度。莫雷蒂引入了非常成功的术语"远距离阅读"来描述一种与我们熟悉的阅读实践如此不同的文本分析形式，它需要"与魔鬼达成一个小小的协议：我们知道如何阅读文本，现在让我们学习如何不阅读文本。"③当有人使用机器产生的可视化远距离阅读时，他们是否在阅读？

在文学辩论中，这个问题仍然悬而未决，有一种特殊的阅读概念，即"不是'真正的'阅读"，并且明确地包括了对它的否定。④ 在这场辩论的

① 这会随着时间和沟通条件而变化。直到现代，我们甚至没有动词来表示我们熟悉的阅读习惯。参见 CHANTRAINE P. Les verbes grecs signifiant lire[M]//In Mélanges Henri Grégoire, Annuaires de lInstitute de Philologie et dHistoire Orientales et Slaves 2, 115 - 126; Bruxelles: Secrètariat des Editions de lInstitut, 1950; CEVOLINI A. Der Leser im Gelesenen: Beobachtung dritter Ordnung im Umgang mit Gelehrtenmaschinen[C]//Paper presented at the conference Die Veränderung der Realitätswahrnehmung durch die digitalen Medien, Universität der Bundeswehr München, September 1 - 2, 2016. 拉丁动词 lego, -ere 的意思是收集、放在一起，是指在选集等收藏中积累材料的活动，而不涉及文本的统一性或作者的观点。
② LIU A. From Reading to Social Computing[M/OL]//PRICE K. M., SIEMENS R. Literary Studies in the Digital Age: An Evolving Anthology. Modern Language Association of America, 2013. https://dlsanthology.mla.hcommons.org; BODE K. Reading by Numbers: Recalibrating the Literary Field[M]. London: Anthem Press, 2012.
③ MORETTI F. Conjectures on World Literature[J]. New Left Review, 2000(1): 57.
④ HAYLES N. K. How We Read: Close, Hyper, Machine[J]. ADE Bulletin, 2010(150): 65. 关于将不阅读也作为一种阅读的讨论，参见 KIRSCHENBAUM M. The Remaking of （转下页）

背景下，模糊性似乎是有原因的。讨论的重点在于人类深度阅读和远距离阅读之间的对立性，前者处理有限数量的详细研究的文本（经典），[①]后者作为对"比文本小得多或大得多的单元：设备、主题、比喻或流派和系统"的分析。[②] 这需要对人类读者无法分析的扩展语料库进行数字处理。考虑一下佛朗哥·莫雷蒂对 1740—1850 年英国小说的分析，其中涉及 7 000 个标题，[③]还有列夫·马诺维奇对日本漫画的调查，该调查处理了 100 万张图像。[④] 算法阅读首先与阅读经典和深度阅读相距甚远。远距离阅读在并非深度阅读的意义上属于非阅读——它是关于"拉远"而不是"拉近"的阅读方式。

然而，在这场辩论之外，远距离阅读也可以被解释为与阅读完全无关。算法不去阅读，也不需要阅读——这就是它们获得特异性和优势的方式。算法文本处理与阅读至少在两个层面上是不同的（遥远的）：它与文档的关系以及它对意义的管理。

首先是阅读对象发生变化。深度阅读在不破坏其结构的情况下解释文本，而远距离阅读则完全相反。[⑤] 传统的阅读概念具有"以文档为中心"的态度，将文本作为书或文章的统一性联系在一起。[⑥] 将文本作为文档是一

（接上页）Reading：Data Mining and Digital Humanities[EB/OL]. [2007 - 12 - 12]. http://www.csee.umbc.edu/~hillol/NGDM07/abstracts/talks/MKirschenbaum.pd.

① 经典可以变得如此狭窄，以致仔细阅读的对象是单个文本，就像德里达阅读乔伊斯的《尤利西斯》一样。DERRIDA J. Ulysse gramophone, Deux mots pour Joyce[M]. Paris：Galilée, 1987.

② MORETTI F. Conjectures on World Literature[J]. New Left Review, 2000, 1：57.

③ MORETTI F. Style, Inc. Reflections on Seven Thousand Titles（British Novels, 1740 - 1850）[J]. Critical Inquiry, 2009, 36(1)：134 - 158.

④ MANOVICH L. How to Compare One Million Images? [M]//BERRY D. M. Understanding Digital Humanities. London：Palgrave Macmillan, 2012：249 - 278.

⑤ JANICKE S., FRANZINI G., CHEEMA M. F., SCHEUERMANN G. On Close and Distant Reading in Digital Humanities：A Survey and Future Challenges[C]//BORGO R., GANOVELLI F. Eurographics Conference on Visualization——State of the Art Report（EuroVis）. Aire-la-Ville：Eurographics Association, 2015.

⑥ LIU A. From Reading to Social Computing[M/OL]//PRICE K. M., SIEMENS R. Literary Studies in the Digital Age：An Evolving Anthology. Modern Language Association of America, 2013. https://dlsanthology.mla.hcommons.org. 印刷文本也是如此。在印刷术出现之前，阅读文本与我们熟悉的做法截然不同。在仍然以口语为主的文化中，过去常常记住书面材料，这需要一种不同的、极其密集的阅读形式。LUHMANN N. Die Gesellschaft der Gesellschaft[M]. Frankfurt am Main：Suhrkamp, 1997, 293f. 实际上，可以通过中世纪的重复阅读相同的材料来识别真实的深度阅读。

个"沟通事件：由某人在特定情况下编写，以传达特定意义……文本旨在向我们讲话，向我们'说话'。"相反，远距离阅读所涉及的语料库"不是'沟通事件'"；语料库"不是在和我们说话"①——因此它们不是恰当的文档。如果我们想将语料库保留为文本，则必须修改"文本"的概念，将其与对单个文档的受限引用解耦。

数字人文学科正朝着这个方向发展。根据马修·克申鲍姆的说法，算法处理的材料不是书籍或文章等文档："在今天的'.txt'（.txtual）格式条件下……不能再假定'原始记录'与……一个'物理对象'几乎一致。"②电子文本独立于物质支持，即独立于将沟通绑定到沟通文本的特定对象的书籍或报纸。凯瑟琳·海尔斯指出，在电子阅读中，记录媒体与传输媒体并不重合。③ 文本的流通和生产独立于书籍的限制。④ 机器阅读设备使用网络上可用的材料来生产自己的计算对象，从大量文档或单个行、词汇或字母中冷漠地绘制它们。⑤ 这并不意味着文本是任意产生的；相反，这意味着它的统一性不再取决于与作者观点相关的书籍边界。它不再是"以文档为中心"，而是取决于控制算法工作的程序性约束。⑥

这不是因为我们可以在 Kindle 上阅读电子格式的小说，也不是因为小说可以包含超链接，而是因为通过数据挖掘和可视化技术，我们可以处理不同于书籍所传输的文本。在电子文本的"过程性"中失去了印刷文本的稳定性，⑦

---

① MORETTI F. Patterns and Interpretation[J/OL]. Literary Lab Pamphlet, 2017, 15(2). https://litlab.stanford.edu/LiteraryLabPamphlet15.pd.

② KIRSCHENBAUM M. The. txtual Condition：Digital Humanities, Born-Digital Archives and the Future Literary[J/OL]. Digital Humanities Quarterly, 2013, 7(1). http://www.digitalhumanities. org/dhq/vol/7/1/000151/000151.htm.

③ AUERBACH D. A. I. Has Grown Up and Left Home：It Matters Only That We Think, Not How We Think[EB/OL]. [2013 - 12 - 19]. http://nautil. us/issue/8/home/ai-has-grown-up-and-left-hom.

④ P. Reading from a Distance——Data as Text[J/OL]. The Centre for Internet & Society[2014 - 07 - 23]. http://cis-india.org/raw/digital-humanities/reading-from-a-distanc.

⑤ WHITMORE M. Text：A Massively Addressable Object[M]//GOLD M. K. Debates in the Digital Humanities. Minneapolis：University of Minnesota Press, 2012：324 - 327.

⑥ 正如卢曼预测的那样。LUHMANN N. Einführung in die Systemtheorie[M]. Heidelberg：Carl-Auer-Systeme, 2002：143.

⑦ HAYLES N. K. My Mother Was a Computer：Digital Subjects and Literary Texts[M]. Chicago：University of Chicago Press, 2005：101.

使文本成为文本，不是与发行者意图相关的沟通的统一性，而是它的可寻址性①——在机器操作中，被机器当作"临时统一体"采用的可能性。相反，算法在不同分析层面上处理文本的内容：对字符、单词、行、作品和体裁的分析。② 正如惠特莫尔所说："文本性是巨大的可寻址性。"③

　　这种转变与远距离阅读中"距离"的第二个维度有关：与意义的距离。目前我们阅读方式的目标是从文本中获取意义。然而，正如莫雷蒂所说，"语料库……在这个词的通常意义上并没有任何意义。"④程序的意义就是它们所做的事情。⑤ 人类对意义的解释为数字处理提供了起点，⑥但机器不理解意义，它们的分析必须独立于每个研究人员的解释⑦——严格来说，是独立于对个人及其意义的参考。⑧ 远距离阅读转向是不受单一观点束缚的"透视视野"。⑨

---

① WHITMORE M. Text：A Massively Addressable Object[M]//GOLD M. K. Debates in the Digital Humanities. Minneapolis：University of Minnesota Press，2012：324-327.

② 如此理解的文本被视为事物。远距离阅读的实践可以看作现代早期在印刷术普及后引入的工具的继承者，当时文本和解释第一次分开，文本被处理和阐述为以最有效方式使用的对象，并介绍了索引、摘要、头条、页码、章节和段落，然后介绍了归档设备和内容组织。HAVELOCK E. A. The Muse Learns to Write：Reflections on Orality and Literacy from Antiquity to the Present [M]. New Haven, CT：Yale University Press, 1986；CEVOLINI A. De arte excerpendi：Imparare a dimenticare nella modernità[M]. Firenze：Olschki, 2006；BLAIR A. The Grammar of Fun：Cliffy B. and the World of the Video Game[M]//FRASCA-SPADA M, JARDINE N. Books and the Sciences in History. Cambridge：Cambridge University Press, 2000：69-89；CEVOLINI A., ed. Forgetting Machines：Knowledge Management Evolution in Early Modern Europe[M]. Leiden：Brill, 2016.

③ WHITMORE M. Text：A Massively Addressable Object[M]//GOLD M. K. Debates in the Digital Humanities. Minneapolis：University of Minnesota Press，2012：324-327.

④ MORETTI F. Patterns and Interpretation[J/OL]. Literary Lab Pamphlet，2017，15（2）. https：//litlab. stanford. edu/LiteraryLabPamphlet15. pd.

⑤ HAYLES N. K. My Mother Was a Computer：Digital Subjects and Literary Texts[M]. Chicago：University of Chicago Press, 2005.

⑥ HAYLES N. K. How We Think：Transforming Power and Digital Technologies[M]//BERRY D. M. Understanding Digital Humanities. London：Palgrave Macmillan, 2012：47.

⑦ HAYLES N.K. How We Read：Close, Hyper, Machine[J]. ADE Bulletin, 2010（150）：73；MORETTI F. La letteratura vista da lontano[M]. Torino：Einaudi, 2005：10.

⑧ 遵循罗兰·巴特的劝告：从个人中截断文学。MORETTI F. La letteratura vista da lontano [M]. Torino：Einaudi, 2005：12.

⑨ BODE K. Reading by Numbers：Recalibrating the Literary Field[M]. London：Anthem Press, 2012：11；LANCAN J. Seminar XI：The Four Fundamental Concepts of Psychoanalysis[M]. New York：Penguin, 1977：71-73.

算法使用意义作为差异的来源，可以在不需要理解意义或作者观点的元管理中相互结合。① 日尔克·施万特认为计算机在语义上是盲目的。② 算法识别文本的意义不是因为它们理解其文字或解释文本的意义，而是因为它们在识别形式方面将意义视为事物，例如在艾米莉·狄金森的文本中使用"我的"作为色情术语或哥特式小说标题的结构。③ 意义与其他意义相联系，以揭示模式，但模式本身不一定具有意义，也不是解释的结果。

算法式阅读不是算法阅读

如果我们想考虑算法对这项活动的贡献，那么今天的阅读意味着什么？如果"机器可以阅读"，④它们仍然以与人类不同的方式阅读，这样做是"二手的……没有一个直接的文本阅读。"⑤算法做的事情与人类不同，但却做得更好。它们处理大语料库的能力不只是数量上的变化："当我们处理200 000部小说而不是200部时，我们做的不是同一件事，而是要扩大1 000倍；我们正在做不同的事情。"⑥处理庞大的语料库，而不是阅读，重要的是无需解释，而是构建图形、地图和树。⑦ 与其理解意义，不如开发一种拓扑分析，允许"远距离"地进行模式可视化，而这会超出传统的深度阅读的视野。

---

① HAYLES N. K. How We Think. Digital Media and Contemporary Technogenesis[M]. Chicago：University of Chicago Press，2012：201. 凯丝、沙尔和达姆在新视觉诠释学中呼吁发展二阶诠释学来处理数字人文科学中可视化的解释。

② SCHWANDT S. Digitale Objektivität in der Geschichtswissenschaft? Oder：Kann man finden，was man nicht sucht？[J]. Rechtsgeschichte，2016（24）：337 - 338.

③ KIRSCHENBAUM M. The Remaking of Reading：Data Mining and Digital Humanities[C/OL]. NGDM 07，National Science Foundation，Baltimore[2007 - 12 - 12]. http://www.csee.umbc.edu/～hillol/NGDM07/abstracts/talks/MKirschenbaum.pd；MORETTI F. Style，Inc. Reflections on Seven Thousand Titles（British Novels，1740 - 1850）[J]. Critical Inquiry，2009，36（1）：134 - 158.

④ HAYLES N. K. How We Read：Close，Hyper，Machine[J]. ADE Bulletin，2010（150）：72.

⑤ MORETTI F. Conjectures on World Literature[J]. New Left Review，2000（1）：57.

⑥ MORETTI F. Patterns and Interpretation[EB/OL]. Literary Lab Pamphlet 15[2017 - 09 - 01]. https://litlab.stanford.edu/LiteraryLabPamphlet15.pd.

⑦ MORETTI F. Maps，Graphs，Trees[M]. London and New York：Verso，2005.

这种并未阅读文本的远距离视角，①成为一种"知识条件"。②

　　数字人文学科的学者不是在阅读文本，而是经常观察可视化——分析图像而不是解释句子。如果没有算法的贡献，他们将无法处理这些材料，那么，我们是否应该修改我们的阅读概念，包括算法所完成的这些不同的事情？像其他人一样，凯瑟琳·海尔斯认为我们应该这样做。③她认为我们需要扩大对阅读的理解，并承认更广泛的阅读策略，包括作为计算机辅助阅读的超阅读，其中线性阅读伴随着对链接的探索、搜索查询、略读、按关键字过滤和各种其他电子管理模式。④这种理解还应包括真实的机器阅读，即算法使用数字（可能是无监督的）方法来发现文本中的模式和结构，而无需任何初始假设。⑤在这种情况下的选择是扩展阅读的概念，假设人类解释和机器模式识别之间存在多孔边界。⑥在这种解释中，阅读与建模、游戏、角色扮演、改编、翻译、渲染和模拟重叠。⑦

　　然而，在笔者看来，这种对阅读的理解可能会变得如此广泛，以致使这个概念失去了所有用处。面对描述我们数字社会中许多复杂的信息处理形式的挑战，我们应该抓住并结合它们的差异性，而不是在宽泛的概念中抹去这些区别。数字人文学科中算法技术的使用预示着一种处理文本的模式，这种模式不会消除文字材料的不同使用模式之间的差异，相反，这种模式将强调和利用这种差异。⑧我们处理的不是一个漏洞百出的界限，而是一个

---

① MANOVICH L. How to Compare One Million Images？[M]//BERRY D. M. Understanding Digital Humanities. London：Palgrave Macmillan，2012：249 - 278.

② MORETTI F. Conjectures on World Literature[J]. New Left Review，2000(1)：57.

③ HAYLES N. K. How We Read：Close，Hyper，Machine[J]. ADE Bulletin，2010(150)：74.

④ 马丁·穆勒的可扩展阅读理念也朝着类似的方向发展，可以作为一个连续体投入广泛使用的规模替代品。WEITIN T. Thinking Slowly：Reading Literature in the Aftermath of Big Data [M]//LitLingLab Pamphlet 1，2015：10；穆勒关于可扩展阅读的网站，https://scalablereading. northwestern.edu.

⑤ LIU A. The Meaning in the Digital Humanities[J]. PMLA，2013，128(2)：414.

⑥ HAYLES N. K. How We Read：Close，Hyper，Machine[J]. ADE Bulletin，2010(150)：73.

⑦ LIU A. From Reading to Social Computing[M/OL]//PRICE K. M.，SIEMENS R. Literary Studies in the Digital Age：An Evolving Anthology. Modern Language Association of America，2013. https://dlsanthology.mla.hcommons.org.

⑧ 远距离阅读有先例，它通过机器的计算能力显著扩展和增加。它并没有扩展阅读实践，而是扩展已经存在的复杂的不阅读实践，用于以极其精细的方式处理印刷文本。不阅读也需要训练，甚至比阅读本身提供的信息还要多。皮埃尔·巴亚德尖锐而诙谐地描述了不阅读的形式和优点，即不阅读就可以找到关于文本的无数信息——看封面和出版商，参考人们对它们（转下页）

特别尖锐的东西。根据凯瑟琳·海尔斯的说法，"计算机无法阅读……只是物种沙文主义。"①笔者更喜欢相反的策略，即明确声称计算机不会阅读，而且更重要的是——正是因为这个原因，它们才有助于阅读。

正如第一章所述，计算机在信息处理方面正在成为越来越有效的合作伙伴，这不是因为它们的能力与我们相似，而是因为它们正在学习相较于人类执行类似任务的方式越来越不同的工作方式。在笔者看来，今天发生的人类中心主义的短视（物种沙文主义）不是否认机器可以像人类一样，而是声称机器只能通过模仿人类活动的程度来获得认可和赞赏。人类阅读不需要成为我们理解算法如何处理文本的标准。关于远距离阅读的争论表明它们做了不同的事情；因此，将算法处理和人类阅读相结合，产生了一种新的、强大的文本分析方法。算法对信息生产的创新和极富成效的贡献依赖于它们对人工沟通的参与。

莫雷蒂指出，算法不是阅读，而是识别模式。② 算法文本处理和阅读之间的区别在可视化实践中得到了强调。算法既不读取也不解释，而是识别和呈现要解释的模式。通过可视化呈现模式，算法可以读取其他无法访问的文本，例如格特鲁德·斯坦因的《美国人的形成》，或者从包含数千个文本的语料库中获取信息。③

文学分析的突破性创新标志着它与传统阅读实践的不同，在笔者看来，这不仅是对机器的依赖，而且通常是对算法等非人类设备的依赖。对于我们熟悉的媒体，核心创新在于算法是嘈杂媒体。所有其他媒体——无论是印刷在纸上还是通过无线电波在空中沟通——都应该尽可能"安静"，即以媒体本身不易察觉的中立方式传输信息。如果在接收到的沟通中感知到一种媒

（接上页）的评价，了解作者和他们通过二手资料获得声誉。他挑衅地声称，只有不读书才能获得准确谈论它们的必要距离。BAYARD P. How to Talk about Books You Havent Read[M]. New York: Bloomsbury, 2007: 113.

① HAYLES N. K. How We Read: Close, Hyper, Machine[J]. ADE Bulletin, 2010(150): 73.

② MORETTI F. Patterns and Interpretation[J/OL]. Literary Lab Pamphlet 15[2017 - 09]. https://litlab.stanford.edu/LiteraryLabPamphlet15.pd.

③ CLEMENT T. The Story of One: Narrative and Composition in Gertrude Steins The Making of Americans[J]. Texas Studies in Literature and Language, 2012, 54(3): 426 - 448; CECIRE N. Ways of Not Reading Gertrude Stein[J]. ELH: English Literary History, 2015, 82(1): 281 - 312.

介，例如印刷文字不清晰或屏幕上的图像模糊，它就会产生噪声，即应尽量减少干扰。① 数字媒体可以遵循这种模式并实际上消除传输噪声——例如，在数字音乐再现中。但数字技术也可以在沟通中以不同的方式使用，使接收者意识到机器的积极作用及其对内容生成的贡献。关于远距离阅读的争论表明："噪声不是解释的障碍，而是它的目标。"②

在远距离阅读中，机器干预使麦克卢汉的"媒介即信息"公式变得激进；③ 计算机预计会对内容进行非常嘈杂的干预。它们应该自主产生与参与者所提供信息不同的信息，而且这些信息通常是全新的。这是一项激进的创新，它将数字文本分析与人类阅读形式明确区分开来。虽然人类过去是唯一的信息生产者，但现在数字支持的非人类文本分析产生的模式可以产生新信息，并实现前所未有的文本管理。

然而，算法本身不会读取，没有解释就无法完成读取。算法只产生模式，这些模式本身没有意义，而且通常过于繁多。处理大型数据集，例如练习远距离阅读的语料库，不可避免地要找到模式——事实上已发现的模式太多了。④ 算法不需要理解意义，并且可以"在语义上盲目地"工作——"在一个以整体难以理解为特征的文件空间中画出意想不到的路径。"⑤然而，如果没有解释，这些难以理解的模式就毫无用处。⑥ 在笔者看来，这就是为什么可视化及其不同的技术正在成为处理工作的中心：它允许使用"计算机的盲目推理能力"来探索模式并赋予它们意义，此外还提供了一种运用算

---

① 根据香农和韦弗的标准模型及其随后对与代码差异相关的各种形式的语义噪声的阐述，参见 SHANNON C. E., WEAVER W. The Mathematical Theory of Communication[M]. Urbana：University of Illinois Press，1949；ECO U, FABBRI P. Prima proposta per un modello di ricerca interdisciplinare sul rapporto televisione/pubblico[M]. Mimeo：Perugia，1965；FLORIDI L. Information：A Very Short Introduction[M]. Oxford：Oxford University Press，2010.

② MORETTI F. Patterns and Interpretation[EB/OL]. [2017-09]. https://litlab.stanford.edu/LiteraryLabPamphlet15.pd.

③ MCLUHAN M. Understanding Media[M]. New York：McGraw Hill，1964.

④ 关于模式的普遍性，参见 HAND D. J. Why Data Mining Is More Than Statistics Writ Large[J]. Bulletin of the International Statistical Institute，1999(1)：433-436.

⑤ RAMSAY S. Reading Machines：Toward an Algorithmic Criticism [M]. Champaign：University of Illinois Press，2011：78.

⑥ 泰勒·维根指出，算法在数据中识别出的许多虚假相关性的例子，例如，美国小姐的年龄与蒸汽、热蒸汽和热物体的谋杀相关，或者缅因州的离婚率与人造黄油的人均消费量相关。

法"刺激"的文本分析新方法的基础。①

如果算法的刺激被接受了，由此生成的文本分析是一种更复杂的阅读形式。杰索普认为，其目的是"通过允许在大量文本中识别感兴趣的领域或关系来支持解释性学术研究。"②解释是由人类读者所产生的，尽管通过没有算法自主贡献的方式和潜力是不可能实现的。剩下的不再是传统的阅读。分析文本语料库中单词形式分布的散点图可以生成不基于解释的聚类，但可以显著修改解释性阅读——例如，以任何人类观察者都无法检测到的方式发现单词和词组之间的联系，从而提出新的问题。在这些情况下，机器作为合作伙伴运行，提出可以在尚未探索的方向上指导解释的建议。③

通过结合人类阅读和文本算法处理的不同能力，数字人文学科最重要的方法论创新之一正在出现：一种与我们传统的解释性阅读不一致的算法阅读，后者并不意味着算法本身可以阅读。它仍然是一种阅读形式，因为它从文本开始并产生解释，但以一种新的、强大的方式依赖于自身不解释的算法的主动和自主作用。④它利用了解释性阅读和算法文本处理之间的差异性，既不反对也不同化两者之间的差异性。

结论

算法文本处理与人类以意义为导向的阅读不一致。⑤计算机不会阅

① WEINBERGER D. Everything Is Miscellaneous：The Power of the New Digital Disorder[M]. New York：Henry Holt，2007：168.

② JESSOP M. Digital Visualization as a Scholarly Activity[J]. Literary and Linguistic Computing，2008(3)：284.

③ 我们强烈认为文本分析工具可以代表数字研究的重要贡献者，无论它们是用来帮助确认预感，还是引导研究人员进入完全出乎意料的领域。SINCLAIR S.，ROCKWELL G. Voyant Tools[EB/OL]. [2018 - 03 - 01]. https：//voyant-tools.org/docs/＃!/guide/abou.

④ Poemage, a tool that supports the reading of a poem by visualizing its sonic topology[EB/OL]. [2019 - 09 - 20] http：//www.sci.utah.edu/~nmccurdy/Poemage. 辛克莱和罗克韦尔描述了他们敏捷的解释风格是人类活动和算法活动的结合：使用分析工具和可视化来探索文本，从而以不同的方式阅读文本。SINCLAIR S.，ROCKWELL G. Text Analysis and Visualization：Making Meaning Count[M]//SCHREIBMAN S.，SLEMENS R.，UNSWORTH J. A New Companion to Digital Humanities. Chichester：Wiley，2016：277 - 278.

⑤ ETZIONI O.，BANKO M.，CAFARELLA M. J. Machine Reading[C/OL]. American Association for Artificial Intelligence，2006. https：//www.aaai.org/Papers/AAAI/2006/AAAI06-239.

读，它们会计算。机器不理解意义，它们是在处理数据。在数字人文学科中，使用算法进行文学分析需要找到一种方法，使不依赖于理解意义且本身通常无法理解的过程获得有意义的结果。数字人文学科的学者没有试图解释它们，而是转向可视化，这可以从文本中获取尚未知道或理解的信息——采用不同于阅读和插图的方式。为了分析书面文本，数字人文学科的学者还观察机器生成的图像。其结果是一种新的、强大的文本阅读方式，这种方式依赖于有效的实践，因为它们不是人类阅读的形式。由于算法的贡献，数字文化为我们提供了一种文本沟通形式，它可以提供大量信息，甚至具有创造性——如果我们接受理解和解释文本的智能过程只是信息生产中的一个组成部分。

第四章

算法个性化

匿名个性化

如果说网络是一种沟通媒介,那么今天它就不是传统意义上的大众媒体了。广播大众媒体沟通是标准化的(为每个用户提供相同的内容)和一般化的(针对每个人)。相反,我们电脑或智能手机屏幕上显示的内容,或者我们的个人助理告诉我们的内容,与其他人收到的内容不同。我们接收到各自的信息,并被告知我们周围的餐馆和发生的事情,或者我们可能感兴趣的体育赛事;我们被告知需要履行的约会,获悉我们所走路线的交通状况,或者得知朋友和亲戚的生日;我们收到符合我们口味的音乐播放列表和电影推荐。我们通过定制的新闻概要来了解世界上发生的事情,当我们查找信息时,谷歌会向我们展示特别为我们挑选的结果,以及大量旨在满足我们愿望的商业广告。

尽管大众媒体沟通是匿名的,但网络上的沟通越来越个性化。然而,由机器亲自寻址不同于由真人亲自寻址。算法既不知道我们,也不了解我们,但画像技术可以为每个用户(读者、观众)提供与其兴趣和需求相关的有针对性的信息。在这两种情况下(模拟和数字),结果都是针对单个接收者的特定消息,但算法构建的画像与人类沟通伙伴使用的个性化类型具有非常不同的组成,并且结果也非常不同。目前,一场激烈的辩论正在调查这种差异性在数字沟通中的表现形式。① Alexa 以我们的名字呼唤我们,我们通过

① LUCY C. , DAY S. Algorithmic Personalization as a Mode of Individuation[J]. Theory, Culture & Society, 2019, 36(2): 17 - 37; RUPPERT E. Population Objects: Interpassive Subjects[J]. Sociology, 2011, 45(2): 218 - 233; CHENEY-LIPPOLD J. A New Algorithmic Identity: Soft Biopolitics and the Modulation of Control[J]. Theory, Culture & Society, 2011, 28(6): 164 - 181; PREY R. Nothing Personal: Algorithmic Individuation on Music Streaming Platforms[J/OL]. Media, Culture & Society, 2018, 40(7): 1086 - 1100. https://doi.org/10.1177/016344371774514.

向她征求意见来回应，这与朋友或同事的对话不一样——但是以什么方式进行，并产生什么结果？这种媒体"去大众化"的形式是为用户的自我实现和个体化创造空间还是扩大空间？它会做相反的事情吗？①

算法参与沟通还提出了新的问题，新问题涉及接收端算法的作用以及个性化的通常含义。如果接收者积极干预和塑造这个过程，那么沟通是否为个性化的，或者我们应该将个性化说成是直接针对接收者的个人背景或观点的东西？在第一种情况下，用户自己个性化他们收到的消息；在第二种情况下，此消息是由某人或某物个性化的。我们是正在个性化还是已经被个性化了？甚至是人格解体吗？

在传统的大众媒体沟通中，这两种选择之间的差异性是难以捉摸的，因为对于这些媒体来说，所提到的个性化的不同维度是重叠的——如果个性化不是完全不存在的话。所有大众沟通都是标准化的（它们不能由被动接收它们的用户更改）和一般化（它们不涉及任何一个接收者的语境或视角）。然而，在网络上，算法可以在两个方向上影响个性化，向具有不同兴趣的用户组发送不同的沟通信息，或者考虑每个接收者的具体情况。为了研究这种假设，笔者在本章中将重点放在算法画像中使用的两种不同（并且可能是互补的）"去大众化"形式：通过行为画像和协同过滤识别特定的用户群体，以及通过语境导向的系统解决单个用户的情况。笔者认为，结果是个人画像和个人积极干预的前所未有的结合，本章最后一节将进一步界定和讨论这种情况。

个人的网络

21世纪初，随着"网络2.0"的到来，我们的媒体世界发生了变化，②这一技术创新迅速而看似自发地导致了沟通和身份实践方面的一系列创新。最

---

① BRUBAKER R. Digital Hyperconnectivity and the Self[J]. Theory and Society, 2020(49): 771 - 801.

② 该表达由迪努奇于1999年引入，然后由奥莱利和2004年的Web 2.0大会推广。DINUCCI D. Fragmented Future[J]. Print, 1999, 53(4): 221 - 222. 关于会议，参见 https://web.archive. org/web/20050312204307/http://www.web2con.com/web2con/.

初的变化本身有点小——"网络 2.0"的基础设施与"网络 1.0"的基础设施保持一致,基于 TCP/IP 沟通协议——但用于创建文档的编程技术发生了更彻底的变化。超越当时用于生成静态超文本文档的标准 HTML,程序员也开始使用诸如 Ajax 和 Adobe Flex 之类的工具,这些工具允许创建更多动态页面,并向访问者的贡献和干预开放,但结果是破坏性的,因为网络 2.0 带来了前所未有的参与形式和开放性,这些形式本身迅速让位于以前无法想象的沟通形式,包括:当代 UGC(用户生成的内容)世界,其中涉及博客、维基百科和更现代的内容共享服务,例如"油管"(YouTube)或"网络相册"(Flickr);标签的扩散(通过关键字的内容索引);谷歌新闻和赫芬顿邮报等聚合器的倍增;当然,还有我们现在所知道的所有的社交媒体。

过去在用户计算机上运行的许多应用程序现在都在允许云计算的网络服务器上运行,这就是将网络分解为计算机与互联档案的星云,每个人都通过本身几乎没有软件和数据的计算设备访问它们。正如十多年前所观察到的,①这一举措将万维网转变为一台万维计算机,它利用自己的处理能力和来自每一个相互连接的设备的数据,不断进行更新和修订,即"永久测试版"。②

这个动荡的世界被命名为"参与式网络",强调了用户前所未有的参与,并期望这将取消告知者和接收者之间的区别。这种方法的象征是"产消者"的形象,他们同时以同样的方式上传和下载内容。这始于 21 世纪初,用于点对点共享的沟通协议,例如"比特流"(Bit Torrent)和"电骡"(eMule),其中"群"主机可以同时相互上传或下载。下载包含歌曲或视频剪辑文件的用户可以同时向其他用户提供他们的文件(并通过扩展使用他们的存储容量)。

从参与到个体化的转变很快就出现了,这一转变导致《时代》杂志在 2006 年宣布"你"(You)为年度人物。人们普遍认为,通过用户参与,网络将

---

① CARR N. The Big Switch: Rewiring the World, From Edison To Google[M]. New York: Norton, 2008; BENKLER Y. The Wealth of Networks: How Social Production Transforms Markets and Freedom[M]. New Haven, CT: Yale University Press, 2006.

② NEFF G., STARK D. Permanently Beta: Responsive Organization in the Internet Era[M]// HOWARD P. N., JONES S. The Internet and American Life. Thousand Oaks. CA: SAGE, 2004: 173-188.

让每个人都能获得一种更充分发展、更个体化的在线体验——这是迄今为止由于技术和其他限制而无法实现的独特性。向所有人开放的网络 2.0 将是一个无与伦比的个体化世界。瓦西克用"自我庆祝"的方式谈到这一点：个人可以根据自己的喜好和兴趣，以最能表达个性的方式配置他们的媒体世界。①

当时看来，我们很快就会摆脱被动消费者（passive consumer）这过时的类别。在新的"参与架构"中，任何人都不再只是一个消费者。② 一种更加独立和积极的个人模式将出现，③标志着大众文化的"电视迷时代的终结"。④根据这种解释，开放和交互式的万维计算机将克服广播媒体的不对称性，在这种不对称性中，其（许多）接收器的位置与（少数）广播公司的位置整齐地分开，并"下载"（到电视、收音机……）的比上传的要多得多。

这种解释假设参与者的积极作用将改变所有熟悉的沟通形式。新闻业将从讲座模式转变为对话或研讨会模式，这将涉及受众配置、选择并经常积极地制作新闻。⑤ 一对一的营销模式将在生产者和消费者之间建立一种学习关系，他们会得到"他们想要的时间、地点和方式。"⑥逐渐失去有效性的传统广告形式将转向有针对性的广告形式，包括针对用户个人兴趣、品味和偏好的网页上的个性化横幅。事实上，在最先进的直销形式中，消费者

---

① WASIK B. And Then Theres This：How Stories Live and Die in Viral Culture[M]. London/New York：Viking, 2009：9.

② ABRUZZESE A., MARIO P. Facebook come Fakebook[M]//BORGATO R., CAPELLI F., FERRARESI M. Facebook come：Le nuove relazioni virtuali.Milan：Franco Angeli, 2009：77；KELLY K. On Chris Andersons the End of Theory[EB/OL]. Edge, 2008. http://edge.org/discourse/the_end_of_theory.htm.

③ BENKLER Y. The Wealth of Networks：How Social Production Transforms Markets and Freedom[M]. New Haven, CT：Yale University Press, 2006：167 - 170；BEER D. Power through the Algorithm? Participatory Web Cultures and the Technological Unconscious[J]. New Media & Society, 2009, 11(6)：985 - 1002.

④ ANDERSON C. The Long Tail：Why the Future of Business Is Selling Less of More[M]. New York：Hyperion, 2006：191. 译者注：美国人的长沙发称为 couch，所以他们把那些吃饱饭后成天窝在沙发里看电视的人，形象地称为 couch potato，意指成天躺着或坐在沙发上看电视的人，引申为电视迷。

⑤ GILLMOR D. We the Media：Grassroots Journalism by the People, for the People[M]. Sebastopol：OReilly, 2004.

⑥ JOSEPH II P. B., PEPPERS D., ROGERS M. Do You Want to Keep Your Customers Forever? [J]. Harvard Business Review (March-April 1995)：103.

会通过与公司提供的游戏和虚拟世界互动,自愿为自己制作广告。① 静态叙述和虚构将朝着新一代互动故事的方向发展,这取决于他们的观众做出的选择。②

真是这样的吗?经过近二十年的发展,我们可以看到,这些预测同时得到了证实和反驳。已经发生了很多转变,但其结果比预期要复杂得多,而且在许多情况下完全不同。③ 今天的新闻媒体当然更加个性化和分散化,但也受到过滤气泡和回声室等用户隔离形式的阻碍,更不用说不可避免的虚假新闻问题。④ 在线广告受到日益严重的"横幅盲区"的影响,在这种情况下,用户不会看定制的广告,而是尽量避免或忽略它们。⑤

传统的虚构形式并没有消失,而是在点播流媒体服务的新模式中成倍增加,在允许用户尝试他们如何消费媒体的同时,随着虚构的进展几乎不允许观众直接干预。小说中的互动虽然在技术上是可行的,⑥但仍然很少见。

个性化和标准化

未来常常令人惊讶,但从事后看来,我们可以发现,早期网络 2.0 的预测被严重误导了。预测家们认为主动个性化(active personalization)更可

① ESPOSITO E. Interaktion, Interaktivität und die Personalisierung der Massenmedien [J]. Soziale Systeme, 1995, 1(2): 225 - 260.
② DOUGLAS J. Y. The End of Books—Or Books without End? [M]. Ann Arbor: University of Michigan Press, 2001.
③ GERLITZ C., HELMOND A. The Like Economy: Social Buttons and the Data-Intensive Web [J]. New Media & Society, 2013, 15(8): 1348 - 1365.
④ PERUZZI A., FABIANA Z., LUCIA A., QUATTROCIOCCHI W. From Confirmation Bias to Echo——Chambers: A Data-Driven Approach[M]//CEVOLINI A., BRONNER G. What Is New in Fake News? Public Opinion and Second-Order Observation in a Hyperconnected Society. Special issue of Sociologia e Politiche Sociali, 2018, 21(3): 47 - 74.
⑤ BENWAY J. P., LANE D. M. Banner Blindness: Web Searchers Often Miss Obvious Links[J]. Itg Newsletter, 1998, 1(3): 1 - 22; O'DONNELL K., CRAMER H. Peoples Perceptions of Personalized Ads[C/OL]//In Proceedings of the 24th International Conference on World Wide Web, 1293 - 1298. New York: ACM Press, 2015. https://doi.org/10.1145/2740908.274200.
⑥ 正如 2018 年 12 月发布的《黑镜》(Black Mirror)中的潘达斯奈基(Bandersnatch)一集。译者注:《黑镜:潘达斯奈基》是独立单元剧《黑镜》的一部互动式电影。本片由该系列电视剧主创查理·布鲁克编剧,大卫·史莱德导演,是在 Netflix 并于 2018 年 12 月 28 日上线的影片。

取,并且会尽可能地寻找,而标准化(为每个人提供相同的沟通)只会由于早期媒体的技术限制而发生,并且注定会随着数字化的进步而消失。按照这种观点,观众总是希望主动塑造自己的媒体世界,只是因为媒体不允许其他任何事情,而成为被动的"电视迷"。与数字化相关的技术创新最终将提供满足公民始终保持创造性和原创性愿望的可能性,因为活跃的用户希望进行个性化的沟通。

然而,个性化并不是那样发生的。今天我们看到个性化的可能性并没有消除与标准化的沟通。取而代之的是观众的主动性和被动性以及个体化和匿名性的新组合将会出现。个性化和标准化之间的假定对比,无论多么具有启发性,都被证明是一种过于简单的解释。个性化并不总是有用的,甚至并非可取的,标准化的沟通媒介仍然可以提供创造性的、自主的产品。

不允许个人干预的标准化广播媒体也有权选择成为共同关注对象的主题。在向所有观众提供相同的信息时,他们让每个人都知道其他人知道什么。① 传统大众媒体中讨论的问题可以被认为是理所当然的,无论每个人的意见、取向和习性如何。这个最低限度的参考是建立公共领域和集体参考的基础。作为大众媒体的结果,笔者认为,人们不仅会了解他们感兴趣和积极寻找答案的问题,而且还会了解他们几乎不感兴趣的话题——这是一个了不起的表现。

此外,大众传媒的标准化沟通可以为个人配置提供充足的空间。一本书的个人读者可以自己决定阅读的节奏、速度和顺序;他们可以放慢、加速、返回、从结尾开始或跳过段落,并将文本与对其认可、相矛盾或加以整合的文本进行比较。在这样做的过程中,所有读者都会根据他们的特点、兴趣和知识进行特定的沟通,并且与其他读者不同。

个性化的沟通可能会让人感到压抑,而标准化的沟通对每个人都是一样的,它可以让个性化的用户变得活跃和自主——我们今天可以清楚地看到这一点。虽然大众媒体沟通不需要我们掌握和发展介于个体自主和集体

---

① MCCOMBS M. E., SHAW D. L. The Agenda-Setting Function of Mass Media[J]. Public Opinion Quarterly, 1972, 36(2): 176-187. 卢曼认为,广播媒体对社会的作用是创造一个共享的第二现实。LUHMANN N. The Reality of the Mass Media[M]. Stanford: Stanford University Press, 1996.

参考之间的各种方法,但算法的干预具有展现我们今天观察到的匿名化和个性化的不同组合的可能沟通形式的复杂性的效果:过滤气泡、自拍、快闪、影响者、社交媒体、定向购物、反向画像、虚拟化身和许多其他前所未有的模式。为了分析这种多样性,我们需要一个更清晰的维度范围,一方面,表达对接收者的个人背景的参考(或缺乏参考);另一方面,表达接收者的积极干预(或缺乏干预)。

画像:语境化或行为化?

在我们的数字社会中,沟通的配置正在发生变化。依靠算法积极作用的前所未有的沟通形式正在接受考验,社会的媒体格局正在发生变化。在接下来的篇幅中,笔者将参考第一章中介绍的虚拟偶联性的概念来探讨这些最新的发展。该概念表明算法利用用户的行为和不可预测性,以复杂和适当的方式学习和处理沟通的能力。算法不是智能的,也不应该是智能的,它使用大数据来获取用户的智能,并学习如何充当智能化和吸引人的沟通伙伴——以及解决与我们每个人的个人沟通问题。笔者认为,在数字沟通中,虚拟偶然性在用户的活动和一般化参考之间产生了前所未有的交织,从而产生了创新的配置。

从用户的角度来看,只有在受众成员积极干预和配置信息的情况下,传统的大众媒体沟通才能实现个性化。如果一个人得到的沟通与其他人不同,就必须采取措施使其个性化。相反,今天的算法可以处理这个过程。在许多网络服务中,每个用户接收的内容或消息都不同于其他用户正在接收的内容或消息,而无需"做"任何传统意义上的事情。沟通的个性化不再需要主动接收者。[①]

从告知者的角度来看,传统的大众媒体沟通要么是针对每个人——是笼统的和非语境的——要么是以不适合其他接收者的方式在特定的时间点针对特定的人。相反,今天的算法可以通过完全自动化的一般化程序提供特定

① QUITO A. The Next Design Trend Is One That Eliminates All Choices [EB/OL]. [2015 - 06 - 18]. https://qz.com/429929/the-next-design-trend-is-one-that-eliminates-all-choice.

的参考,甚至不需要姓名或地址等个人信息。从零售商"塔吉特百货"在孕妇的父母知道之前,就识别出其女儿是一名孕妇的案例中,公众普遍意识到了这种可能性,这表明仅使用网络上可用的匿名数据就可以重建有关一个人的精确信息。① 沟通可以针对每个人,但也可以指每个接收者的具体语境。

传统的区别在这个过程中崩溃了。新形式的数字沟通似乎产生了一种自相矛盾的大众个性化和普遍个体化形式——特定的和本地的,对每个人而言都无处不在。② 然而,如果考虑到参与沟通的新行动者——算法,这个悖论就会得到解决。为了描述和解释由此产生的沟通形式,我们需要考虑它们的积极作用。

事实上,依赖算法程序的画像技术正在开发处理个人的新方法。它们可以将个人视为一个阶级的象征("你和其他喜欢你的人"),或者它们可以根据其具体活动和语境("你在哪里和你做什么")来指代它们。相应的个性化形式是非常不同的。

例如,通过自动推荐,基于行为画像的系统与语境导向的系统有所不同。③ 前者将用户在网络上的积极参与作为用户兴趣的代表,同时将这些用户与被评为与他们相似兴趣的其他用户相匹配。通过开发经典的统计分割技术,这些系统专注于越来越有限的群体,最终以个人为目标。不同来源的大量数据的可用性使得越来越多地细分一个群体成为可能,理想情况下最多只能得到群体的一部分。通过大数据和虚拟偶联性,算法利用用户先前的行为和他人的行为,在根据过去的选择和"你和像你一样的人"的特定兴趣的基础上,提供符合(或假设符合)其特定兴趣的信息。

---

① DUHIGG C. How Companies Learn Our Secrets[J]. New York Times Magazine, February 19, 2012.

② KOTRAS B. Mass Personalization: Predictive Marketing Algorithms and the Reshaping of Consumer Knowledge[J]. Big Data & Society, 2020, 7(2).

③ HAWALAH A., FASLI M. Utilizing Contextual Ontological User Profiles for Personalized Recommendations[J]. Expert Systems with Applications, 2014, 41(10): 4777 - 4797; XIAO LANG, LU QIBEI, GUO FEIPENG. Mobile Personalized Recommendation Model Based on Privacy Concerns and Context Analysis for the Sustainable Development of M-commerce[J]. Sustainability, 2020, 12(7): 3036; PICHEL M., ZANGERLE E., SPECHT G. Towards a Context——Aware Music Recommendation Approach: What is Hidden in the Playlist Name? [C/OL]//Conference: 2015 IEEE International Conference on Data Mining Workshop. https://doi.org/10.1109/ICDMW.2015.14.

在语境导向的系统中,重点是个人用户的情况和意图。① 如果你在夏天的那不勒斯寻找食物,你会得到比萨和沙拉的推荐。② 算法在这里也使用大量数据,但这些数据是在给定的语境中生成的,由各种传感器(来自智能手机、物联网等)和其他本地来源提供。在这种系统中,"语境可能包括一天中的时间、用户的位置、用于访问信息的设备或进行活动的同伴。"③用户根据周围发生的事情接收推荐他们在当下以及他们试图完成的事情——也就是说,基于"你的情况"而不是"像你这样的其他人"。④

当然,画像技术可以结合这两个系统来定位其用户。⑤ 然而,这两种方法在概念上是不同的——在这两种情况下,接收者可以采取被动或主动的态度。要了解算法画像的形式和社会结果,我们必须在新的参考框架中区分相应的可能性。⑥

---

① AI-RFOU R., MARC P., JAVIER S., YUN-HSUAN S., BRIAN S., RAY K. Conversational Contextual Cues: The Case of Personalization and History for Response Ranking[EB/OL]. [2016 - 06 - 01]. https://arxiv.org/abs/1606.00372v; MIELE A., QUINTARELLI E., TANCA L. A Methodology for Preference-Based Personalization of Contextual Data[C]//In Proceedings of the 12th International Conference on Extending Database Technology: Advances in Database Technology, New York: Association for Computing Machinery, 2009; Karatzoglou and Massimo Quadrana. The Contextual Turn: from Context-Aware to Context——Driven Recommender Systems[C/OL]//In Proceedings of the 10th ACM Conference on Recommender Systems (RecSys 16), New York: Association for Computing Machinery, https://doi.org/10.1145/2959100.2959136.

② CIACCIA P., DAVIDE M., RICCARDO T. Foundations of Context-Aware Preference Propagation[J]. Journal of the ACM, 2020, 67(1): 1 - 43.

③ HAWALAH A., FASLI M. Utilizing Contextual Ontological User Profiles for Personalized Recommendations[J]. Expert Systems with Applications, 2014, 41(10): 4778.

④ 与过去的自己相比,人们与处于相同情况或相同目标的其他人有更多的共同点。PAGANO R., PAOLO C., MARTHA L., HIDASI B., TIKK D., KARATZOGLOU A., QUADRANA M. The Contextual Turn: from Context——Aware to Context-Driven Recommender Systems [C/OL]//In Proceedings of the 10th ACM Conference on Recommender Systems (RecSys 16). New York: Association for Computing Machinery, https://doi.org/10.1145/2959100.2959136.

⑤ XIAO LANG, LU QIBEI, GUO FEIPENG. Mobile Personalized Recommendation Model Based on Privacy Concerns and Context Analysis for the Sustainable Development of M-commerce[J]. Sustainability, 2020, 12(7): 3036; AI-RFOU R., MARC P., JAVIER S., YUN-HSUAN S., BRIAN S., RAY K. Conversational Contextual Cues: The Case of Personalization and History for Response Ranking[EB/OL]. [2016 - 06 - 01]. https://arxiv.org/abs/1606.00372v.

⑥ 这种新的参考框架受到哈瓦拉和法斯里的范式转变的欢迎。HAWALAH A., FASLI M. Utilizing Contextual Ontological User Profiles for Personalized Recommendations[J]. Expert Systems with Applications, 2014, 41(10): 4781.

数字沟通的诸形式

表 4.1 根据一组用户的活动（行为画像）和单个用户的具体情况（语境画像），提出了笔者关于从画像的两个维度描述数字沟通的建议。

表 4.1　从两个维度描述数字沟通

行为画像		语 境 画 像	
		是	否
行为画像	是	算法个体化	协同过滤
	否	语境导向	反向个性化

让我们从纯粹的行为画像开始——这里用表格的右上角表示——它选择发送给通过协同过滤（针对"像你这样的人"）识别的各组成员的沟通。每个用户在不同情况下与其他人共享这些沟通，就像在广播大众媒体中的情况一样。① 沟通是普遍化的，尽管采用这种数字形式，但并非对所有人都适用。例如，当单个用户收到新闻提要时，算法沟通的一般化元素就不再是整个公众，而仅指一个部分——那些通过画像技术与该用户联系的人。因此，一般化参考的对象不是一般公众。

这个问题在关于过滤气泡的辩论中已经过广泛讨论。伊莱·帕里泽在《过滤泡沫：互联网对你隐藏了什么》中介绍的表达是基于对参与式网络的观察，特别是谷歌在 2009 年引入的创新。至少从 2009 年开始，谷歌就不再向所有人提供相同的搜索结果，而是有针对性地向不同用户提供与之相关的信息。由于过滤器在网络上的各个层面（通过谷歌以及脸书、推特和各种数字聚合器）运行，个别受众成员被隔离在一种文化泡沫中，阻止他访问那些不同意其观点的信息。人们不必再为不符合个人兴趣的信息付费（用金

---

① 正如卢瑞和迪所观察到的，在网络上个性化不只是个人的：它不是关于一个人，不是我或你，而是涉及一般化的人群。LUCY C., DAY S. Algorithmic Personalization as a Mode of Individuation [J]. Theory, Culture & Society, 2019, 36(2): 18.

钱或注意力）：不再概述他们缺乏投资的市场、不关注的体育运动的结果，以及他们想关注的某些八卦和文化新闻，等等。正如赫尔曼所观察到的，在这些服务中，过滤气泡并非意料之外的结果。① 相反，它们是关键，对应于20世纪90年代后期"点播"公司（Point Cast）等服务所承诺的大众化媒体的理想化目标——将广播沟通的范围缩小到单个用户。

这些个性化的新闻提要和聚合器的使用率正在上升，但一般化的媒体似乎注定要继续存在。事实上，"自由轮"公司于2018年的视频市场报告显示，美国和欧洲58％的视频消费者仍然在电视屏幕（数字媒体或其他媒体）上获取它们的内容，与用户生成的内容相比，优质视频服务的受欢迎程度和重要性正在增加。② 大报和杂志等传统新闻媒体也继续存在。事实上，《纽约时报》和《华盛顿邮报》等一些报纸的读者人数一直在增加——尽管通常是通过具有新功能和服务的数字版本。③

由此看来，传统大众媒体的基本功能仍然是一般化的，个性化的新闻推送并没有发挥这种功能。我们仍然有兴趣知道别人知道什么，以获取我们个人可能不感兴趣的信息。事实上，在许多情况下，最有意识和知情的公民发现超越个性化内容很有吸引力。提供个性化新闻服务的互联网公司，例如脸书和百资得最近一直在向传统新闻模式转变，包括拥有专职人员的编辑部。④ 结果当然不是回到广播模式，而是走向算法的主动性和用户的被动性的新组合。事实上，在某些情况下，提出了特定的"反隔离"服务，其功能是从被认为与自己的意识形态（例如左翼或右翼）相反的政治观点中引入个性化的新闻提要内容，其明确目的是缓解政治两极分化。⑤ 过滤器本身会过滤气泡。

回到表4.1，在左下角，我们在纯语境画像中发现了与纯行为画像相反

① HERRMAN J. Aspects of Scientific Explanation[N]. New York Times, 2019 - 03 - 10.

② 2018年，优质视频的观看次数在美国增长了27％，在欧洲增长了15％，延续了多年的趋势。

③ Smith, Ben. Why the Success of the New York Times May Be Bad News for Journalism[N]. New York Times, 2020 - 03 - 02.

④ LEPORE J. The Cobweb: Can the Internet Be Archived? [N]. New Yorker, 2015 - 01 - 19; Rusbridger, Alan. Breaking News: The Remaking of Journalism and Why It Matters Now[M]. New York: Farrar, Straus and Giroux, 2018.

⑤ Flipfeed, https://www.media.mit.edu/projects/flipfeed/overview, accessed on 2019 - 04 - 20.

的情况，其中个人用户接收到针对他们在空间和时间上的特定情况量身定制的消息。积极利用语境导向，用户可以配置他们的沟通并尝试创新的观察和自我观察方式。①

例如，无处不在的自拍现象展示了一种可以使用数字技术改变在公共场合展示自我的方式。② 自拍不只是一张自己的照片，就像使用模拟相机上的计时器拍摄的照片一样。自动计时器从其他人观察我们的角度记录图像：我们看到"其他人"在如何观察我们。相反，在大多数情况下，自拍是通过智能手机提供的特定功能生成的，该功能使用照片软件反转图像，使其看起来像通常在镜子中看到的那样。③ 然后，自拍记录我们每个人在镜子中看到的自我形象，而不是外部图像，并且该图像立即发布到网络上并与他人共享。

自拍照是社交照片的典型示例——"为分享而拍摄的日常照片"④——并被用于创建与真实面对面互动中的自我呈现的数字等价物。⑤ 我们通过别人的眼光看待自己以建立自己的身份，但现在别人看到的我们是我们选择呈现的形象，通常用软件工具处理："我看到我，并向你展示了我。"⑥这些数字技术的用户主动配置自我介绍，这成为外部观察（点赞、标签、关注和其他形式的数字反馈）的基础，用户从这些观察中了解他们自己是谁。

这种情况如何影响人格的构成？一系列的研究已经在依赖数字沟通的领域探索这个问题。例如，福米兰和斯塔克的一项研究解决了一个有趣的现象，即电子艺术家通常有许多别名——多达十几个甚至更多。⑦ 艺术家通过这些别名为公众所知，不同于传统的化名、艺名或者面具——根据欧文·戈夫曼的说法，我们佩戴面具来展示我们个性的不同方面。像其他人

---

① BRUBAKER R. Digital Hyperconnectivity and the Self[J]. Theory and Society，2020(49)：785.
② GOFFMAN E. The Presentation of Self in Everyday Life[M]. New York：Doubleday，1959.
③ JURGENSON N. The Social Photo. On Photography and Social Media[M]. London：Verso，2019：55.
④ JURGENSON N. The Social Photo. On Photography and Social Media[M]. London：Verso，2019：8.
⑤ 笔者将在第六章进一步介绍数码照片的社会用途。
⑥ FROSH P. The Gestural Image：The Selfie，Photography Theory and Kinesthetic Sociability[J]. International Journal of Communication，2015(9)：1611.
⑦ FORMILAN G.，STARK D. Testing the Creative Identity：Personas as Probes in Underground Electronic Music[Z]//Warwick：Unpublished manuscript，2018.

一样,电子艺术家拥有个体性,即使它涉及多种表现形式,并且意识到这一点。然而,通过他们的化名,他们尝试了不完全属于他们的替代数字身份建构,因为他们的观众也参与了建构。

"投射的身份"是发射到数字世界的"试验气球",目的是产生艺术家可以承认和阐述的反馈。通过他们的化名,艺术家们从与观众的互动中了解他们是谁——这是一个持续策划的过程,导致数字身份发生变化、巩固甚至消失。在这个镜像和分化过程的开始或结束时,没有任何东西是真实的,因为在不止一种情况下,艺术家决定将他们的名字作为他们的别名或者他们的别名之一。① 在电子音乐界,杰西·阿巴奥米(真名)被称为"第 3 区"(Zone 3)和"伊罗科树"(Iroko),最终选择了阿巴奥米(Abayomi)作为一个额外的别名,②通过涉及其听众的识别路径到达。阿巴奥米与其任何其他别名③或与任何所谓的白色标签一样真实,电子艺术家在这些白色标签下发布具有匿名身份的曲目。数字受众还可以利用算法在沟通中的干预,积极尝试创新形式的归属和分离、认可和拒绝。

所讨论的两种类型的画像可以组合成算法个体化的形式——表格左上角——产生既是情境化的(根据接收者的情况),又是个性化的(指他们的个人行为和相似人的行为)的沟通。特别是由于采用了复杂的机器学习技术,算法的干预使得向每个用户提供特定的消息成为可能,该消息符合他们的兴趣并根据他们的特定情境量身定制。任何在脸书注册的人在访问他们的个人网页时都会自动收到个人情境化的内容,以及数字朋友的帖子。在线音乐、电子商务推荐、电子学习、新闻和旅游系统也是如此,包括广告和各种形式的定向优惠。④

---

① MOELLER H-G. On Second-Order Observation and Genuine Pretending: Coming to Terms with Society[J]. Thesis Eleven, 2017, 143(1): 28 - 43.

② https://ra.co/dj/abayom.译者注:伊罗科树(Iroko)是一种来自非洲西海岸的热带大阔叶树。

③ FORMILAN G., STARK D. Testing the Creative Identity: Personas as Probes in Underground Electronic Music[Z]//Warwick: Unpublished manuscript, 2018. 译者注:杰西·阿巴奥米是一位音乐制作人,自 2005 年后活跃于柏林的电子音乐界。

④ AI-RFOU R., MARC P., JAVIER S., YUN-HSUAN S., BRIAN S., RAY K. Conversational Contextual Cues: The Case of Personalization and History for Response Ranking[EB/OL]. [2016 - 06 - 01]. https://arxiv.org/abs/1606.00372v; XIAO LANG, LU QIBEI, GUO FEIPENG. Mobile Personalized Recommendation Model Based on Privacy Concerns and Context Analysis for the Sustainable Development of M-commerce[J]. Sustainability, 2020, 12(7): 3036.

两个用户在同一个网站上进行相同的搜索，在他们的屏幕上得到不同的个性化答案，网站参考他们的兴趣、行为、位置和时间——但没有任何积极的干预。

这种满足访问者独特需求的网站"实时个体化"依赖于语境化数据的使用，以及基于行为画像产生的越来越详细的信息对用户群体的细分。① 这是一种个体化，其中接收者并不比通才媒体（generalist media）所说的"电视迷"更活跃，但他们得到了根据其情况、品味和倾向量身定制的个性化沟通。用户并未个性化，他们是被个性化了。

我们正在处理一种结合了语境导向和行为画像的网络沟通形式，这种形式不依赖于用户干预，但对每个人来说都是语境化的并且是不同的。一些研究人员一直在研究这一点，使用"新算法身份""数据主体"和"算法个体化"等标签。② 在这些形式的个性化中，没有任何东西是个人的。③ 我们的身份识别不依赖于我们的基本特征或认识自己的内在特征。重点转移到我们与网络互动的历史，以及通过基于传感器和网络使用的统计模型"为我们制造"的身份识别。④ 即使这些数字身份始于用户在网络上的主动行为，其主体角色最终以一种"互动被动性"（interpassivity）的形式结束，在这种形式中，个人被"制定"为其无法控制的"数字替身"。⑤ 由此产生的个性形式与每个人都积极观察、测试和承认自己的特殊性的现代形式大不相同——

① MULLIN S. Why Content Personalization Is Not Web Personalization（and What to Do About It）[EB/OL].［2019 - 09 - 04］. https://cxl. com/blog/web-personalization；CHENEY-LIPPOLD J. A New Algorithmic Identity：Soft Biopolitics and the Modulation of Control[J]. Theory, Culture & Society, 2011, 28(6)：164 - 181. 正如赫尔曼所说：今天，在You Tube上接收高度个性化且有效无限的内容推荐是可能的，而无需关注一个账户，因为谷歌已经观察了你的行为，并猜测你是谁。HERRMAN J. Aspects of Scientific Explanation[N]. New York Times, 2019 - 03 - 10.
② CHENEY-LIPPOLD J. A New Algorithmic Identity：Soft Biopolitics and the Modulation of Control[J].Theory, Culture & Society, 2011, 28(6)：164 - 181；RUPPERT E. Population Objects：Interpassive Subjects[J]. Sociology, 2011, 45(2)：218 - 233；BRUBAKER R. Digital Hyperconnectivity and the Self[J]. Theory and Society, 2020, 49：771 - 801.
③ PREY R. Nothing Personal：Algorithmic Individuation on Music Streaming Platforms[J/OL]. Media, Culture & Society, 2018, 40(7)：1086 - 1100, https://doi.org/10.1177/016344371774514.
④ CHENEY-LIPPOLD J. A New Algorithmic Identity：Soft Biopolitics and the Modulation of Control[J]. Theory, Culture & Society, 2011, 28(6)：165.
⑤ RUPPERT E. Population Objects：Interpassive Subjects[J]. Sociology, 2011, 45(2)：220.

"在个性化平台上,实际上没有个体,只有将人视为个体的方式。"①

　　被实现的算法个体化可以看作是对 21 世纪初参与式网络幻想的完全实现,它承诺承认每个用户的独特性。既然我们生活在一个适当个性化的网络中,我们已经开始明白,除了它在日常生活中提供的优势之外,这项技术也有许多阴暗面。② 正如帕丽斯尔所说,获得信息往往不再意味着可以访问共享世界,而是涉及对或多或少扩展的个性化世界进行越来越复杂的探索。③ 如果没有共同的参照点,我们将不知道别人知道什么或不知道什么——我们实际上也无法判断我们自己对这件事的无知。问题不在于我们对知识的管理,而在于我们对"非知识"的管理。④

　　在个性化网络中,每个用户都可以访问自己的特定内容——用户看到许多其他人看不到的东西,而通常看不到其他人看到的东西。⑤ 个体化不仅影响了向观察者呈现世界的方式,而且还改变了世界本身。意识到这种影响会引发排斥感,将原本的赋权感转变为被动感和无能感。用户倾向于认为"这令人毛骨悚然"而不是"这很有帮助"。⑥ 在这些情况下,个性化的

① PREY R. Nothing Personal: Algorithmic Individuation on Music Streaming Platforms[J/OL]. Media, Culture & Society, 2018, 40(7): 1087, https://doi.org/10.1177/016344371774514.

② 长期以来,批判性媒体研究一直警告隐私和自决自由的风险,这是数字个体化的另一面。CARR N. The Big Switch: Rewiring the World, From Edison To Google[M]. New York: Norton, 2008; ZUBOFF S. The Age of Surveillance Capitalism: The Fight for a Human Future at the New Frontier of Power[M]. London: Profile Books, 2019.

③ PARISER E. The Filter Bubble. What the Internet Is Hiding from You[M]. London: Viking, 2011: 14 - 18.

④ MCGOEY L. Strategic Unknowns: Towards a Sociology of Ignorance[J]. Economy and Society, 2012, 41(1): 1 - 16.

⑤ 政治沟通和其他回音室现象日益分化的现象似乎证实了这种方法。SUNSTEIN C. Republic. Divided Democracy in the Age of Social Media[M]. Princeton: Princeton University Press, 2017; PERUZZI A., FABIANA Z., LUCIA A., QUATTROCIOCCHI W. From Confirmation Bias to Echo-Chambers: A Data——Driven Approach[M]//CEVOLINI A., BRONNER G. What Is New in Fake News? Public Opinion and Second-Order Observation in a Hyperconnected Society. Special issue of Sociologia e Politiche Sociali, 2018.

⑥ JOYCE G. Five Examples of Creepy Marketing: When Personalization Goes Too Far[EB/OL]. Brandwatch Online Trends[2017 - 01 - 05]. https://www.brandwatch.com/blog/react-creepy-marketing-personalisation-goes-far; SWEENEY E. 75% of Consumers Find Many Forms of Marketing Personalization Creepy, New Study Says[EB/OL]. Marketing Dive[2018 - 02 - 21]. https://www.marketingdive.com/news/75-of-consumers-find-many-forms-of-marketing-personalization-creepy-new-s/517488.

沟通不会让您感到独特和高效，而是被隔离和"被大众化"。

人们经常对算法的过度干预采取行动，但也经常求助于其他算法。在过去几年中，广告拦截软件（保护用户免受网页广告影响的特定算法形式）的使用迅速普及。① 这造成了一种自相矛盾的情况，即用户的个体化往往会阻碍这种情况发生。② 事实上，广告拦截器通过阻止 cookie、弹出窗口、嵌入式视频和音频，尤其是那些检测与个人用户相关数据的跟踪设备来运行。参与式网络的个性化用户阻碍了大数据的产生，而大数据正是算法的虚拟偶联性的源泉，阻碍了沟通的个体化。

与算法个体化相反，不同画像技术的特定组合会产生被动用户定制的情况，网络沟通仍然可以让用户根据自己的条件进行个体化。③ 由于大部分网络的去中心化和开放性，算法使用的许多画像工具对于用户来说都是可以观察到的，用户利用它们来创建一种反向个性化——表 4.1 的右下角所示——用户主动配置用户自身的沟通。

这方面的一个例子来自网络上的影响者，他们向既熟练又警惕的受众传递信息。④ 参与式网络的受众是活跃的用户，他们深入研究网络并发现其参与者（告知者和接收者）行为背后的规则——因此他们自己也是媒体的用户，正如瓦西克所说："参与者变成了他们自己的节目。"⑤ 在许多情况下，用户在处理网络时知道这种关系是根据"像他们的人"的数据形成的，并上演这种循环。网络上的"部落"用他们观察自己的方式进行实验。正如参与者所知道的那样，典型的数字触发现象，例如快闪族（flash mobs）——正如

① SCOTT M. Use of Ad-Blocking Software Rises by 30％ Worldwide[N]. New York Times, 2017 - 01 - 31.

② WU T. The Attention Merchants: The Epic Scramble to Get Inside Our Heads[M]. New York: Alfred A. Knopf, 2016: 335 - 339.

③ NICHOLS R. Customization vs Personalization[EB/OL]. [2018 - 03 - 09]. https://www.abtasty.com/blog/customization-vs-personalization/; DAVIS P. What Is the Difference between Personalization and Customization? [EB/OL]. [2019 - 06 - 19]. https://www.towerdata.com/blog/what-is-the-difference-between-personalization-and-customizatio.

④ HEARN A., SCHOENHOFF S. From Celebrity to Influencer[M]//MARSHALL P. D., REDMOND S. A. Companion to Celebrity. Chichester: John Wiley & Sons, 2016: 194 - 212; BRUBAKER R. Digital Hyperconnectivity and the Self[J]. Theory and Society, 2020(49): 786.

⑤ WASIK B. And Then Theres This: How Stories Live and Die in Viral Culture[M]. London/New York: Viking, 2009: 112.

他们的发明者最初描述并实施的那样——缺乏内容。① 节目的重点根本不是节目本身，而是"纯粹的场景"，参与者观察自己在如何观察事件。

同样，在网络上上传内容的产消者大多不是业余爱好者，他们不会天真地将其个人数据（例如假期回忆）转移到 You Tube 上，而不考虑他们将如何被观察。大获成功的社交网络服务"抖音"（海外版）（Tik Tok）宣称的目标是激发和支持用户的创造力，让他们摆脱技术难题，并提供一个人人都可以成为积极参与者的地方。② 这些服务的基本挑战是如何让人们参与其中。③ 这些用户大多是敏锐地意识到被观察的人，他们的行为基于对数字沟通及其机制的元理解。结果是一种大众沟通，其中"消费者自己就是老大哥（Big Brother）"，使用精致的工具来观察自己、他者以及他们对沟通的干预。④

这些创新发展高度揭示了用户在沟通中积极干预的意义和形式，以及某些曾引发高期望的相关项目失败的原因。例如，在互动小说中，读者（观众）被期待为帮助确定故事的进程做出贡献，但在最初的好奇心消退后几乎收效甚微。观众似乎对决定小说或电影的情节不感兴趣，即使（并且准确地说）当故事没有按照他们所希望的那样发展时，这些读者（观众）是否真的会受到深深的影响。事实上，自近代以来，小说的价值本质上就在于观察他人的观察，委托一个无形的作者去创造一个被叙述的世界、它的事件和它的人物。因此，它是一个被虚构出来的世界，我们知道这一点。

正是因为小说不是真实的，所以小说允许我们做一些在"真实的现实"中不可能做的事情：观察他人，就好像我们能读懂他们的思想一样。⑤ 观众

---

① WASIK B. And Then Theres This：How Stories Live and Die in Viral Culture[M]. London/New York：Viking, 2009. 这样的计划行动没有任何意义，例如，所有参与者必须在晚上 7 点 7 分进入纽约君悦酒店大堂，从阳台向外看，默然凝视 5 分钟，然后鼓掌 15 秒，最后散去。

② BRESNICK E. Intensified Play：Cinematic Study of TikTok Mobile App[D/OL]. University of Southern California，[2020 - 03 - 02]. https://www.academia.edu/40213511/Intensified_Play_Cinematic_study_of_TikTok_mobile_ap；ASSANTE E. Tutti pazzi per TikTok, il social che dà 15 secondi di celebrità[J]. La Repubblica, March 2, 2020.

③ HERRMAN J. Aspects of Scientific Explanation[N]. New York Times, 2019 - 03 - 10.

④ WASIK B. And Then Theres This：How Stories Live and Die in Viral Culture[M]. London/New York：Viking, 2009：136.

⑤ 现代小说被认为是现实的，因为我们忘记它是某人的发明，就像现代绘画的中心视角（莱昂·巴蒂斯塔·阿尔贝蒂的世界之窗）被认为是现实的，因为我们忘记绘画所指的是画家的特定视角（视角的消失点）——而它会被任何其他角度扭曲。BALTRUSAITIS J. Anamorphoses ou Thaumaturgus opticus[M]. Paris：Flammarion, 1984.

想要观察他人的观察方式，从而尝试与他们不同的视角。① 为此，必须保持虚构世界与现实世界的分离，同时也不能直接干预情节。如果你想被反映在镜子里，你就不能进入镜子。

这种小说仍然具有基本功能，尽管现在正在出现一种新的组合，它利用算法的干预，重塑了被叙述出来的世界和生活世界之间的区别。视频游戏是最有影响力的数字沟通形式之一，它使用算法为用户提供积极干预游戏世界的可能性，开发出一种高度创新的"乐趣语法"（grammar of fun）。② 通过虚拟偶联性，视频游戏超越了现代讲故事和阅读的模式，为游戏玩家带来主动的体验，同时仍然使他们能够进入小说的镜子。③

与小说一样，电子游戏可以从描述事件中所涉及角色的角度（第一人称视角或 POV）或外部视角（第三人称 POV）进行设计。④ 但游戏的玩家第一人称 POV 视频游戏不只是通过别人的眼睛观察世界。与小说的基本规则及其视角的中心性相反，玩家也在（虚拟）世界中行动，并享受着一种特别身临其境的游戏体验⑤——射击、躲藏、逃离敌人。但是，他们在游戏中看不到自己；通常，玩家可以看到的角色身体的唯一部分是他

① LUHMANN N. The Reality of the Mass Media[M]. Stanford：Stanford University Press，1996：55 - 62.

② BISSELL T. Extra Lives：Why Video Games Matter[M]. New York：Random House, 2010；BISSELL T. The Grammar of Fun：CliffyB and the World of the Video Game[N]. New Yorker, 2008 - 10 - 27.

③ 游戏的虚拟空间，其实是要求你超越基于线性透视传统的小说的体验空间，将观察者排除在被观察空间之外；TAYLOR L. When Seams Fall Apart：Video Game Space and the Player[J]. Game Studies, 2003, 3(2). 为玩家提供介入故事的可能性的电子游戏既可以复制和挑战日常的社交互动规则，又可以产生有趣和创造性的创新。WRIGHT T., BORIA E., BREIDENBACH P. Creative Player Actions in FPS Online Video Games[J/OL]. Game Studies, 2002, 2(2). http://www.gamestudies.org/0202/wright.

④ 第二人称 POV 也是可能的，但不太常见——这是直接用你称呼用户的情况，这在儿童书籍中经常发生。杰弗里·尤金尼德斯的小说《处女之死》是以第一人称复数形式，即从"我们"这个不同寻常的角度写成的。

⑤ WAGGONER Z. My Avatar, My Self：Identity in Video Role-Playing Games[M]. Jefferson：McFarland, 2009：41；SABBAGH M. The Important Differences between First-Person and Third-Person Games [EB/OL]. [2015 - 08 - 27]. https://www.gamasutra.com/blogs/MichelSabbagh/20150827/252341/The_important_differences_between_firstperson_and_thirdperson_games.ph.

们的手。① 但是,在第三人称 POV 中,玩家可以从角色上方和后方的角度看到角色的整个身体。在从第一人称视角到第三人称视角来回转换的游戏中,识别并通过虚拟化身来行动的玩家也可以通过另一个人的眼睛观察他们的虚拟自我。视频游戏首次提供了一个空间,在这个空间中,观察者不仅可以看到另一个世界,而且可以看到自己和自己的行为。根据瓦格纳的说法,在虚拟化身的形式中,玩家体验了一种"虚拟身份",使他们能够"同时成为自我(self)和非我(not-self)","同时成为他者(other)和非他者(not other)"。②

结论

以算法为中介,从用户行为中学习的沟通正在从我们既定的标准化和个性化形式中进行修正。除了个体和集体(或私人和公共)参考之间的现代区别之外,一种新的公共领域等价物正在形成:③ 它遵循用户的选择,然后对其进行处理和倍增,再以需要新的选择形式重新呈现它们。其结果是发行者和接收者之间的关系出现了前所未有的主动性和被动性配置,双方都可以利用这种配置。

---

① 如果化身在镜子里看着自己,这种体验会让玩家感到不安,并有可能危及整个游戏体验。泰勒在《当接缝分崩离析》(*When Seams Fall Apart*)中描述的 X 档案游戏就是这种情况:如果角色克雷格·威尔莫尔看着镜子中的自己,认同他的玩家不会看到"我自己看到了自己",但他们看到了威尔莫尔。LANCAN J. Écrits:A Selection[M]. New York:Norton, 1981:80.

② WAGGONER Z. My Avatar, My Self:Identity in Video Role-Playing Games[M]. Jefferson:McFarland, 2009:42.

③ PARISER E. The Filter Bubble. What the Internet Is Hiding from You[M]. London:Viking, 2011:47 - 76.

第五章

算法记忆和被遗忘权①

记住去遗忘

2014年3月13日,欧洲法院就案件C-131/12作出了有利于原告的判决,该判决涉及公民有权要求从网络搜索结果中删除与其姓名相关的链接,理解为"被遗忘权"(right to be forgotten)。② 这项裁决直接涉及算法在社会信息处理中的作用,并围绕数字化对记忆的后果引发了激烈的辩论。

该判决是向一名西班牙公民对谷歌提出的投诉作出的回应。谷歌公司被指控侵犯了他的隐私权,因为该公司的搜索引擎使网络上的每个人都可以访问他的个人数据,即使他们提到的事件已经解决了很多年并且此事已经变得无关紧要。法院被要求判断个人公民是否应该有权在一段时间后使其个人信息无法被追踪(被遗忘权:§20),这仅仅是因为他们希望("没有必要……有问题的信息……导致对数据主体的偏见":判决C-131/12,§100)。法院还必须决定谷歌是否应对个人数据的处理负责,并应强制禁止指向包含有关人员信息的网页的链接,即使该信息在托管它的网页上仍然可用(合法发布)。

欧洲法院以判决回应的问题与算法在社会记忆生产中的前所未有的作用有关。在网络上进行数据处理需要使用算法,这些算法作用于大量数据,对其处理和存储能力没有明显限制。通过连接互联网,每个人都可以获得信息,这加剧了法国法律中有着悠久法律传统的被遗忘权问题。这项权利保护被判犯有罪行并已经向社会偿还了债务的公民的意愿,使他们不再因过去的事实而被铭记,并能够建立新的生活和新的公众形象。被遗忘权与

---

① 本章是在《大数据与社会》(*Big Data & Society*)以相同标题发表的一篇文章的略微修改版本。
② http://curia.europa.eu/juris/document/document.jsf?docid=15206.

保持自己未来开放的能力直接相关——这是一种保护个人未来免受过去殖民化的重塑权。① 19世纪的哲学家弗里德里希·尼采在讲话时非常清楚这一点，即"生活需要遗忘"，这比记忆的能力更重要②——因为如果没有遗忘，一个人将永远被束缚在过去的存在中，而无法建立一个不同的未来。没有遗忘，你就不能计划，也不能希望。

这当然是有道理的。欧洲法院的判决承认欧洲公民的这一权利，并迫使谷歌删除指向请求者个人数据的链接——除非该信息具有公共相关性。然而，随着搜索引擎提供了对网上大量数据的访问，欧洲法院保护的被遗忘权在物质和社会方面变得比传统的被遗忘权更广泛：它涉及任何行为（尤其是那些在刑事层面上无关紧要但与形象和声誉相关的行为），并包括任何人（不仅是罪犯，而且包括我们每个人，尤其是青少年）。

然而，任何人的遗忘也会影响其他人的遗忘——例如那些参与同一事件但可能不希望它被遗忘的人，或者将来可能受到影响或对类似事件感兴趣的人，希望保留对相关信息的访问权。保护个人被遗忘权与知情权和创建可靠的共享公共领域相冲突。③

欧洲法院的判决规定，除非个人担任公共角色（§97），否则隐私权凌驾于查找个人信息的公共利益之上。这个问题极具争议性，适合关于网络社会中隐私的定义及其限制的公开辩论。④

---

① SOLOVE D. J. Speech, Privacy and Reputation on the Internet [M]//LEVMORE S., NUSSBAUM M.C. The Offensive Internet: Speech, Privacy and Reputation. Cambridge MA: Harvard University Press, 2011: 18.

② 所有的行动都属于遗忘……，几乎没有记忆的生活是可能的，甚至可以像动物所展示的那样幸福地生活，但完全不可能脱离遗忘而生活。(Zu allem Handeln gehört Vergessen..., es ist möglich fast ohne Erinnerung zu leben, ja glücklich zu leben, wie das Tier zeigt; es ist aber ganz und gar unmöglich, ohne Vergessen überhaupt zu leben.) Nietzsche, Unzeitgemässe Betrachtungen: Zweites Stück:116. (作者的翻译)

③ TOOBIN J. The Solace of Oblivion. In Europe, the Right to Be Forgotten Trumps the Internet [N]. New Yorker, 2014 - 09 - 29; NABI Z. Resistance Censorship Is Futile[J/OL]. First Monday, 2014, 19(11), https://firstmonday.org/ojs/index.php/fm/article/view/552.

④ NISSENBAUM H. Privacy as Contextual integrity[J]. Washington Law Review, 2004, 79(1): 79 - 119; SOLOVE D. J. Ive Got Nothing to Hide and other Misunderstandings of Privacy[J]. San Diego Law Review, 2007(44): 745 - 772; SOLOVE D. J. Speech, Privacy and Reputation on the Internet[M]//LEVMORE S., NUSSBAUM M.C. The Offensive Internet: Speech, Privacy and Reputation. Cambridge MA: Harvard University Press, 2011: 15 - 30.

　　然而，由于算法的积极作用，欧洲法院提供的解决方案也提出了实际的实施问题。该判决认为，谷歌对我们数字世界中的记忆过剩是有责任的（responsible）且是可问责的（accountable），①其依据的原则是，责任实体是"自然人或法人"，他们"确定处理个人数据的目的和方式……无论是否通过自动方式"（§4）。相反，谷歌声称它不能承担责任，因为数据处理是由搜索引擎执行的，而且该公司"不了解这些数据，也没有对数据进行控制"（§22）。算法运行的自主性能否免除公司对数据管理的责任？

　　欧洲法院否认了这一点，尽管它将谷歌对数据的处理与出版商和记者对数据的处理区分开来。即使谷歌不指导数据处理，搜索引擎活动也使互联网用户可以访问数据，包括那些原本不会找到某个特定页面的用户（§36）。它还允许用户获得有关个人信息的"结构化概览"，"使他们能够建立或多或少详细的个人资料"（§37）。与仅发布信息相比，这会以不同且更深刻的方式影响相关人员的隐私。谷歌对数据的处理比出版商和记者对数据的处理更微妙但更危险；因此，该公司有责任禁止指向要求遗忘这些页面的人的链接，即使该出版物是合法的并且信息仍然可用。②

　　这个决定暗示了社会记忆和遗忘的具体定义，但没有明确说明。记忆有将信息存档的能力吗？即使它无法访问？还是取决于在需要时找到信息的能力？计算机记忆是存储（storage）还是记住（remembering）？③将被遗忘权

①　关于有责任（responsibility）和可问责（accountability）之间的区别，请参见 SIMON J. Epistemic Responsibility in Entangled Socio-Technical Systems[M]//DODIG-CRNKOVIC G., ROTOLO A., SARTOR G., SIMON J., SMITH C. Social Computing, Social Cognition, Social Networks and Multiagent Systems. Social Turn——SNAMAS 2012; Birmingham: The Society for the Study of Artificial Intelligence and Simulation of Behaviour, 2012. 根据西蒙（Simon）的说法，有责任（responsibility）需要有意向性，这不能归因于技术工件。算法可能是可问责的（accountable），但不应该是有责任的（responsible）——这当然会留下有责任（responsibility）问题。

②　谷歌不仅有抑制链接的任务，而且还有决定是否接受被遗忘的请求，平衡这些请求与公众的知情权。这就提出了一个重要的合法性问题，参见 JONES M. L. Forgetting Made (Too) Easy [J].Communications of the ACM, 2015(34). 什么权利允许私人实体做出具有公共重要性的决定，而无需通过透明的程序进行选举或任命，甚至没有规定在决定中应遵循的标准（是否以及多长时间可以考虑数据是否符合公共利益，谁是需要被保护的私人，个人的隐私权何时应优先于公共访问）？公民仍有向司法当局上诉的可能性（§82），但这是次要步骤。

③　关于文化记忆的广泛辩论集中在与这个问题相关的社会记忆的定义，开始于如下经典文献：HALBWACHS M. Les cadres sociaux de la mémoire[M]. Paris: Presses Universitaires de France, 1952; ASSMANN J., HOLSCHER T., eds. Identität in frühen Hochkulturen[M]. Frankfurt am Main: Suhrkamp, 1988; ASSMANN J. Das kulturelle Gedächtnis. （转下页）

的管理归于谷歌意味着一个明确的选择——如果数据难以找到,则视作其被遗忘了,而社会记忆应该通过将数据存储在报纸页面和其他档案中来保存。

谷歌的总法律顾问大卫·德拉蒙德在评论欧洲法院的判决时抱怨说,它把谷歌置于一种无人区,①没有立法为媒体、档案和其他沟通工具提供任何保护。② 该判决没有考虑公司的特殊性,也没有评论谷歌关于算法运作前所未有的自主权的主张。谷歌在不知情和不控制的情况下对数据采取行动;因此,它既不是图书馆、目录、报纸、报摊,也不是服务提供商。谷歌只是一个搜索引擎。

搜索引擎不像报纸、出版商和图书馆那样活跃地可选择和组织要披露的信息。搜索引擎是纯粹的被动中介,仅提供对它们没有选择性和不知道的材料进行访问。用户响应它们的请求而收到的信息是按照以前没有人决定的方式进行组织、选择和排名的,并且不能归因于搜索引擎以外的任何东西。搜索引擎可以访问它们自己产生的信息。③ 但是算法如何产生和管理这些信息呢?

数据驱动代理

当代立法与数字世界中新的代理形式发生了冲突。④ 在谷歌中选择和

（接上页）Schrift, Erinnerung und politische Identität in frühen Hochkulturen[M]. Munich: Beck, 1992; ESPOSITO E. Soziales Vergessen: Formen und Medien des Gedächtnisses der Gesellschaft[M]. Frankfurt am Main: Suhrkamp, 2002.

① 谷歌试图于 2014 年在欧洲各国首都巡回组织的一系列会议和讨论中获得指令和指导。正如预期的那样,结果更多地涉及媒体关注而不是内容——但从公司及其决策责任管理层的角度来看,这并没有降低此举的意义。

② 关于被遗忘权的立法包括"仅出于新闻目的"处理个人数据的"媒体例外"(§9)(ROSEN J. The Right to Be Forgotten[J]. Stanford Law Review Online, 2012(64): 88-92)。但档案和目录也受到保护:出于历史、统计和科学研究目的处理数据还有一个例外情况(§7)(VAN HOBOKEN J. The Proposed Right to be Forgotten Seen from the Perspective of Our Right to Remember, Freedom of Expression Safeguards in a Converging Information Environment[Z]. Unpublished manuscript, 2013: 20)。另外,如果中介机构不知道它们提供访问的信息,则不承担任何责任——正如《欧盟电子商务指令》中所述,该指令为互联网服务建立安全港作为运作单纯通道的供应商。

③ TOOBIN J. The Solace of Oblivion. In Europe, the Right to Be Forgotten Trumps the Internet[N]. New Yorker, 2014-09-29.

④ HILDEBRANDT M. Smart Technologies and the End(s) of Law[M]. Cheltenham: Elgar, 2015.

生成附加信息（排名）的行动者是一种算法，例如网页排名，它使用可用信号来生成程序员、内容作者或搜索用户都没有预见到的信息。产生的信息如果真被任何人理解的话，也只有算法本身理解——然而算法理解它是有意义的吗？追究算法的责任是有意义的吗？

如第一章所述，算法处理数据的方式与人类不同。人类的信息处理涉及意义，而机器学习实践允许算法产生并非从有意义的元素开始的信息。算法不处理信息，它们只处理数据。数据本身没有意义，它们只是数字和符号，只有在语境中处理和呈现时才会变得重要的数字字符（digital digits），从而产生信息。信息需要数据，但数据不足以拥有信息。相同的数据（例如关于股票市场走势的数据）对于不同背景下的不同人可能是有用的，也可能没用。参考贝特森将"信息"定义为"制造差异的差异"，[1]我们可以说数据是差异（股票价格上涨／股票价格下跌），当它们在特定时刻对某人（例如决定出售资产或选择不投资）很重要时，它们会变得有用。

算法只处理差异，不管其源自什么，也不管其有什么意义。它们只需要从网络上获得的数据，这些数据来自我们的想法，以及我们不假思索、不自觉做的事情。数字机器能够从网上流传的材料中识别出人类从未识别过的模式和关联，并以一种为用户提供信息的方式处理它们。然而，人类需要信息。当与用户沟通时，算法处理的结果会产生信息并产生结果，[2]但传出信息并不需要传入信息——大数据革命性的沟通意义在于它能够从本身不是信息的数据中产生信息。用米雷耶·希尔德布兰特的话来说，"我们已经从信息社会进入了数据驱动的社会。"[3]

网络社会的记忆

过去记忆的问题是无法记住，而现在社会记忆的问题越来越多地与无法

① BATESON G. Steps to an Ecology of Mind[M]. San Francisco: Chandler, 1972: 459.
② AGRAWAL R. Rakesh Agrawal Speaks Out[EB/OL]. Interview by Marianne Winslett, 2003. http://sigmod. org/publications/interviews/pdf/D15. rakesh-final-final. pd; HAMMOND K. Practical Artificial Intelligence for Dummies[M]. Hoboken, NJ: Wiley, 2015.
③ HILDEBRANDT M. Smart Technologies and the End(s) of Law[M]. Cheltenham: Elgar, 2015: 46.

遗忘联系在一起。① 特别是自从网络 2.0 的普及以来,由于其存储和处理数据的能力几乎是无限的,网络似乎允许一种完美的记忆形式。事实上,我们的社会似乎能够记住一切。② 除非您选择退出,否则既不需要精力,也不需要注意力的默认值会自动保持。默认值正在被记住——而不是被遗忘。③ 记住变得更容易、更便宜,记住已成为常态。如果有必要,我们决定遗忘仅仅只是例外。

想一想我们在处理文本、图片和电子邮件时在网络上的日常实践,我们缺乏选择和遗忘的时间。通过不决定保留任何东西,我们习惯性地保留一切,就像机器邀请我们做的那样。选择和决定遗忘需要更多的注意力和时间。通常不需要删除内容,这要归功于强大的技术可以在需要时从大量数据中搜索出有趣的信息——例如,在保存的电子邮件缓存中查找特定消息。因此,我们记住一切,将其记录在网络的空间(云端),而网络本身没有任何程序可以遗忘。④ 欧洲法院的判决反映了这种做法:问题在于网络不可磨

① 这是迈耶-勋伯格在他的著作《删除:数字时代中遗忘的美德》中强调的观点之一。MAYER-SCHONBERGER V. Delete: The Virtue of Forgetting in the Digital Age[M]. Princeton: Princeton Univerity Press, 2009.

② 它甚至会记住未来,充当预期机器,还可以回答尚未提出的问题。关于算法的预测能力,请参见本书第七章。

③ BLANCHETTE J-F., JOHNSON D. G. Data Retention and the Panoptic Society: The Social Benefits of Forgetfulness[J]. Information Society, 2002(18): 33 - 45.

④ 然而,正如许多观察者所说,网络也忘记了很多,但与我们熟悉的记忆不同。网络内容在许多方面都是短暂的,其中大部分是新的,参见 JONES M. L. You Are What Google Says You Are: The Right to Be Forgotten and Information Stewardship[J]. International Review of Information Ethics, 2012, 17(7): 21 - 30; CHUN W. H. K. Programmed Visions: Software and Memory[M]. Cambridge, MA: MIT Press, 2011; BARONE F., ZEITLYN D., MAYER-SCHONBERGER V. Learning from Failure: The Case of the Disappearing Web Site[J/OL]. First Monday, 2015, 20(5). https://doi.org/10.5210/fm.v20i5.585; LEPORE J. The Cobweb: Can the Internet Be Archived? [N]. New Yorker, 2015 - 01 - 19. 除了物理损坏(火灾或洪水等自然原因)的经典问题之外,还有硬件、软件或网络故障、病毒、意外文件删除、媒体和协议更改等技术问题。此外,内容无法访问而导致引用失败和链接失败的所有困难,单击链接会产生臭名昭著的 404: 找不到页面错误消息,或页面可能仍然存在但具有不同的 URL 等。DAVIS R. Moving Targets: Web Preservation and Reference Management[EB/OL]. Presentation at Innovations in Reference Management workshop[2010 - 01]. http://www.ariadne.ac.uk/issue/62/davis. 网页的平均生命周期不到 100 天,在许多情况下,以小时而不是日为单位来衡量更准确,http://blogs.loc.gov/digitalpreservation/2011/11/the-average-lifespan-of-awebpage. 针对这些问题,已经开发了专门的网络保存工具,例如永久链接(https://perma.c.);另一个是网站时光机(Wayback Machine)(https://archive.org/web.),还有就是谷歌的缓存(Googles cache)。译者注:网站时光机是万维网的数字档案馆,由位于美国加利福尼亚州旧金山的非营利组织互联网档案馆创建,亦为该组织最重要的服务之一。它允许用户回到过去,查看过去网站的样子。

灭档案中公民数据的可访问性，而法律希望创造网络遗忘的能力（以及公民被遗忘的可能性）。①

但是，说网络有无限的内存，甚至说它有记忆，这是否有意义？实施有效的遗忘规划的困难在于记忆不只是存储，记忆的效率不等同于无限的数据。记忆意味着关注和选择数据以产生与有意义的语境相关的信息。因此，记忆既需要记住的能力，也需要遗忘的能力。

记忆的这种双重性质——记住需要遗忘——并不总是得到充分考虑。用通常的说法，甚至在有关该主题的大部分科学文献中，记忆表面上是指对记住的管理。增加记忆被理解为记忆数量的增加或增强记住的能力。在这种观点中，遗忘仅表现为对记忆的被动否定；②如果记忆增加，遗忘就会减少，反之亦然。相反的想法，即遗忘是记忆的关键组成部分，是抽象和反思所必需的，这并不新鲜，尽管它一直被遮蔽在阴影中。从公元前 6 世纪的米斯托克利斯开始，一直有声音声称遗忘的能力比记住的能力更重要。③ 人们认为，记住和遗忘是记忆的两个方面，两者都对其功能至关重要。④

这改变了我们对遗忘的理解。从这个角度来看，遗忘不是简单地删除数据，而是一种主动机制，它抑制了除了少数刺激之外的所有刺激，使人们能够集中注意力并根据自己的过程自主组织信息。⑤ 遗忘需要专注

---

① 遗忘的两个方面显然是不同的，正如鲁夫罗伊所强调的，他将遗忘的利益与被遗忘的利益（甚至权利）区分开来，参见 ROUVROY A. Réinventer lart doublier et de se faire oublier dans la société de linformation? ［M］//LACOUR S. La sécurité de lindividu numérisé. Réflexions prospectives et internationals. Paris: LHarmattan, 2008: 249 - 278. 第一个方面涉及预测开放未来的可能性；第二个方面则涉及不想被过去（或过去的某些部分）束缚在一个人的社会身份中。然而，在关于欧洲判决的辩论中，这两个问题重叠，因此在这种情况下，作者不考虑两者的差异。然而，没有人愿意遗忘或被完全遗忘，从这个意义上说，被遗忘权这一表述在某种程度上具有误导性。

② RICOEUR P. Memory, History, Forgetting［M］. Chicago: University of Chicago Press, 2004: 412.

③ Cicero, de Oratore 2.74.299; WEINRICH H. Gibt es eine Kunst des Vergessens? ［M］. Basel: Schwabe, 1996.

④ ESPOSITO E. Soziales Vergessen: Formen und Medien des Gedächtnisses der Gesellschaft［M］. Frankfurt am Main: Suhrkamp, 2002.

⑤ Anderson M. C. Rethinking Interference Theory: Executive Control and the Mechanisms of Forgetting［J］. Journal of Memory and Language, 2003（49）: 415 - 445; HULBERT J. C, ANDERSON M. C. The Role of Inhibition in Learning［M］//BENJAMIN A. S., STEVEN DE BELLE J., ETNYRE B., POLK T. A. Human Learning. New York: Elsevier, 2008: 7 - 20.

于某件事,并利用过去的经验,即"记住"以灵活、适合语境的方式采取行动,而不是每次都从头开始,或者实际上,每当发生类似情况时总是做同样的事情。①

网络将所有数据存储在一种永恒的当下,网络无法遗忘,甚至无法正确记住。② 在处理数据时,算法的行为就像卢里亚研究的记忆者,③或者患有超忆症而无法遗忘的人那样。④ 算法无法激活机制,将其感兴趣的记忆和不感兴趣的记忆区分开来。然而,记忆其实就是记住和遗忘。算法不能适当地记住,也不能适当地遗忘。它们只是计算。

当算法允许我们遗忘时(就像算法现实运作的那样,例如,我们从谷歌那里得到了我们可能感兴趣的网站的选择性链接列表),它们这样做不是因为它们学会了遗忘,而是因为它们的程序"导入"选择由用户制定以指导用户自己的行为。⑤ 决定哪些网站相关并应首先出现在搜索结果列表中的标准不是由算法产生的,甚至不是程序员从一开始就决定的;相反,它们来自以前用户的选择。如果许多网络用户多次链接到该网站,则该网站被认为与该算法相关。⑥ 该算法会遗忘已经被用户遗忘的内容。⑦

① 一个人必须能够将现在的时刻与过去的永恒存在区分开来,然后遗忘也需要能够被正确地记住,建立指涉和递归的内部视野以面对现在。记忆的行为产生并需要平行的遗忘。参见 HULBERT J.C., ANDERSON M.C. The Role of Inhibition in Learning[M]//BENJAMIN A. S., STEVEN DE BELLE J., ETNYRE B., POLK T. A. Human Learning. New York: Elsevier, 2008: 8.
② LEPORE J. The Cobweb: Can the Internet Be Archived? [N]. New Yorker, 2015-01-19.
③ LURIA A. R. The Mind of a Mnemonist: A Little Book about a Vast Memory[M]. Cambridge, MA: Harvard University Press, 1986. 这一现象在博尔赫斯著名的短篇小说《博闻强记的富内斯》(Funes el memorioso)中得到了叙述性的再现。
④ Parker, Elizabeth S., Larry Cahill and James L. McGaugh. A Case of Unusual Autobiographical Remembering[J/OL]. Neurocase, 2006, 12(1): 35-49. https://doi.org/10.1080/1355479050047368; ERDELYI M. H. The Recovery of Unconscious Memories: Hypermnesia and Reminiscence [M]. Chicago: University of Chicago Press, 1996.
⑤ 例如本书第二章所述,算法的工作方式与列表的形式之间存在着内在的相似性。
⑥ 如果相关用户链接到它——而如果用户自己被其他人链接到,则用户是相关的。参见 PAGE L., BRIN S., MOTWANI R., WINOGRAD T. The PageRank Citation Ranking: Bringing Order to the Web[EB/OL]. Technical Report, Stanford Infolab, 1999. http://ilpubs.stanford.edu:8090/422.
⑦ 并且算法以某种方式学习,因为机器学习技术也使用选择来定位后续行为。

没有记住的遗忘

我们如何处理由算法驱动的社会记忆？当管理数据的行动者在永恒的当下移动，不记住也不遗忘时，我们如何确保过去的储存和未来的开放？

数字媒体最明显的影响是摆脱了模拟记忆的问题。传统社会一直在关注保护记住的能力（存储和检索数据），而今天我们主要关注保护遗忘的能力。① 但记忆的两个方面有一个有趣的不对称性，自古以来就为人所知。你可以决定增强记住的能力（remembering），几千年来我们已经开发出精巧的记忆之术（ars memoriae）来做到这一点。② 但我们没有遗忘之术（ars oblivionalis）——一种遗忘的技术——这将是一种有效的技术来增强摆脱记忆的能力。③ 如果你想遗忘并决定加强这个过程，最直接的效果是与预期相反，因为这会引起人们对相关内容的注意，进一步巩固最初的记忆。④ 对于网络来说，这被称为"斯特赖桑德效应"（Streisand effect），类似于众所周知且广泛研究的审查制度——这也是为什么人们通常应该避免起诉诽谤性文章以避免传播更多新闻的原因——政客、演员和所有公众人物都非常清楚这一点。记住去遗忘是自相矛盾的，而决定遗忘某件事几乎是不可能的。

在网络上，已经观察到了这种回旋镖效应。网络上的声誉管理网站（例如 reputation.com）警告说，删除内容的尝试通常会适得其反。⑤ 一旦谷歌接受了"遗忘"请求，并对该特定人进行搜索，结果中就会出现一条警告，即

① 情况实际上更复杂，因为存储和可访问性实际上是两个不同的问题，需要不同的工具和决策。数字记忆以新的和清晰的方式记住了很多，但也遗忘了很多。信息可能会因为未存储、支持损坏或无法使用可用工具访问而丢失。译者注：为了区分 memory 和 remember，前者翻译为记忆，后者翻译为记住。

② YATES F. A. The Art of Memory[M]. London：Routledge & Kegan Paul, 1966.

③ LACHMANN R. Die Unlöschbarkeit der Zeichen：Das semiotische Unglück des Memoristen [M]//HAVERKAMP A., LACHMANN R. Gedächtniskunst：Raum—Bild—Schrift. Frankfurt am Main：Suhrkamp, 1991：111 - 141；WEINRICH H. Lethe. Kunst und Kritik des Vergessens [M]. Munich：Beck, 1997：7 - 8；ECO U. Dallalbero al labirinto：Studi storici sul segno e linterpretazione[M]. Milan：Bompiani, 2007：79 - 80.

④ ECO U. An Ars Oblivionalis? Forget it! [J]. Kos, 1987, 30：40 - 53.

⑤ WOODRUFF A. Necessary, unpleasant and disempowering：reputation management in the internet age[C]//In Proceedings of the SIGCHI Conference on Human Factors in Computing Systems. New York：ACM Press, 2014.

某些内容已以被遗忘权的名义被删除。明显的结果是对该内容的好奇心和兴趣增加。相关网站迅速涌现出来（例如 hiddenfromgoogle.com），这些网站收集了由于这种被遗忘权而被删除的链接。维基百科还发布了谷歌根据"被遗忘权"从其搜索引擎中删除的文章的链接列表。① 具有讽刺意味的是，针对这些法律要求被遗忘的内容的"提醒"是完全合法的，因为判决仅禁止保留指向特定页面的链接，而不禁止保留指向页面本身内容的链接。这些页面仍然可以在报纸、网站或其他传播它们的来源上找到。

阻碍记忆不足以诱发遗忘。必须以一种间接的、更复杂的方式来规避记住去遗忘的悖论。使用记忆之术的实践本身就认识到，为了加强遗忘，人们宁愿扩大可用记忆的范围。② 如果一个人增加记忆的数量，每一条信息都会丢失在大量的信息中，变得难以找到，以致它就像被遗忘一样丢失了。由于人类存储和处理数据（记忆）的能力有限，这种做法从未能够产生真正的遗忘之术，而这种无法管理的大量记忆会导致数据过载。为了能够遗忘，我们必须放弃记住的能力。然而，算法不存在这个问题，因为它们管理数据的能力几乎是无限的，这虽然是它们过度记忆的基础，但也可以用来强化遗忘。

因此，为了以特定于算法记忆的方式控制网络上的遗忘，人们可以采用一种与删除内容或使其不可用的做法直接相反的程序。这是最近一些保护隐私的技术的发展方向，通常被理解为保护遗忘。混淆策略旨在产生与网络上的每笔交易平行的误导性、虚假性或模糊性数据③——在实践中，会增加信息的产生以阻碍有意义的语境化。如果一个专用软件程序在网上搜索信息的同时，或在脸书等社交媒体上输入信息的同时产生了大量其他完全不相关的运作，那么其将很难选择和关注相关信息——也就是说，很难记住这些信息。④

---

① 一个去索引的索引，参见 BINNS R. How to Be Open about Being Closed[EB/OL]. Limn 6 (March 2016) https://limn.it/articles/how-to-be-open-about-being-closed.
② WEINRICH H. Gibt es eine Kunst des Vergessens? [M]. Basel: Schwabe, 1996.
③ BRUNRTON F., NISSENBAUM H. Obfuscation: A Users Guide for Privacy and Protest [M]. Cambridge, MA: MIT Press, 2015.
④ 以类似的态度，面罩（Face Cloak）通过创建与敏感数据平行的一系列完全不相关的虚构信息来生成虚构信息，以反对脸书（Facebook）上过度的个人透明度。还有一些程序，每当您在谷歌上进行查询时，都会生成一系列并行的幽灵查询，使公司难以识别您的偏好模式。

　　然而，这些技术需要预先选择您想要遗忘的记忆，并为此激活混淆过程。然而，在许多情况下，人们可能想要遗忘自己从未想过需要遗忘的记忆，而这些正是关于被遗忘权的立法所针对的案例。^① 有些服务采用相同的方法来产生对等的事后遗忘。它们通过信息的倍增直接作用于谷歌的搜索结果。当一个人在网络上被公开羞辱时，该服务会生成充斥着虚构或不相关信息的网站，其明确目的是将相关敏感信息推到搜索结果的下方，以致它实际上消失了。^② 例如，"声誉卫士"（Reputation Defender）这项服务便立足于"不可能删除"这一假设。^③ 为了消除关于某个人的负面或不受欢迎的内容，它会生成一系列关于该人的各种独特的、正面的、高质量的内容，并将其推送到搜索结果中。结果，"负面材料被倾倒在没人会看到的页面上。"

　　这个想法不是要消除记忆，而是增强遗忘。当算法将数据倍增时，它不会关注这个过程——它不会"记住"它。记忆的倍增在机器中进行，没有意义，也没有理解。这种扩散使每个数据更加边缘化，在质量中丢失。就像遗忘一样，它变得越来越难以找到和使用，从而实现了被遗忘权。遗忘的事实性条件无需激活记忆即可实现，在某种意义上绕过了"遗忘之术"的悖论。

　　但就像人类的记忆和遗忘一样，人工记忆需要不断地被加以维护。记忆之术只能通过适当照顾和维护记忆宫殿和记忆洞穴才能发挥作用。^④ 记忆者不应停止训练。^⑤ 同样，必须始终更新有效的人工遗忘，因为谷歌不断改变其算法和目标。^⑥ 遗忘不会一劳永逸地发生，作为记忆的抹去。你必须对谷歌实施逆向工程，并继续将遗忘作为一个积极的过程来更新，用不同

① 声誉管理最复杂的方面是修复。参见 WOODRUFF A. Necessary, unpleasant and disempowering: reputation management in the internet age[M]//In Proceedings of the SIGCHI Conference on Human Factors in Computing Systems. New York：ACM Press, 2014. 奥斯洛斯观察到，被遗忘权只能为隐私问题提供事后解决方案。AUSLOOS J. The Right to be Forgotten——Worth Remembering？[J]. Computer Law & Security Report, 2012, 28(2)：143-152.

② RONSON J. So You've Been Publicly Shamed[M]. New York：Riverhead, 2015：214-217.

③ http://reputationdefender.co.

④ BOLZONI L. La stanza della memoria：Modelli letterari e iconografici nell'età della stampa[M]. Torino：Einaudi, 1995.

⑤ FOER J. Moonwalking with Einstein[M]. London：Penguin, 2011.

⑥ WOODRUFF A. Necessary, unpleasant and disempowering：reputation management in the internet age[C]//In Proceedings of the SIGCHI Conference on Human Factors in Computing Systems. New York：ACM Press, 2014：157；RONSON J. So You've Been Publicly Shamed[M]. New York：Riverhead, 2015：266-268.

的策略产生更多不同的记忆。

数据驱动记忆

这些遗忘策略很巧妙，它们从信息管理的角度解决了遗忘问题——如何遗忘搜索引擎可用的信息。这些遗忘策略采用与欧洲法院相同的做法，但是算法不能处理信息。它们处理数据，产生了不同的问题。

关于被遗忘权的立法解决了搜索引擎中页面的索引问题。当公民的请求被接受时，该索引就被阻止，并且即使数据仍在其原始位置（例如报纸的数字档案），谷歌也不被允许在用户搜索时为其提供链接。谷歌无法将信息传递给回答其查询的用户，这就像阻止使用图书馆目录，同时保留书籍和其他材料。该解决方案对应于立法尝试将对遗忘的保护与对记忆的保护这两个并行的需求相结合。正如欧盟委员会副主席薇薇安·雷丁所说："很明显，被遗忘权不能等同于彻底抹杀历史的权利。"① 为了保持未来的开放性，人们不想失去过去。尽管"被遗忘"的项目不再通过谷歌搜索访问，所有数据仍存储在各自的站点。判决作用于记住（remembering），而不是记忆（memory）。这当然会让用户暴露于遗忘的回旋镖效应，因为原始页面继续在网络上可用，并且可以通过不同的搜索工具访问（可以被记住），甚至在其欧洲以外的任何网站上使用谷歌网站。

但还有更深层次、更根本的问题。谷歌的索引，就像图书馆的目录一样，提供信息。然而，算法本身以数据为"食"（feeds），这些数据比某人在某些时候理解和思考的信息更加分散和广泛。② 算法从在线材料（文本、文档、视频、博客、各种类型的文件）中可用的信息以及用户提供的信息（他们的请求、建议、评论、聊天）中获取数据。算法还能够从有关信息的其他信息中提取数据：描述每个文档的内容和属性的元数据，例如标题、创建者、主

① REDING V. The EU Data Protection Reform 2012：Making Europe the Standard Setter for Modern Data Protection Rules in the Digital Age 5 ［EB/OL］. ［2012 - 01 - 22］. http：//europa. eu/rapid/pressReleasesAction.do？reference＝SPEECH/12/26&format＝PD.
② 大多数数字宇宙都是非结构化数据。GANTZ J., REINSEL D. The Digital Universe Decade——Are You Ready？［EB/OL］. IDC Analyze the Future［2010 - 05］. https：//ifap. ru/pr/2010/n100507a.pd.

题、描述、发布者、贡献者、类型、格式、标识符、来源、语言等其他更多的内容和属性。这些数据涉及与原始信息不同的语境，作者通常不知道并且没有明确打算传达的语境。物联网和其他形式的环境智能也会产生大量个人不知道的数据，从而监控个人的行为、位置、活动和关系。

此外，最重要的是，算法能够向各种二次用途提供所有这些数据，这些二次用途在很大程度上独立于生成它们的意图或原始语境，通过执行人类大脑无法实现或理解的计算来处理它们，以找到相关性和模式，让数据产生丰富信息。数据的这种二次使用也使得获得与公民画像和监视相关的信息成为可能。

在这些过程中，算法使用"数据耗尽"或"数据影子"作为人们在网络上活动的副产品，并且越来越多地在整个世界中使用。① 这是一种数据来世（data after life），远远超出数字和信息的代表性质量，依赖于算法的自主活动。② 每个差异都会以许多不同的方式产生差异，变得越来越独立于原始信息。算法使用数据来产生不能归因于任何人的信息。在某种程度上，算法会记住任何人从未思考过的记忆内容。

这是信息社会化管理的大好机会，然而，这也是对个人自决自由和开放未来可能性的严重威胁。由于被遗忘权，信息可能无法被索引，而数据继续被算法记住和使用以产生不同的信息。③ 此外，被遗忘权的实施本身涉及收集大量关于哪些个人数据被用于何种目的的元数据。这个过程揭示了个人偏好，尽管是匿名的，但其他人可以利用这些偏好进行画像。④

---

① MAYER-SCHONBERGER V., CUKIER K. Big Data. A Revolution That Will Transform How We Live, Work, and Think[M]. London: Murray, 2013:6; KOOPS B-J. Forgetting Footprints, Shunning Shadows: A Critical Analysis of the Right to Be Forgotten in Big Data Practice[J]. Scripted, 2011, 8(3): 229 - 256.
② ADKINS L., CELIA L., eds. Measure and Value[M]. Malden, MA: Wiley, 2012: 6.
③ AMOORE L., PIOTUKH V. Life Beyond Big Data: Governing with Little Analytics[J]. Economy and Society, 2015, 44(3): 355. 同样的问题还出现在关于数字隐私的辩论中，其最精致的形式涉及将个人的自决权作为一种重塑的可能性的问题，参见索勒夫的《声誉的未来》，我没有什么可隐藏的和互联网上的言论、隐私和声誉。在这里，像尼森鲍姆这样的隐私倡导者声称保护作为语境完整性的隐私不应允许在不适合原始数据的语境中使用数据。然而，困难在于在许多情况下，算法的工作方式完全忽略了语境。
④ CUSTERS B. Critiquing Big Data: Politics, Ethics, Epistemology[J]. Big Data & Society, 2016(2): 1 - 6.

结论

一个人能只记住而不遗忘吗？为了更好地记住，是否需要少遗忘，或者记忆的效率取决于对两种不同且相关能力的协调能力，即记住的能力和遗忘的能力？如果不考虑从强大而革命性的写作工具开始的任何特定时间可用的信息和沟通技术，就无法回答这些问题。许多世纪以来，印刷和信息存储系统等日益完善的技术必须首先解决增强记住的能力问题，从视线中消除相关遗忘的能力问题，从古希腊开始，信息使用问题就已经伴随着西方文明。

今天，数字技术将遗忘带到了前沿。我们社会的记忆不仅委托给文本和存档材料，而且委托给能够在网络上访问和分发个人内容的工具——参与沟通的算法。通过它们的贡献，我们可以找到、存储和访问大量和多样化的内容，这些内容在以前是不可想象的，从而创造出一种非常容易记住的记忆形式。然而，这种记忆似乎并没有被遗忘得足够充分，除非有一项规定——例如欧洲法院所追求的规定——迫使它这样做。

找到正确的平衡并不容易。创造一种数字化遗忘形式的尝试，把隐藏了几个世纪的所有谜团和悖论都带了出来——在人类的记忆形式中，为了加强遗忘，首先必须记住——记住去遗忘，产生问题的算法可以帮助解决它。数字工具记住的能力如此之好，因为它们的工作方式与人类智能不同。出于同样的原因，它们能以不同的方式遗忘——它们可以在不记得的情况下遗忘。参与沟通的算法第一次实现了经典见解，即强化遗忘不是通过擦除记忆，而是通过倍增记忆，这需要彻底改变观点。倍增记忆并没有解决数字记忆的所有问题以及难以控制过量数据的连续生产问题，而是将这些问题转移到了一个不同的、更有效的层面——从个人的参考框架到沟通的参考框架。

第六章

遗忘图像

摄影体验

经过 4 个小时的徒步进入大峡谷后,作者和同伴站在高原点,欣赏下方科罗拉多河的壮丽景色,并期待随后的登高。几分钟后,一位年轻的游客沿着小路走下来,转身要我们给她拍照,然后立即原路返回,并没有停下来欣赏令人叹为观止的景色。那张未观察到的风景图像最终去了哪里? 谁看到了它,为什么去看它? 不断生成和发布在网上的大量数字图像意味着什么? 这种使用揭示的社会与时间、体验和表现间的关系是什么?

在对图像超市(Le Supermarché des Images)①项目的介绍中,彼得·森迪写道:"我们生活在一个图像越来越饱和的世界中"——图像太多,而且没有空间容纳所有图像。早在 2011 年,埃里克·凯塞尔斯在其"丰富的摄影"(Photography in Abundance)中,在一个房间里堆满了 100 万张照片,这些照片在 24 小时内被上传到了"网络相册"(Flickr),以有形的方式予以展示。② 图像的丰富性何时变得过多,达到了饱和点? 与以前的时代相比,我们的社交空间是如何"无法容纳构成它的图像"的?③

---

① SZENDY P., ALLOA E., PONSA M. The Supermarket of Images, Exhibition organized by the Jeu de Paume[EB/OL]. [2020 - 04 - 05]. http://www.jeudepaume.org/index.php?page=article&idArt=334.

② WILLIAMS E. 24 Hours in Photos[J/OL]. Creative Review[2011 - 11 - 11]. https://www.creativereview.co.uk/24-hours-in-photos; KELLY T. Erik Kessels. Photographer, Prints Out 24 Hours Worth of Flickr Photos[EB/OL]. Huffington Post[2011 - 11 - 14]. https://www.huffpost.com/entry/erik-kessels-photographer_n_1092989.

③ SZENDY P., ALLOA E., PONSA M. The Supermarket of Images, Exhibition organized by the Jeu de Paume[EB/OL]. [2020 - 04 - 05]. http://www.jeudepaume.org/index.php?page=article&idArt=334.

正如苏珊·桑塔格在近 50 年前所说："几乎所有东西都被拍摄了下来。"①从那以后,我们进入了一个"摄影无处不在"的时代②——在这种情况下,直接的感官体验(在一个地方看到某物:这个、此地,以及此时)直接与图像重叠。然而,照相手机的普及带来了一个额外的维度。智能手机照片不仅以稳定和可复制的方式固定了这一刻,而且通常还通过"即时电报"(Instagram)、"脸书"(Facebook),甚至"色拉布"(Snapchat)上的临时生成图像,将其输入到网络上图像的流动循环中,"色拉布"上的这些图像一旦被查看,它们就会被有意删除。

我们为什么要摄影？摄影是如何影响我们的体验的？摄影本身又是如何成为一种体验的？也许拍摄和分发数码照片是为了逃避我们的"风险社会"对当下施加的压力。③ 与此同时,艺术界正在使用数码图像来试验前所未有的直接体验沉浸形式。没有人说过沟通很简单。

要记住的图像

一些研究指出,从记忆到沟通的转变是数字时代摄影的主要用途。④在我们的模拟传统中,图像的生产首先是一种保存和记忆的形式。⑤ 人们拍照是为了记住值得保留的少数场景和体验。世界的各个方面都被再现在一幅图像中,捕捉到了不可避免的时间流逝中的一个瞬间、一个将会被遗忘和消散的瞬间。

然而,图像的产生并没有记录世界,而是一种对世界的看法。正如潘诺

① SONTAG S. On Photography[M]. London：Penguin, 1977：1.
② HAND M. Ubiquitous Photography[M]. Cambridge：Polity, 2012；KEMBER S. Ubiquitous Photography[J]. Philosophy of Photography, 2012, 3(2)：331 - 348.
③ BECK U. Risk Society：Towards a New Modernity[M]. London：Sage, 1992.
④ KEIGHTLREY E., PICKERING M. Technologies of Memory：Practices of Remembering in Analogue and Digital Photography[J]. New Media & Society, 2014,16(4)：576 - 593；VAN H., NANCY A. Personal Photography, Digital Technologies and the Uses of the Visual[J]. Visual Studies, 2011, 26(2)：125 - 134；SARVAS R., FROHLICH D. M. From Snapshots to Social Media——The Changing Picture of Domestic Photography[M]. London：Springer. 2011；HAND M. Ubiquitous Photography[M]. Cambridge：Polity, 2012.
⑤ SONTAG S. On Photography[M]. London：Penguin, 1977：5.

夫斯基在 1927 年所观察到的那样，图像冻结和保存的是画它的画家或拍摄照片的观察者的视角，从而使某人的观点免于被遗忘。① 时光流逝，世界总是作为某人的记忆被保存下来，即使事情发生了变化。由于人们无法记住所有内容，因此所保存的图像数量有限，从而需要进行选择。即使我们能保存下来，太多的记忆也不能作为一个好的记忆，因为它们很容易被混淆而无法管理。就像记忆一样，对于模拟世界而言，可能存在"太多"图像，并且有产生饱和点的风险。②

如今时间仍在流逝，但在数字时代，大量的图像有利于以不同的方式管理其短暂性和存在感。伴随着几乎免费的方式持续生产图像以及几乎无限存储的可能性，又会发生什么变化？我们可以从表面上复制一切，理论上可以永久保存这些复制品，因为数字图像存储在云服务中，以一种不需要物理空间或大量用户费用的虚拟形式存储。当我们想要记住它们时，也可以一时兴起地回忆起这些图像。以数字图像的形式显然没有任何损失。如果在数字世界中存在过多的图像，那么问题不只在于它们的数量庞大。

事实上，为了不丢失记忆，存储和检索是人们传统上必须应对的两大挑战：能够保存它们并能够在有可能变得拥挤和难以管理的记忆空间迷宫中找到它们。③ 这两个问题都能通过数字技术得以解决，数字技术提供了几乎取之不尽的存储空间和检索工具，使我们能够找到我们存储的所有内容，而不会在过多的记忆中丢失内容④——甚至是我们没有记住的内容。例如，使用"即时电报"上的标签，我们可以找到已存储的所有图像，还可以标记我们当时没有注意到但被其他人标记的方面。⑤ 此外，最近的机器学习技术已经开发出可以自动生成自己的标签的算法，从无人想到的角度管理过去并生成新信息。这就是我们拍摄一切的原因——保存体验和加强记忆

① PANOFSKY E. Die Perspektive als symbolische Form[M]//Vorträge der Bibliothek Warburg 1924 - 1925，Leipzig：Teubner，1927.
② SONTAG S. On Photography[M]. London：Penguin，1977：15.
③ YATES F. A. The Art of Memory[M]. London：Routledge & Kegan Paul，1966.
④ MAYER-SCHONBERGER V. Delete：The Virtue of Forgetting in the Digital Age[M]. Princeton：Princeton Univerity Press，2009.
⑤ WEINBERGER D. Taxonomies to Tags：From Trees to Piles of Leaves[M]. New York：CNET Networks，2005.

吗？通过将事物从遗忘中撤回来加深我们与事物的关系，以便以后能够去回顾它们？

对生产和管理图像的数字实践的观察表明，情况恰恰相反。与大峡谷的游客一样，在许多情况下，我们拍摄照片不是为了加深体验——我们这样做是为了退出体验。① 我们制作图像不是为了保存现在——我们制作它们是为了逃避现在。这是传统的图像关系与新的数字模式之间的根本区别——也许这就是在网络社会中图像过剩的原因。

现在的风险

配备智能手机的数字用户通常不会体验瞬间，而是再现瞬间。在看世界之前，他们先拍照。数字用户不再面对体验的浩瀚性和风险性，而是将其冻结在图像中并将其发布到网络上。我们都知道很多参观者在展览中不会停下来观看一幅画，观察艺术作品中包含的多重视角，例如房间中位置、光线、空间、位置的特殊性，而现在——他们不会让自己暴露在这些体验中。数字用户不是看，而是拍照，他们在落日、风景、餐馆里的一道菜前做同样的事情。正如苏珊·桑塔格所言："图像能够篡夺现实。"②人们为什么要这样做？将这些做法斥为肤浅和轻浮是简单化的。这种普遍的行为标志着视角和视野的更深层次的变化，这是一种必须认真对待的新文化方法。

数字游客并不愚蠢，也不无知，但与图像及其管理有着不同的关系。他们制作图像不是为了让它不受时间流逝的影响——他们制作它是为了逃避当下。这种态度可以追溯到"风险社会"，它让现在承担着建设未来的责任。③ 这个意义上的"风险"不是未来的条件，而是当有许多可能性可用时产生的现实问题，我们今天问自己，我们将必须面对的未来是否以及如何取决于我们当前的行为。我今天做（或不做）的事情会产生后果，明天我要么

① 这极大地扩展了使用摄影来拒绝或忽略体验的可能性，已经存在于模拟图片中。SONTAG S. On Photography[M]. London：Penguin, 1977：6, 8.
② SONTAG S. On Photography[M]. London：Penguin, 1977：120.
③ LUHMANN N. Soziologie des Risikos[M]. Berlin and New York：de Gruyter, 1991；BECK U. Risk Society：Towards a New Modernity[M]. London：Sage, 1992.

后悔这些行为，要么收获它们带来的好处。如果我在证券交易所进行投机，我可能会亏本或获得可观的收益，并且明天我将痛苦或快乐，这取决于我亏本还是收益。问题是现在的我不知道未来，我不知道事情会如何发展——我只知道咎责（或功绩）会落在我今天的行为上，我必须现在决定。

　　风险意识是未来对现在的依赖，当今这种意识在我们私人和社会生活的每一个领域都普遍存在。从我们的亲密关系（由我们决定是否结婚和与谁结婚，但我们无法知道我们的婚姻是否幸福美满），以及我们的专业选择（由我们决定学习什么以及从事哪种职业，这个决定可能会产生各种积极或消极的结果），再到我们的管理资金（我们是否想投资股票市场）。风险意识给现在带来了巨大的压力，而现在已经被视为未来的过去。① 这种方法也给我们的经历带来了不确定性和日益扩大的焦虑——为什么现在我在这里做这件事，什么时候我可以做其他事情？什么时候这些选择会影响我的未来？正如奥多尔蒂所言："直接的体验可能会杀死我们。"② 摆脱这种焦虑和压力，而不是完全退出世界和体验，将是一件好事。

　　相反，也许我们可以拍张照片——事实上，我们拍了很多照片。当下的细节被委托给它的复制（这不是现在的任务），并被指派给其他人——通过网络与我们联系的其他人。③ 照片变成了"社交照片"，简单地"被用来分享"。④ 实际上，生成图像通常不是为了存储，而是为了发布。"色拉布"是图像数字化使用的典范，拍照只是为了将其放到网络上，向他人展示。这是在数字世界中进行的复制形式：目的是社会倍增，而不是在时间上的保存。图像不是为了更好地看到它，也不是为了以后能够查看它，而是为

---

① JURGENSON N. The Social Photo. On Photography and Social Media[M]. London：Verso，2019：48.

② O'DOHERTY B. Inside the White Cube：The Ideology of the Gallery Space[M]. Santa Monica：Lapis Press，1986：55.

③ 早在 20 世纪 80 年代，奥多尔蒂就观察到：如果我们不首先疏远它，我们将无法再体验任何事物……浅显的例子是快照。您只能从夏季快照中看到您度过了多么美好的时光……这些柯达胶卷图标用于说服朋友和您确实玩得很开心；如果他们相信，您就相信。O'DOHERTY B. Inside the White Cube：The Ideology of the Gallery Space[M]. Santa Monica：Lapis Press，1986：52.

④ JURGENSON N. The Social Photo. On Photography and Social Media[M]. London：Verso，2019：8.

了让别人看到它。在他们看到它之后，它可以从流通中删除，就像"色拉布"一样。

数字用户不看事物，也不直接体验生活——他们策划与他人分享的体验，并展示自己在观察它们，似乎在这样做时建立了一种身份。① 图像的感觉变成了向他人展示的"我看到过"——只有这样，人们才能看到。体验是通过中介产生的，通过反思来生活，观察别人观察到的自己的观察——通过这种方式，它变得有趣和有意义，从现在的重担和对未来建设的个人责任中解脱出来。

特定时间的体验

结果是图像过多吗？不一定，因为网络的算法完全能够处理它们，选择变得相关的图像并将其他图像保持在可以容纳一切的无限虚拟中。然而，其结果可能是直接体验的转变：此时此地的直接空间改变了它的意义，传统形式不再以同样的方式运作——可能由参与者观察的"快闪族"等混合模式补充。在混合模式中，参与者观察自己在如何观察事件。② 体验的管理和准备也在各种形式的参与中发生变化，这些参与要求参与者在特定时间和特定地点在场，例如音乐会、会议、戏剧表演以及（对于图像）一种新的艺术展览形式，但此种要求已经成为最不合时宜的资源。

面对网络上大量复制和传播的图像，展览的组织者近年来逐渐改变了结构和意义。早在 20 世纪，展览所提供的体验就越来越少地涉及欣赏一幅画作或艺术品（也可以以非常高的分辨率复制），也不再是按时间顺序观看一系列作品（例如，从奇马布埃到杰克逊·波洛克），或关于根据抽象标准（例如主题或风格亲和力）组织的作品。展览提供了一种情境体验，一种参与博物馆或画廊"白色立方体"（white cube）的延伸呈现，一种远离时间压力

① MOELLER H-G. On Second——Order Observation and Genuine Pretending：Coming to Terms with Society[J]. Thesis Eleven，2017，143(1)：28 - 43；FORMILAN G.，STARK D. Testing the Creative Identity：Personas as Probes in Underground Electronic Music[Z]//Warwick：Unpublished manuscript，2018.

② WASIK B. And Then Theres This：How Stories Live and Die in Viral Culture[M]. London/New York：Viking，2009：212.

和对未来焦虑的特定空间。① 参观者必须身临其境，并且必须以一种未知的强度和反身性（reflexivity）来感知这一刻。他们不被要求把注意力集中在某一件艺术品上，而是参与一种更广泛的体验，这种体验是由接触当代不同的（通常是异质的）作品以及作品在展览空间中的相互关系所产生的——这些东西不能在图像中复制，也不能发布在网络上。体验不是为了看到《蒙娜丽莎》或其他艺术作品，而是感知房间的空间布置、一天中当时的光线、体积、所有展出物品之间的参照与和谐。

艺术体验的语境性在 20 世纪 70 年代随着空间限制展览的实验而变得激进——特定地点的作品，例如罗伯特·史密森的《螺旋码头》（*Spiral Jetty*）——一个 1 500 英尺长、15 英尺宽的逆时针泥石圈从犹他州大盐湖岸边展开②——或丹尼尔·布伦将当代艺术融入历史建筑的装置。艺术品与博物馆内部或外部的特定位置相关联，无法移动而不失去其意义。理查德·塞拉在谈到他的《倾斜弧线》（*Tilted Arc*）时指出，"移除作品就是摧毁它"。

在进一步的语境化中，一些策展人如今正在尝试有时间限制的展览形式，如果不改变意义，这些展览形式就无法改变。其中，视觉艺术（例如在剧院中）决定了参观者观看的时间。③ 例如，汉斯·乌尔里希·奥布里斯特的几项创新策展实验被认为是时间而非空间体验。④ 最先进的据说是他的《马拉松》（*Marathons*），长达 24 小时的对话、表演、演示和实验的混合组合。数字社会中图像过剩相关联的当前体验的空虚反映在其反面：在展览时对语境存在的重新发现和规划。

---

① O'DOHERTY B. Inside the White Cube：The Ideology of the Gallery Space[M]. Santa Monica：Lapis Press, 1986.

② https://holtsmithsonfoundation.org/spiral-jett.

③ OBRIST H. U. Ways of Curating[M]. London：Allen Lane, 2014：139 - 145. 例如道格拉斯·戈登在 1999 年展览《追溯你的脚步，记住明天》和他 1993 年的作品《从你读到这些话的那一刻起，直到你遇到蓝眼睛的人》中的时间实验。

④ 《邮递员的时间》（*Il Tempo del Postino*）或者他的《无限对话》四十卷（*the forty volumes of his Infinite Conversations*）；OBRIST H. U. Ways of Curating[M]. London：Allen Lane, 2014：55 - 59.《纽约客》的一次冗长采访告诉我们，互联网始终在奥布里斯特（Obrist）的脑海中——他是即时电报的狂热用户，对色拉布有着浓厚的兴趣。译者注：色拉布是一款阅后即焚照片的分享应用。

然而,戏剧中的时间限制在对时间语境的反思意识的意义上还不是时间特定的。取而代之的是,精确地结合过剩的数字图像并精确地使用照片来产生真实的、创新的特定时间体验。克里斯蒂安·马克莱的视频《时钟》(*The Clock*)以典型的方式展示了这一点:它是由电影或电视中数千个时钟图像组成的长达 24 小时的蒙太奇,以这样一种方式组合在一起,屏幕上显示的时间总是与观看的当前时刻,与观众的当前时间完全一致。① 在屏幕上看到与现在同步的遥远时空的图像,马克莱说:"你不断地被提醒现在是什么时间,"因此,"《时钟》有能力让我们活在当下。"②观众通过屏幕上的图像观察他人的视角,会被引导反思自己的视角和当前的语境——扭转以数字方式逃避现在及其语境体验的趋势。

然而,只有在新的强大文化技术的支持下,才能实现这些作品。它需要利用当今可用的大量数字图片,马克莱可以从这些图片中提取手表安装的所有 24 小时的图像。与在网络上复制和消费照片和视频相反,在这种情况下,图像过剩并不是为了逃避现在和远离体验。相反,在艺术活动中,远距离体验的图像被用来以前所未有的强度让参与者沉浸在他们当下的体验中。

结论

在我们的数字社会中,丰富的图像提供了逃避当下和沉浸其中的选项。它提供了以令人眼花缭乱和复杂的方式探索在场和不在场组合的可能性。正如我们已经在记住与遗忘、个性化与匿名化、创造力与"大众化"之间的关系中看到的那样,在许多情况下,数字技术产生的差异不能被理解为对立,而是两个方面并存并相互联系的区别③——如果不希望通过大量的数字图像来逃避当下,那么展览中对当下的反思意识的新形式也就不会存在。尽

---

① https://www.tate.org.uk/whats-on/tate-modern/exhibition/christian-marclay-cloc.

② The Tate, Five Ways Christian Marclays The Clock Does More Than Just Tell the Time[EB/OL].[2021-07-08].https://www.tate.org.uk/art/lists/five-ways-christian-marclays-clock-does-more-just-tell-tim.

③ LUHMANN N. Die Wissenschaft der Gesellschaft[M]. Frankfurt am Main: Suhrkamp, 1990: 73-75.

管"无处不在的社交照片威胁着我们真正活在当下的能力"，但它也产生了"对当下的感性表达和参与"。① 数字世界中图像的饱和引发了记忆与体验、即时性与超然性、图像与视觉之间的新关系。

① JURGENSON N. The Social Photo. On Photography and Social Media[M]. London：Verso，2019：78，85.

第七章

预测的未来：从统计的不确定性到算法预测

开放未来的不确定性

学习型算法的普及正在改变预测的意义和形式，影响着未来的形象和当下的应对方式。在目前的观点中，未来被视为开放和不可知的，因为它不存在并且取决于当前的行动和预期，而今天的预测型算法声称可以预见未来。① 这种说法既令人兴奋又令人恐惧。它可能导致资源利用的优化和有针对性的有效预防和规划，也可能将未来与基于现有模式的先发制人的政策绑定。② 无论如何，它打破了当前对未来和不确定性管理的想法。笔者在本章中的观点表明，算法预测与自 18 世纪以来在现代社会中确立的、以概率计算为导向和指导的预测思想非常不同。也就是说，它不同于 17 世纪下半叶布莱斯·帕斯卡尔和皮埃尔·德·费马关于"可能性的数学处理"（the mathematical treatment of chance）的奠基工作。③ 概率演算提供

---

① 严格来说，机器学习程序的唯一目的是从数据中提取模式。这些模式可用于测试系统并通过从错误中学习来改进它们。然而，预测分析的方法声称要走得更远，并使用这些技术来挑战自然法则，即你看不到未来，是因为它还没有到来。学习型算法使构建一个系统成为可能，该系统可以穿过过去无法逾越的障碍，即今天和明天之间的障碍。SIEGEL E. Predictive Analytics：The Power to Predict Who will Click, Buy, Lie or Die[M]. Hoboken, NJ：Wiley, 2016：30.

② O'NEIL C. Weapons of Math Destruction[M]. New York：Crown, 2016；AMOORE L. Data Derivatives：On the Emergence of a Security Risk Calculus for Our Times[J]. Theory, Culture & Society, 2011, 28(6)：24 - 43；ANDERSON B. Preemption, Precaution, Preparedness：Anticipatory Action and Future Geographies[J]. Progress in Human Geography, 2010, 34(6)：777 - 798；DE GOEDE M., RANDALLS S. Precaution, Preemption：Arts and Technologies of the Actionable Future[J]. Environment and Planning D：Society and Space, 2009(27)：859 - 878.

③ HACKING I. The Emergence of Probability[M]. Cambridge：Cambridge University Press, 1975；PORTER T. M. The Rise of Statistical Thinking 1820 - 1900[M]. Princeton：Princeton University Press, 1986.

了一种处理不确定性的合理方法,①而算法声称可以为个人或单个事件提供个人评分(individual score)。

正如对 17 世纪后期出现的统计数据的研究表明,预测的形式随着时间的推移而变化,并对社会产生重要影响。当正在预测的行动者是一种算法而不是人类时,就像目前发生的那样,过程和标准是不同的,结果和问题也会发生变化。算法预测产生的结果是人类即使配备了统计工具也不可能产生但也引发了我们社会必须处理的不同问题。本章旨在从更广泛的社会角度研究这些最新的发展。

我们将看到,虽然机器学习系统是统计引擎,但这些系统和统计数据正在日益分化。事实上,一些算法虽然是最先进的科学实践产物,但与古代社会的魔法和占卜思想的某些结构却有着惊人的相似之处,而这些结构在今天被视为与科学直接对立。占卜假设未来可以提前知道,即使人类通常看不到它。几个世纪以来,现代社会的科学家们一直在使用统计工具来管理未来的不确定性。虽然机器学习继承了统计工具,但它似乎是在尝试像占卜一样预测未来事件。②

算法预测的占卜面向

算法的任务是预测未来。谷歌搜索前负责人阿米特·辛格尔在 2013 年明确表示,③从现在开始,搜索引擎的主要功能将是预测——我们将需要哪些信息,而不是回答我们提出的查询。基钦声称,人工智能的目标"更多的是预测而不是了解世界。预测胜过解释"。④ 许多以前使用以管理信息

---

① DASTON L. Classical Probability in the Enlightenment[M]. Princeton：Princeton University Press，1988：49 - 111.

② 当然,这并不意味着算法编程正在复兴通常与占卜相关的迷信和反科学习俗。算法提供了一种与其工作的技术特征相关的但形式不同的预测。正是因为机器学习完美地融入了当代科学活动,与占卜的相似之处可以启发当前的发展。

③ MANJOO F. Where No Search Engine Has Gone Before[J/OL]. Slate[2013 - 04 - 11]. https：//slate. com/technology/2013/04/google-has-a-single-towering-obsession-it-wants-to-build-the-star-trek-computer. html.

④ KITCHIN R. Big Data, New Epistemologies and Paradigm Shifts[J]. Big Data & Society，2014：4.

为目标的数字工具来解释现象的项目目前已经转向预测。① 例如，精准医学的目标通常是指导预后和有效治疗，即使对该病的起因尚不清楚。然而，算法从解释到预测的转变以及统计数据的使用，都深刻地改变了预测的意义和诸多前提。

统计方法可用于因果解释，目前在许多研究领域，特别是在社会科学领域都是如此。② 理论提出的假设可以用概率工具进行检验。然而，统计学也可用于经验预测。在第一种情况下，目标是找到"真实"模型，而在第二种情况下，目标是找到最佳预测模型，这两个目标并不总是重叠。什穆埃利表明，在统计建模的实践中，"解释"和"预测"之间的区别往往被一个常见的误解所掩盖：如果一个模型可以解释，则假设该模型可以预测。③ 预测能力从属于解释能力，然而，两者是不同的，对两者应该分别评估。在模型的使用中，解释与预测的混淆会导致严重的后果。例如，在 2007—2008 年的金融危机中，经济学家和政府机构依赖资本资产定价模型（CAPM），该模型已根据其解释力进行了评估，但这种能力与其预测能力不匹配，结果证明预测能力要低得多。这就以明显的方式加剧了危机。

然而今天，非常强的计算能力和大量数据的可用性为主要用于预测目的的统计工具提供了新的可能性。这并不意味着，正如大数据辩论中一些有争议的立场所声称的那样，解释已经变得多余，因果关系的探索已

---

① 从本质上讲，大数据是关于预测的。MAYER-SCHONBERGER V., CUKIER K. Big Data. A Revolution That Will Transform How We Live, Work and Think[M]. London: Murray, 2013: 11. 多明戈斯用几乎相同的话说，机器学习的核心是预测。DOMINGOS P. The Master Algorithm: How the Quest for the Ultimate Learning Machine Will Remake Our World[M]. New York: Basic Books, 2015: xv. 预测分析的研究领域正在迅速蔓延到各个领域，从市场营销到医疗保健，再到政府和金融服务，它明确致力于挖掘数据以发现未来的结构，参见 SIEGEL E. Predictive Analytics: The Power to Predict Who will Click, Buy, Lie or Die[M]. Hoboken, NJ: Wiley, 2016.

② HOFMAN J. M., SHARMA A., WATTS D. J. Prediction and Explanation in Social Systems[J/OL]. Science, 2017, 355(6324): 486 - 488. https://www.science.org/doi/abs/10.1126/science.aal385.

③ SHMUELI G. To Explain or to Predict? [J]. Statistical Science, 2010, 25(3): 289 - 310. 经典参考是亨佩尔在科学解释方面的解释（预测）对称论文，声称解释和预测具有相同的逻辑结构，只是发生的时间不同。预测基本上是一种解释，指的是在时间上比提出论点稍晚一些。HEMPEL C. G. The Theoreticians Dilemma[M]//FEIGL H., SCRIVEN M., MAXWELL G. Concepts, Theories and the Mind-Body Problem. Minneapolis: University of Minnesota Press, 1958: 37 - 38.

经过时。① 相反，它强调了区分这两个目标并分析科学的可能性和必要性。预测的特殊性及其形式、程序和问题——与因果解释不同。

现代科学方法是在一门科学旨在解释一般结果的时代发展起来的。即使人们永远无法将特定发现一般化应用到其他不同的情况（哲学家大卫·休谟的经典归纳问题），概率演算提供了一种严格方法和理性基础，用于从不可避免的受限观察集推断出对所有案例的概括性解释。② 现代科学程序基于数量有限的精心挑选出来的数据，这些数据是在抽样期间收集的实验数据，经过处理以检验由理论提出的假设。收集所有数据是不可能的，在统计方法中甚至没有必要，因为只需要一个足够大的适当样本即具有代表性。从某种意义上说，数据是为理论服务的，也就是说，其主要用于验证解释现象的假设。

数字程序的工作方式不同，因为它们依赖大量数据和足够的计算能力来处理这些数据。算法使用所有可以访问的数据，③而不是"清理它们"以纠正不准确或有偏差记录的算法，也无需选择数据点，因此，这些数据点通常包括为其他目的收集的大量次级数据。例如，推荐医疗程序的算法不仅使用患者的医疗记录，而且还使用他们的信用记录、与熟人的关系或购买习惯的数据。在这种情况下，数据先于理论，因为如果假设形成，就会受到数据的指导。人们不知道自己在寻找什么，但会看到数据中产生的内容，这些数据基本上是非结构化的。在对数据的阐述中，不寻找证实假设的因果关系（因为没有假设）；相反，搜索的是关联性和相关性，寻找其检测揭示深层结构的模式，并且应该能够制定有效的预测。④ 基于这些模式，人们应该能够

---

① 安德森在《理论的终结》中声称，有了足够的数据，数字就说明了一切。在数字世界中，不需要知道给定结果的原因，只需知道它是什么，参见 MAYER-SCHONBERGER V., CUKIER K. Big Data. A Revolution That Will Transform How We Live, Work and Think[M]. London: Murray, 2013: 7. 如果可以在没有因果关系的情况下识别关系，则不需要解释相关性取代因果关系，参见 KELLY K. On Chris Andersons the End of Theory[EB/OL]. Edge, 2008. http://edge.org/discourse/the_end_of_theory.htm.

② DASTON L. Classical Probability in the Enlightenment[M]. Princeton: Princeton University Press, 1988, chapter 5.

③ 被称为被观察的或被发现的数据。MCFARLAND D. A., MCFARLAND H. R. Big Data and the Danger of Being Precisely Inaccurate[J/OL]. Big Data & Society, 2015, 2(2). https://doi.org/10.1177/205395171560249.

④ SHALEV-SHWARTZ S., BEN-DAVID S. Understanding Machine Learning: From Theory to Algorithms[M]. Cambridge: Cambridge University Press, 2014: 25.

预测未来的发展，即使人们不能解释它们。预测型建模不同于解释型建模。

不解释的模型通常无法被解释，其后果是备受争议的算法不透明性。①虽然指导解释性方法的假设必须是可以理解的，但在预测型建模中，透明度是次要的——人们应该关注"预测首先是准确性，然后尝试理解。"②神经网络或随机森林等算法方法通常无法解释，但它们使处理成分混杂的数据和制定有效预测成为可能。无需理解即可预测。③

数字程序极具创新性，其结果往往令人惊讶。然而，一个令人惊讶的方面出现了：机器学习算法的预测性使用的某些特征类似于古老的、前科学的逻辑。④算法预测中使用的术语（"相关性""模式"）、独立于因果关系的预测概念、对人类推理无法理解的结构的参考，在占卜社会中都有古老而复杂的传统，例如在中东和希腊，并且在中国文化中以非常复杂的方式发展。⑤与算法一样，占卜程序有精确的技术指导，这些技术提供了许多要采取的步骤。⑥与科学实践不同，有些程序不试图解释或理解现象，而只是试

---

① WACHTER S., MITTELSTADT B., FLORIDI L. Transparent, Explainable and Accountable AI for Robotics[J/OL]. Science Robotics, 2017, 2(6). https://doi.org/10.1126/scirobotics.aan 608.

② BREIMAN L. Statistical Modeling: The Two Cultures[J]. Statistical Science, 2001, 16(3): 208.

③ 这显然并不意味着理解变得无关紧要，而是将透明度问题与可理解性问题分开。参见 LIPTON Z. C. The Mythos of Model Interpretability[J]. ACM Queue, 2018, 16(3): 1-27. 当人脑无法理解算法的工作方式时，算法的使用就会出现问题。即使模型是对的，但使用它并不总是正确的，需要做出决定，参见 DOSHI-V F., MASON K., BUDISH R., BAVITZ C., GERSGMAN S., BRIEN D O., SCOTT K., SCHIEBER S., WALDO J., WEINBERGER D. WOOD A. Accountability of AI Under the Law: The Role of Explanation[EB/OL]. [2017-11-03]. https://arxiv.org/abs/1711.01134. 然后可以请求事后可解释性（post-hocinterpretability）：对算法决策的解释，不一定需要描述所涉及的机制。然而，这通常意味着生成一个模型来产生与模型分离开来的解释以生成预测。本书第一章彻底讨论了这种情况的结果。

④ 围绕阿里·拉希米在 2017 年神经信息处理系统（NIPS）会议上的演讲中的断言展开的辩论——机器学习已成为炼金术。https://www.youtube.com/watch?v=ORHFOnaEzP.

⑤ VERNANT J-P. Parole e segni muti [M]//VERNANT J. P., VANDERMEERSCH L., GERNET J., BOTTERO J., CRAHAY R., BRISSON L., CARLIER J., GRODZYNSKI D., RETEL-LAURENTIN A. Divination et Rationalité. Paris: Seuil, 1974: 5-24; MAUL S. M. Die Wahrsagekunst im alten Orient[M]. Munich: Beck, 2013; ROCHBERG F. The Heavenly Writing: Divination, Horoscopy and Astronomy in Mesopotamian Culture[M]. Cambridge University Press, 2016.

⑥ BRISSON L. Del buon uso della sregolatezza (Grecia)[M]//VERNANT J. P., VANDERMEERSCH L., GERNET J., BOTTERO J., CRAHAY R., BRISSON L., CARLIER J., GRODZYNSKI D., RETEL-LAURENTIN A. Divination et Rationalité, Paris: Seuil, 1974: 239-272.

图处理它们。①

与机器学习算法的程序一样，古代占卜基础的结构对人类而言是模糊不清的。② 占卜社会依赖于这样一种假设，即世界是由宇宙逻辑和能力有限的人类所无法掌握的基本秩序所支配的，③就像今天我们无法完全理解算法的过程一样。占卜理性不是科学的，而是仪式性的，④其目的不是提供解释，而是管理仍然无法获得的"总体知识"。⑤ 与算法一样，占卜的目标不是理解现象，而是获得行动和决策的方向。

整个宇宙被认为是无限重要的，用无穷无尽的对应性网络连接起来。⑥正如四个季节对应于四个罗盘点，一个国家的历史对应于其地形一样，一个人的生命也对应于他或她的身体，以及他或她的命运被铭刻在事物的秩序中。潜在的相关性可以通过识别不同现象中的配置和模式来捕捉：核桃与人类大脑的形状相似；天空是其下方地球的镜像；新生人类的畸形类似于不祥的陆地事件。这些现象都"在说同样的事情"；⑦因此，通过分析相似现象

---

① ROCHBERG F. The History of Science and Ancient Mesopotamia[J]. Journal of Ancient Near Eastern History, 2014, 1(1)：55；ROCHBERG F. Reasoning, Representing and Modeling in Babylonian Astronomy[J/OL]. Journal of Ancient Near Eastern History，2018，5(1－2). https://doi.org/10.1515/janeh-2018-000.

② KOCH U. Three Strikes and Youre Out! A View on Cognitive Theory and the First-Millennium Extispicy Ritual[M]//AMAR A. Divination and Interpretation of Signs in the Ancient World. Chicago：The Oriental Institute of the University of Chicago，2010：43－60.

③ NISSINEN M. H. Prophecy and Omen Divination：Two Sides of the Same Coin[M]//AMAR A. Divination and Interpretation of Signs in the Ancient World. Chicago：The Oriental Institute of the University of Chicago，2010：341－350.

④ VANDERMEERSCH L. Dalla tartaruga allachillea（Cina）[M]//VERNANT J. P., VANDERMEERSCH L., GERNET J., BOTTERO J., CRAHAY R., BRISSON L., CARLIER J., GRODZYNSKI D., RETEL-LAURENTIN A., Divination et Rationalité. Paris：Seuil，1974：27－52.

⑤ VERNANT J-P. Parole e segni muti[M]//VERNANT J. P., VANDERMEERSCH L., GERNET J., BOTTERO J., CRAHAY R., BRISSON L., CARLIER J., GRODZYNSKI D., RETEL-LAURENTIN A. Divination et Rationalité. Paris：Seuil，1974：14.

⑥ AMAR A. On the Beginnings and Continuities of Omen Sciences in the Ancient World[M]//AMAR A. Divination and Interpretation of Signs in the Ancient World. Chicago：The Oriental Institute of the University of Chicago，2010：1－18；KOCH-WESTENHOLZ U. Mesopotamian Astrology：An Introduction to Babylonian and Assyrian Celestial Divination[M]. Copenhagen：Museum Tusculanum Press，1995：18.

⑦ MAUL S. M. Divination Culture and the Handling of the Future[M]//LEICK G. The Babylonian World. New York：Routledge，2007：363.

的模式，占卜者相信他们可以获得相关而不可接近的现象的迹象。从祭祀动物肝脏的图案或鸟类的飞行中，借助占卜技术，人们可以得出关于神圣未来计划和决策方向的结论，而无需了解原因或声称可以解释。①

对于现在的许多人来说，一个人可以根据羊肝或星空的形态来做出决定的想法似乎很荒谬，但是与占卜实践的比较可以启发当前算法预测实践依赖于复杂的、几乎不可见的连接网络的方式。

管理未来的不确定性

尽管它们在结构上有惊人的相似之处，但算法和占卜程序的基本区别是时间的底层概念。什么时候可以信任预测，其可信度依赖于什么？在古代占卜的世界观中，预测未来的想法是合理的，因为假设可以提前看到它的结构。挑战在于如何提前看到。古代各种形式的基本区别是神圣的暂时性和人类的暂时性。在美索不达米亚，诸神使用符号向人类指示未来事件。②在希腊，诸神被置于永恒中，而人类则受制于时间。③ 从神圣的角度来看，不可知的未来似乎与过去一样有结构，但人类无法访问未来。④

在这个古老的观点中，占卜是理性的，占卜作为一个程序和技术的综合体而存在，它使"塑造一个无定形的未来成为可能"。⑤ 依靠神谕并不是迷信和幻想，因为假设未来有一个结构已经存在于现在，即使人类无法知道它。从预兆中得到的迹象是不确定的，不是因为未来与现在之间的关系是

---

① ROCHBERG F. Reasoning, Representing and Modeling in Babylonian Astronomy[J/OL]. Journal of Ancient Near Eastern History, 2018, 5(1-2): 9, https://doi.org/10.1515/janeh-2018-000.

② ROCHBERG F. The Heavenly Writing: Divination, Horoscopy, and Astronomy in Mesopotamian Culture[M]. Cambridge University Press, 2016: 203.

③ ANZULEWICZ H. Aeternitas—Aevum—Tempus: The Concept of Time in the System of Albert the Great[M]//PORRO P. The Medieval Concept of Time: Studies on the Scholastic Debate and Its Reception in Early Modern Philosophy. Leiden: Brill, 2001: 83 - 129; LUHMANN N. Soziologie des Risikos[M]. Berlin and New York: de Gruyter, 1991: 42.

④ 参见亚里士多德在《解释篇》第九章中关于偶联的未来的辩论：关于未来海战结果的断言是对还是错，我们不能在这两个值之间做出选择。

⑤ MAUL S. M. Divination Culture and the Handling of the Future[M]//LEICK G. The Babylonian World. New York: Routledge, 2007: 361 - 372.

不确定的，而是因为人类无法确定如何正确地理解在一个整体仍然无法进入的更高视角。占卜的反应是神秘的，需要解释。如果判定结果不正确，则是解释错误，而非预测错误。①

这种看待时间的方式有其一致性和合理性，但这种看待方式既不是现代世界的，也不是当代社会的。我们的时间概念将未来呈现为一个开放的领域，今天人类或任何假设的高级实体都无法知道它，因为它还不存在。② 未来不是既定的，而是当下的地平线，当我们接近它时，它就会消失，永远无法到达。关于未来，我们所能知道的不是未来，而是未来的当前形象——我们的预期和这些预期所依据的信息。基于这些存在且可观察的数据，我们可以调查和收集更详细和可靠的信息。预测采取计划的形式——准备好现在，以可控的方式面对一个总是模糊不清的未来。因为我们无法提前知道明天会发生什么，所以，我们计算和管理我们目前面临的不确定性。自现代以来，处理未来不确定性的工具主要是概率计算，而不是占卜。③ 计算并不承诺揭示明天会发生什么，而是根据我们现在拥有多少必要知识（例如40%或27%）来计算特定未来的概率。这使我们即使面对不确定性（也就是说，即使事情可能令我们失望）也能理性地决定。

统计学的方法是在与占卜传统形成对比的情况下发展起来的，它的经验性实验方法成为现代性科学技术态度的基础。不是解释迹象，而是收集数据；人们没有发现相关性，而是注意到经验规律。这种方法取得了巨大的成功，导致科学研究取得了令人瞩目的发展。然而，现在这项研究产生了机

---

① 然而，占卜并不一定对应于宿命论或决定论的态度。在美索不达米亚，占卜预兆表达了一种对即将发生的事情的警告，可提供必要的知识来干预和修改它，使未来对自己有利，参见 MAUL S.M. How the Babylonians Protected Themselves against Calamities Announced by Omens[M]// ABUSCH T., VAN DER TOOM K. Mesopotamian Magic: Textual, Historical and Interpretative Perspectives: Ancient Magic and Divination I. Groningen: Styx Publication, 1999: 124 - 126. 即使占卜的世界观中不允许偶然性和危险性，一切都遵循着神圣的秩序，但其所揭示的未来也不是不可逆转的。

② LUHMANN N. Temporalisierung von Komplexität: Zur Semantik neuzeitlicher Zeitbegriffe [M]// In Gesellschafts struktur und Semantik. Studien zur Wissenssoziologie der modernen Gesellschaft 1, 235 - 300. Frankfurt am Main: Suhrkamp, 1980; KOSELLECK R. Vergangene Zukunft: Zur Semantik geschichtlicher Zeiten[M]. Frankfurt am Main: Suhrkamp, 1979.

③ ESPOSITO E. Die Fiktion der wahrscheinlichen Realität[M]. Frankfurt am Main: Suhrkamp, 2007.

器学习和算法预测的先进技术。这些使用从概率演算派生的统计工具的技术可用于预测，从而与开放的、不可预测的未来的假设相矛盾。[①] 在古代，未来的结构似乎对人类来说是不可知的，但对于神来说是可知的。今天，未来似乎对人类来说是不可知的，但算法却应该是可以访问的。[②] 算法预测和概率传统如何联系和区分？

平均值 vs 个体化预测

算法的智能性及其所能做的一切（包括做出预测）的关键在于使机器学习系统能够自主开发处理数据和生成自身信息能力的技术。为此，算法需要完成任务的实例，而网络提供了很多信息。如果软件程序能够学习，那么这些实例可以用于以越来越准确和差异化的方式训练算法。网络上语境的多样性成为学习和提高算法性能的资源。

机器如何从实例中学习？为了培养这种能力，机器学习的程序员使用统计工具。[③] 事实上，统计和概率演算解决了几个世纪以来从数据中学习的问题，并产生了许多计算工具来提取信息：回归、分类、相关，等等。现在机器学习继承并采用它们，但以不同的方式使用数据。统计的目标是管理当前的不确定性。它解决了当前的知识需求（或缺乏知识）问题，维护和确认当前时刻与开放的未来之间不可逾越的障碍。相反，机器学习面向未来，并以预测未来为目标。这两种方法之间的差异在机器学习和统计学传统之间产生了一种亲密和对立的奇特关系，这两种形式上几乎相同

① VESPIGNANI A. Lalgoritmo e loracolo: Come la scienza predice il futuro e ci aiuta a cambiarlo [M]. Milan: Il Saggiatore, 2019.

② 多明戈斯预测计算法编程中使用的不同方法最终将统一起来，组成一个终极主算法，可以从数据中获取世界上所有的知识——过去、现在和未来。就像古代占卜文化中的神一样，存在一个可以获取所有知识的实体，对他而言，时间范围之间的差异无关紧要；如果你相信一位全能的上帝，那么，你可以将宇宙建模为一个巨大的朴素贝叶斯分布。在这样的宇宙之中，鉴于上帝的旨意，发生的一切都是独立的。问题是我们无法读懂上帝的想法（强调补充）。DOMINGOS P. The Master Algorithm: How the Quest for the Ultimate Learning Machine Will Remake Our World[M]. New York: Basic Books, 2015: xviii, 152.

③ GOODFELLOW I., BENGIO Y., COURVILLE A. Deep Learning[M]. Cambridge, MA: MIT Press, 2016: 98.

的文化正在逐渐分化。① 即使两者都使用相同的工具，机器学习程序员的态度也是如此与统计学家的态度非常不同，因为他们的问题与 19 世纪"数字雪崩"(avalanche of numbers)引发的问题不同。②

统计学希望通过激活与经典伽利略方法相匹配的程序来为认识世界做出贡献——将过去的数据插入模型中，从而验证模型的准确性并最终纠正它，然后用它来预测未来的数据。目标是解释——当您进行统计时，您想推断数据生成的过程。相反，对于机器学习，其目的不是解释阐述模型的现象。在很多情况下，你甚至不知道是否有一个可理解的模型，而机器可以在没有这类模型的情况下运行。算法处理的目标不是真理，而是预测的准确性。③ 在机器学习中，您从假设您正在处理"复杂、神秘且至少部分不可知"的模型开始。④ 您不想理解它们，而是想知道关于某些变量的未来会是何种状态。机器学习面向未来，并试图尽可能准确地预测未来，而不依赖于我们对世界的了解。正如我们在网络辩论中看到的那样，"统计学强调推理，而机器学习强调预测。"⑤

由于两者不同的态度，统计学和机器学习产生了根本不同的预测形式。统计学使用基于有限数量的专门准备和选择的实验数据的样本来处理统计学领域。统计学产生关于所涉及的要素或主题的平均值(average of the elements or subjects involved)的调查结果——也就是说，结果不对应于任何特定的事物与人(没有人会有 1.4 个孩子)；然而，这些结果增加了我们的常识。相反，算法程序使用所有可用的观测数据，并处理非常大的数据集，但不会产生一般结果。它们根据数据中发现的相关性，表明对特定时间的特定主题的预期。

算法程序的这一特点类似于古代占卜，它也不是对解释的抽象兴趣做

① BREIMAN L. Statistical Modeling：The Two Cultures[J]. Statistical Science, 2001, 16(3)：199 - 231.
② AMOORE L., PIOTUKH V. Life Beyond Big Data：Governing with Little Analytics[J]. Economy and Society, 2015, 44(3)：341 - 366.
③ SOBER E. Ockhams Razors：A Users Manual[M]. Cambridge：Cambridge University Press, 2016：134.
④ BREIMAN L. Statistical Modeling：The Two Cultures[J]. Statistical Science, 2001，16(3)：205.
⑤ The Two Cultures：Statistics vs. Machine Learning? [EB/OL]. [2017 - 02 - 15]. http://stats. stackexchange.com/questions/6/thetwo-cultures-statistics-vs-machine-learnin.

出反应，而是对特定个人非常实际的问题做出反应：我（特定个人）今天应该如何表现才能在明天处于最有利的状态？[1] 新城应该建在哪里？开始战斗或播种小麦的最佳时间是什么时候？我的婚姻会成功吗？占卜的反应产生了准时的和个体化的预测。[2] 同样，算法预测是特定于它之前案例的。"而预测估计下个月在内布拉斯加州购买的冰淇淋甜筒总数，预测分析告诉您哪些内布拉斯加人最有可能手里拿着甜筒。"[3]

这是统计学传统与机器学习新发展之间的主要区别。数字技术摒弃了平均值的统计学思想，其中总体的所有元素或多或少代表了平均值的不完美复制品。[4] 大数据的方法声称其更为现实，因为它拒绝这种抽象，并声称可以处理具有所有特质和不可通约性的人口个体化元素。用户化的新前沿将在于从寻找普遍性事物到理解可变性事物的运动。根据预测分析的观点，"现在在医学科学中，我们不想知道……癌症是如何运作的；我们想知道您的癌症与我的癌症有何不同……这表明个体性胜过普遍性。"[5]被计算的社会不是对个体进行分类，而是考虑每个人的特殊性。计算从人们的活动开始，而不试图推断出适用于更大现象的特征。[6]

自相矛盾的是，对个体特殊性的关注是通过忽视个体视角、实际上是通过忽视任何视角来实现的。[7] 算法应该能够预测受试者的独特性，因为它

① ASSMANN J. Das kulturelle Gedächtnis. Schrift, Erinnerung und politische Identität in frühen Hochkulturen[M]. Munich: Beck, 1992: 17; KOCH U. Three Strikes and Youre Out! A View on Cognitive Theory and the First—Millennium Extispicy Ritual[M]//AMAR A. Divination and Interpretation of Signs in the Ancient World. Chicago: The Oriental Institute of the University of Chicago, 2010: 43 - 60.

② MAUL S.M. Divination Culture and the Handling of the Future[M]//LEICK G.The Babylonian World. New York: Routledge, 2007: 369.

③ SIEGEL E. Predictive Analytics: The Power to Predict Who will Click, Buy, Lie or Die[M]. Hoboken, NJ: Wiley, 2016: 12.

④ Desrosières, Alain. Mapping the Social World: From Aggregates to Individuals[EB/OL]. Limn 2 (2012). https://limn. it/articles/mapping-the-social-world-from-aggregates-to-individuals; LEE M., MARTIN J. L. Surfeit and Surface[J]. Big Data and Society, 2015, 2(2).

⑤ SIEGEL E. Predictive Analytics: The Power to Predict Who will Click, Buy, Lie or Die[M]. Hoboken, NJ: Wiley, 2016: 23.

⑥ RIEDER B. Scrutinizing an Algorithmic Technique: The Bayes classifier as Interested Reading of Reality[J/OL]. Information, Communication and Society, 2017, 20(1): 12. http://dx.doi.org/10.1080/1369118X.2016.118119.

⑦ 参见本书第四章对算法个体化的讨论。

们不依赖于人们的想法和需求，也不依赖于人们所表达的需求。算法的计算通常基于人们实际所做的事情，而非人们所表达甚至知道的事情。① 该算法所处理的每一个体视角的内容源自人们活动的数字"足迹"——邮政编码、信用报告、驾驶记录、语言模式、朋友和关系，以及与其他类似的个体数据进行比较的许多其他元素。②

即使算法不依赖于特定的视角，它们的个性化指示也不能扩展到其他情况。它们仅适用于可用的数据集（具有隐含的偏差）、目标个体和特定时刻。然而，结果是局部的、具体的和临时的，这应该是它们的优势。用安迪·克拉克的话来说："语境似乎就是一切。"③学习型算法非常有效，可以取得令人印象深刻的结果，但仅指训练它们的特定环境。正如软件程序员非常清楚的那样，训练有素的机器可以"非常适合它们的环境，但不适合其他任何环境。"④例如，必须回答有关图片中窗帘问题的算法不会寻找窗户，而是从底部开始搜索，如果找到的是床则停止搜索（因为在用于训练它的数据集里，在卧室窗户上发现了窗帘）。结果可能非常适合该特定数据集，但不依赖于可以在不同语境下（例如，在织物分类中）使用的窗帘知识。事实上，该算法根本不知道窗帘。如果需要泛化的结果，则必须以归纳的方式重建该组，分析许多不同的语境，并在后验（posteriori）中聚合它们⑤——这一过程与经典统计科学的过程完全相反。

制造可预测的未来

根据统计学和现代科学的标准，机器学习方法存在一些基本缺陷。像

---

① CARDON D. À quoi rêvent les algorithms[M]. Paris：Seuil，2015：27.

② GOLDER S. A.，MICHAEL W. M. Digital Footprints：Opportunities and Challenges for Online Social Research[J]. Annual Review of Sociology，2014(40)：129 - 152.

③ CLARK A. Surfing Uncertainty：Prediction，Action and the Embodied Mind[M]. New York：Oxford University Press，2016：163.

④ BORNSTEIN A. M. Is Artificial Intelligence Permanently Inscrutable? Despite New Biology——Like Tools，Some Insist Interpretation Is Impossible[EB/OL]. [2016 - 09 - 01]. http://nautil. us/issue/40/learning/is-artificial-intelligence-permanently-inscrutabl.

⑤ LEE M.，MARTIN J. L. Surfeit and Surface [J]. Big Data and Society，2015，2(2)；MACKENZIE A. The Production of Prediction：What Does Machine Learning Want? [J]. European Journal of Cultural Studies 2015，18(4 - 5)：440.

占卜技术一样，算法程序是语境化的、个性化的、具体化的，并且基本上是模糊的。然而，这些方面正是它们预测有效性的基础。正是因为它们解决了个别案例和特定环境，算法有望预测未来。这个主张是关于什么的？预测真的有效吗？

在机器学习中，算法的预测能力取决于相同的因素，这些因素使得它们的程序通常无法被人类大脑理解。机器学习算法能够识别数据中无法通过推理掌握的模式，因为它们不是基于意义的。出于同样的原因，它们不能被依赖于出于某种原因人工选择的模型和数据样本的标准统计程序所捕获。然而，无论受试者的知识和意图如何，这些模式都有望揭示未来的结构。[①] 算法应该在大量未选择的观察数据中找到独立于模型的模式。

模型的缺乏应该导致与现实更直接的关系。但是在谈论数据时，现实意味着什么？"真实"的含义非常奇特，仅指缺乏抽样，即数据独立于解释模型。这并不意味着算法可以使用直接来自世界的"原始数据"。撇开关于解释现实和了解现实可能性的哲学讨论不谈，原始数据的想法很容易遭到指责，并受到彻底的批评。[②] 即使当系统处理所有观测数据时，算法所依据的数据集也总是依赖于人为干预：该集合仅拥有它所包含的数据，如果以另一种方式处理它可能得到另一个不同的集合，并且有许多数据点源于人们的行为和决定，包括首先决定哪些数据值得收集。此外，无论设计者自己是否知道机器如何工作的细节，算法的程序显然是人类设计的结果。那么，在谈到算法的"真实"数据时，您不能说由于缺乏人为干预而导致人类的中立性或数据的"原始性"。

算法处理真实数据并不意味着它们的数据忠实地对应于经典的形而上

---

① 例如，美国越来越多的学院和大学使用预测分析来发现在不知不觉中有辍学危险的学生，参见 TREASTER J. B. Will You Graduate? Ask Big Data[N]. New York Times，2017 - 02 - 02.

② GITELMAN L., ed. Raw Data Is an Oxymoron[M]. Cambridge, MA: MIT Press, 2013; BOYD D., CRAWFORD K. Critical Questions for Big Data[J/OL]. Information, Communication and Society, 2012, 15(5): 662 - 679. https://doi.org/10.1080/1369118x.2012.67887; GILLESPIE T. The Relevance of Algorithms[M]//GILLESPIE T., BOCZKOWSKI P. J., FOOT K. A. Media Technologies. Cambridge, MA: MIT Press, 2014: 167 - 194; MITTELSTADT B. D., ALLO P., TADDEO M., WACHRTER S., FLORIDI L. The Ethics of Algorithms: Mapping the Debate[J]. Big Data and Society, 2016, 3(2): 1 - 21.

学意义上的外部世界。① 算法并非客观地认识世界的中立观察者。算法根本不了解这个世界——什么都不"知道"。重点在于算法本身是真实的，并且是其运行的世界中的一部分，而非外在于世界的模型，这改变了"预测"的含义。当算法进行预测时，它们不会提前看到一个独立的外部给定物，即尚未出现的未来，这是不可能的。算法通过自己的运作"制造"它们预期的未来。② 算法预测由它们的预测所塑造的未来。

预测是个性化的和语境化的，并且仅涉及算法所处理的特定项目。例如，预测购物中使用的算法并不能揭示消费者在下一季度的购买趋势，或者哪些产品的市场份额将增加或降低。相反，算法预测并建议个人消费者愿意购买哪些特定产品，甚至在个人选择它们之前，并且可能在某人意识到其需要特定产品之前。③ 产品也可以是人们并不知道的产品，但根据通常难以理解的标准，该算法将其识别为与消费者的特征以及消费者或其他类似人已完成的过去做出的选择相兼容。如果算法的预测是正确的，并且这个人购买了产品，这并不是因为算法提前看到了未来，部分原因是如果没有这种干预，未来就不会存在。④ 这个人不会考虑购买该产品甚至可能不知道它的存在。通过向未来的购买者推荐产品，算法产生未来，从而确认自己——或者如果建议被拒绝，则从经验中学习。⑤ 错误和正确的预测都是有用的，有助于算法学习、确认其结构或需求，并修改它们以考虑新数据。通过这种方

---

① 现实的概念与作为对应的真理观念相去甚远，而更接近波普尔的方法，假设对现实的引用可以最终驳斥错误的假设，而不是确认正确的假设，参见 POPPER K. Conjectures and Refutations. The Growth of Scientific Knowledge[M]. New York：Basic Books, 1962. 它是一种隐含的建构主义概念，现实是有意了解它的系统所干预的结果，参见 WATZLAWICK P. Die erfundene Wirklichkeit[M]. Munich：Piper, 1981；VON FOERSTER H. Observing Systems[M]. Seaside, CA：Intersystems Publications, 1981.

② CARDON D. À quoi rêvent les algorithms[M]. Paris：Seuil, 2015：22；KOTRAS B. Mass Personalization：Predictive Marketing Algorithms and the Reshaping of Consumer Knowledge [J]. Big Data & Society, 2020, 7(2).

③ SHARMA A. How Predictive AI Will Change Shopping[J/OL]. Harvard Business Review [2016-11-18]. https://hbr.org/2016/11/how-predictive-ai-will-change-shoppin.

④ MACKENZIE A. The Production of Prediction：What Does Machine Learning Want? [J]. European Journal of Cultural Studies, 2015, 18(4-5)：436.

⑤ SINHA J. I., FOSCHT T., FUNG T. T. How Analytics and AI Are Driving the Subscription E-commerce Phenomenon[EB/OL]. MIT Sloan Management Review (blog)[2016-12-06]. https://sloanreview.mit.edu/article/using-analytics-and-ai-subscription-e-commerce-has-personalized-marketing-all-boxed-up.

式,该算法在处理一个仍然未知的世界时变得越来越有效。在其他情况下也应如此,例如预防犯罪：预测应能在面临风险的个人开始犯罪生涯之前采取行动。①

　　声称算法处理的数据是"真实的",并不涉及一个要尽可能准确地描述的独立世界,而是指一个"主动推理"过程的结果,在这个过程中,"使用(1)改变预测以适应世界;(2)改变世界以适应预测的双重策略"来减少预测误差。② 世界因算法而改变,算法向世界学习如何修改其预测。程序员说："目标不再是真理,而是述行性(performativity)……我们不再(仅)根据我们所知道的做出决定;我们基于自己必须做出的决定而知道";③"预期在本质上同时具有描述性和规范性。"④

当正确的预测错误时

　　尽管存在局限性,但算法预测应该始终有效。即使它们的预期没有实现,算法也应该在确定可用数据的情况下提供最好的预测,即使预测失败,当它发生时,也应该有助于学习和提高未来的表现。如果不需要抽象化预测和泛化预测(例如统计数据),则针对特定案例和局部语境,算法应提供准确可靠的预测分数、优化资源使用,并使人类能够发现新的可能性。游客发现了他们从未想过的目的地,并设法更好地组织他们的旅行;执法或安全机构变得更加有效;卖家将促销集中在相关人群上,避免浪费和不

---

① JOUVENAL J. Police Are Using Software to Predict Crime. Is It a Holy Grail or Biased against Minorities? [N]. Washington Post，2016‐11‐17.

② CLARK A. Surfing Uncertainty：Prediction, Action and the Embodied Mind[M]. New York：Oxford University Press, 2016：123.

③ RIEDER B. Scrutinizing an Algorithmic Technique：The Bayes classifier as Interested Reading of Reality[J/OL]. Information, Communication and Society, 2017, 20(1)：11‐12. http://dx. doi.org/10.1080/1369118X.2016.118119. 关于侧重于经济学领域的模型执行效果的研究,参见 MACKENZIE D. An Engine, Not a Camera. How Financial Models Shape Markets[M]. Cambridge, MA：MIT Press, 2006；MACKENZIE D., MUNIESA F., SIU L. Do Economists Make Markets? On the Performativity of Economics[M]. Princeton：Princeton University Press，2008；ESPOSITO E. The Structures of Uncertainty：Performativity and Unpredictability in Economic Operations[J]. Economy and Society, 2013, 42：102‐129.

④ CLARK A. Surfing Uncertainty：Prediction, Action and the Embodied Mind[M]. New York：Oxford University Press, 2016：286.

必要的烦恼；银行和信用卡公司发现更可靠的客户，并将其融资重点放在他们身上。

事实上却并非总是如此。批评者观察到，在某些情况下，使用算法来预测未来可能是具有破坏性的，即使在某种意义上其预测是准确的。例如，哈考特认为，在刑法中越来越多地使用算法工具来确定要搜查和惩罚谁，以及如何实施刑事制裁，不仅会在道德和政治上受到批评，而且可能会破坏执法的主要目标，即减少犯罪，而不只是增加逮捕。① 依赖预测会增加犯罪总量，这不仅是对特定目标的关注增加会导致发现原本不会引起注意和追踪的"滋事犯罪"（nuisance crimes），或者由于数据中的初始偏差往往会被通过使用该模型重现，还因为目标人群对目标工作的反应。② 算法是"行为修正的工具"，其使用必须有所节制，因为它们是基于其创造的现实来确认它们的发现。③

这是预测述行性的阴暗面，它再现了占卜程序众所周知的循环性。如果没有具体的干预，④占卜预言往往会自我实现，正如俄狄浦斯的案例所示，他为避免预测结果所做的一切都有助于被预言的结论：他将杀父娶母。在古代世界，预言的循环被认为是对更高宇宙秩序存在的确认和对混沌的

---

① HARCOURT B. E. Against Prediction. Profiling, Policing and Punishing in an Actuarial Age [M]. Chicago：University of Chicago Press, 2007. 显然，自 2015 年以来，芝加哥的枪支暴力事件激增，尽管该市一直在使用算法生成的战略主题列表，试图预测谁最有可能卷入枪击事件，参见 ASHER J., ARTHUR R. Inside the Algorithm That Tries to Predict Gun Violence in Chicago[N]. New York Times, 2017 - 06 - 13. 关于预测性警务实验的评估，参见 HUNT P., SAUNDERS J., HOLLYWOOD J. S. Evaluation of the Shreveport Predictive Policing Experiment[M/OL]. Santa Monica, CA：Rand, 2014. https://www.rand.org/pubs/research_reports/RR531.htm.

② 与 PredPol（http://www.predpol.com.）等预测性警务软件参考的地震事件不同。SHAPIRO A. Reform Predictive Policing[J]. Nature, 2017(541)：458 - 460；O'NEIL C. Weapons of Math Destruction[M]. New York：Crown, 2016：87.

③ O'NEIL C. Weapons of Math Destruction[M]. New York：Crown, 2016：9.

④ 根据旨在消除伤害或邪恶影响的驱邪仪式，参见 AMAR A. On the Beginnings and Continuities of Omen Sciences in the Ancient World[M]//AMAR A. Divination and Interpretation of Signs in the Ancient World. Chicago：The Oriental Institute of the University of Chicago, 2010：2；MAUL S. M. How the Babylonians Protected Themselves against Calamities Announced by Omens[M]//ABUSCH T., VAN DER TOOM K. Mesopotamian Magic：Textual, Historical and Interpretative Perspectives；Ancient Magic and Divination I. Groningen：Styx Publication, 1999：124 - 126.

否定。相反，在提到开放未来的现代文化中，这种循环会导致反馈循环和严重的学习障碍。算法看到了它们干预产生的现实，并且不会从它们看不到的东西中学习，因为它们看不到的东西已被它们的工作结果所抵消。算法的使用产生了二阶失明。①

程序员社群敏锐地意识到可以通过使用算法来改变环境所产生的问题。② 环境甚至可以是主动对抗性的，例如为了信用评级目的使用算法，从而促使人们满足算法所针对的标准。然而，在大多数情况下，问题是社会问题而不是技术问题。算法参与沟通，这会产生后果。例如，根据哈考特的论点，如果经过算法画像的人对警察政策变化的反应不如其他人，那么将犯罪预防措施集中在被画像的人身上可能会适得其反，因为被画像的人通常别无选择，而且无论如何都会犯罪。③ 相反，监测和预防可能仍然未有效地覆盖其他领域的人口，总体犯罪率在增加。该算法是根据算法行动前的世界情况进行训练的，从而找出相关的案例：有犯罪风险的个人或用户更有可能购买的产品。④ 然后，该算法会获得有关这些项目的答案，并了解其预测是否正确。但是，用户实际决定购买的产品或实际犯罪的个人可能会继续逃避预测，因为他们最初成为目标的可能性非常低，只是由于算法的运作而变得相关。⑤ 犯罪率增加是因为监视转移到别处，或者作为对大众产品的

① KOTRAS B. Mass Personalization：Predictive Marketing Algorithms and the Reshaping of Consumer Knowledge[J]. Big Data & Society，2020，7(2). 参考备受争议的谷歌流感趋势案例，在初步成功后，被证明在预测流感传播方面无效，参见 VESPIGNANI A. Lalgoritmo e loracolo：Come la scienza predice il futuro e ci aiuta a cambiarlo[M]. Milan：Il Saggiatore，2019 (61-62)：110-112. 失败也归因于谷歌推荐系统的内部变化，该系统对流感搜索的增加做出了反应，并开始向没有流感的人建议与流感相关的查询。LAZER D.，KENNEDY R.，KING G.，VESPIGNANI A. The Parable of Google Flu：Traps in Big Data Analysis[J]. Science，2014，343(6176)：1203-1205.
② LIPTON Z. C. The Mythos of Model Interpretability[J]. ACM Queue，2018，16(3)：1-27.
③ HARCOURT B. E. Against Prediction. Profiling, Policing and Punishing in an Actuarial Age [M]. Chicago：University of Chicago Press，2007.
④ 预测是基于一个非常可疑的假设，即未来会重现过去。CARDON D. À quoi rêvent les algorithms [M]. Paris：Seuil，2015：58；AMOORE L.，PIOTUKH V. Life Beyond Big Data：Governing with Little Analytics[J]. Economy and Society，2015，44(3)：359；RONA-TAS A. Predicting the Future：Art and Algorithms[J]. Socio-Economic Review，2020，18(3)：893-911.
⑤ GOODFELLOW I，BENGIO Y.，COURVILLE A. Deep Learning[M]. Cambridge，MA：MIT Press，2016：481.

个性化广告的反应，小众产品变得更具有吸引力。①

　　问题不在于算法的即时预测可能是错误的，而在于如何为未来做好准备是错误的。这是研究社会结构，即预测的环境必须面对的社会问题。精确的预测会引发反应，从而导致自我实现或自我挫败的循环，并（同时）导致预防性政策，从而限制未来的可能性。② 如果今天对被定性为可能犯罪者的个人采取安全措施，他们的行为就会受到限制，但决策者的选择也会受到限制。如果犯罪最终发生在其他地方，那么说明盯错人了，或者就推荐系统而言，自学习算法的使用可能会对用户的未来偏好产生偏差和不完整的看法，因为系统只看到用户对推荐项目的反应，看不到用户对其他项目的反应，并且仍然不知道他们会对那些被忽略的项目会做出什么反应。算法不会获得关于未得到推荐用户的任何信息。③ 在这种情况下的问题不只是错误预测的风险，而是减少了所有相关参与方的未来可能性。

失明和过拟合

　　算法预测的困难与统计预测的困难不同。④ 这些问题并非由于抽样问题、数据短缺或使用误导性解释模型。算法没有这些顾虑。相反，它们的困难取决于机器学习的具体问题，特别是算法处理过去和未来之间关系的方式。算法是通过在一组来自过去的训练数据，最大化它们的性能来训练的。⑤

---

① 根据绍伯尔的说法，由机器学习程序继承的贝叶斯条件化的基本限制之一是无法考虑新对象。系统只会（越来越好）学习它之前识别为它的对象。模型不考虑它们不计算的东西。SOBER E. Ockhams Razors: A Users Manual[M]. Cambridge: Cambridge University Press，2016：78; O'NEIL C. Weapons of Math Destruction[M]. New York: Crown, 2016: 59.

② Kerr, Ian and Jessica Earle. Prediction, Preemption, Presumption. How Big Data Threatens Big Picture Privacy[J/OL]. Stanford Law Review, 2013, 66(65): 67 - 68. https://review.law. stanford.edu/wp-content/uploads/sites/3/2016/08/66 _ StanLRevOnline _ 65 _ KerrEarle. pd; AMOORE L. Algorithmic War: Everyday Geographies of the War on Terror[J]. Antipode: A Radical Journal of Geography, 2009(41): 53 - 55.

③ 科特拉斯描述了由此产生的超个性化悖论。KOTRAS B. Mass Personalization: Predictive Marketing Algorithms and the Reshaping of Consumer Knowledge[J]. Big Data & Society, 2020, 7(2).

④ HUFF D. How to Lie with Statistics[M]. New York: Norton, 1954.

⑤ 用于验证算法的回测程序是预测过去的一种形式，参见 SIEGEL E. Predictive Analytics: The Power to Predict Who will Click, Buy, Lie or Die[M]. Hoboken, NJ: Wiley, 2016: 88.

然而,算法的预测效果取决于它们对在将来会出现的以前未见的数据表现出良好的能力。训练数据和真实数据是不同的,就像过去和未来不同一样,但算法只知道训练数据,两组数据之间的差异带来了许多困难,①我们往往没有能力面对这些困难。②

第一个后果是机器学习和实践中公认的主要问题：泛化。③ 在机器学习中,有效泛化意味着使用已知的东西来预测算法以前从未见过的东西,因为实践经验不断要求我们去这样做。每一次沟通、每一句话、每一次对对象的观察都不同于之前的任何沟通或观察。④ 算法如何处理它们所知道的训练数据和未知的未来数据之间的差异性？

同样,这个问题在机器学习社区中是众所周知的,并且引起了激烈的争论。学习型算法必须在两个部分不相容的目标之间找到平衡点。训练误差必须最小化,算法必须学会成功地处理训练它的例子,否则,问题就欠拟合：算法性能较差,无法解决复杂问题。同时,应尽量减少测试错误,提高处理前所未有的例子的有效性。如果算法学会了在给它的例子上很好地工作,但是在每个变化方面都变得僵化,预测误差将会增加：算法已经很好地学习了训练实例,以致它对每个新项目都视而不见。这种情况下的问题是过拟合,它被称为"机器学习的难题"。⑤ 当系统建立自己的僵化且有点自我

① 还有实际限制：例如,算法缺乏进行非循环预测的创造力——不仅是预测人们会喜欢脸书(Facebook)上的哪些帖子,而且需要写出人们会喜欢的新帖子,参见 MULLAINATHAN S. Why Computers Wont Be Replacing You Just Yet[N]. New York Times, 2014 - 07 - 01.

② RONA-TAS A. Predicting the Future：Art and Algorithms[J]. Socio-Economic Review, 2020, 18(3)：893 - 911.

③ GOODFELLOW I., BENGIO Y., COURVILLE A. Deep Learning[M]. Cambridge, MA：MIT Press, 2016：110；MACKENZIE A. The Production of Prediction：What Does Machine Learning Want? [J]. European Journal of Cultural Studies, 2015, 18(4 - 5)：439. 机器学习中的泛化(generalization)与统计学中的一般化(generalization)具有不同的含义,在统计学中,一般化涉及将有关样本的发现扩展到总体,参见 HACKING I. The Emergence of Probability[M]. Cambridge：Cambridge University Press, 1975, chapter 19. 但是算法适用于整个人群,不需要在这个意义上进行泛化。

④ 对奇点(singularities)的提及与统计学的主流方法有进一步的不同。频率概率(frequentist probability)指的是可重复的事件并计算它们的发生率,而贝叶斯概率(Bayesian probability)和机器学习则处理不可重复的事件,参见 GOODFELLOW I., BENGIO Y., COURVILLE A. Deep Learning[M]. Cambridge, MA：MIT Press, 2016：55.

⑤ DOMINGOS P. A Few Useful Things to Know about Machine Learning[J]. Communications of the ACM, 2012, 55(10)：78 - 87.

封闭的目标图像时，就会出现过拟合，从而失去捕捉世界经验多样性的能力。该系统过度适应它所知道的实例。例如，它学会了如何与受过训练的右撇子用户进行互动，以致它无法将左撇子识别为可能的用户。用技术术语来说，系统无法有效地区分相关信息（信号）和不相关的信息（噪声）。从社会学的角度来看，过去的经验有可能会破坏未来的开放性。

　　在高度复杂度和高度不确定性的条件下，过拟合的风险会增加，因为噪声分量往往比信号分量增加得更多——未来往往与过去越来越不同。为了有效预测未来，应该忽略更多过去的元素，否则系统的预测只会重现过去及其特质。问题在于确定要忽略哪些元素，即有效地遗忘哪些元素。然而，正如第五章所述，决定去遗忘总是一个棘手的问题。[1] 过拟合是所有学习型系统的风险，尤其是当学习执行时间过长或训练实例很少时（观察到的项目很少且过于详细）；然而，处理大数据尤其有风险。在非常大的数据集中，通常数据是高维的，并且许多元素是新的。[2] 元素可以是图像、手写数字或涉及许多方面的非正式对话，其中许多元素是特殊的，并且每次都不同。多样性如此之高，以致即使有大量可用数据，对于所涉及的维度而言，实例的数量仍然不足。[3] 在实践中，就好像训练时间总是太长而样本总是太少。学习这些过去的数据不足以预测尚不存在的未来。

记忆与幻想

　　人们对关于未来的算法生产视而不见。如何解决这种情况？为了避免过拟合和相应的幻觉结果的风险，机器学习程序员通常被建议偏爱更简单的系统，因为复杂性往往会增加噪声而不是预测准确性。[4] 这个问题是根据偏

① ECO U. An Ars Oblivionalis? Forget it! [J]. Kos, 1987, 30: 40-53.
② GOODFELLOW I., BENGIO Y., COURVILLE A. Deep Learning [M]. Cambridge, MA: MIT Press, 2016: 155-156.
③ BARBER D. Bayesian Reasoning and Machine Learning [M/OL]. Cambridge: Cambridge University Press, 2012, chapter 15. http://web4.cs.ucl.ac.uk/staff/D.Barber/textbook/171216.pd.
④ BARBER D. Bayesian Reasoning and Machine Learning [M/OL]. Cambridge: Cambridge University Press, 2012, chapter 13.3. http://web4.cs.ucl.ac.uk/staff/D.Barber/textbook/171216.pd. 对更简单系统的偏好被呈现为奥卡姆剃刀的变体，它建议经院哲学家不要迷失在无关紧要的难题（complications）中，而是更喜欢最简单的解释。DOMINGOS P. The （转下页）

差和方差之间的关系来讨论的，①其中，偏差衡量的是模型的准确性，方差则衡量预测之间的差异性。从社会学的角度来看，偏差对应于记忆，方差对应于幻想，更复杂的系统往往具有较高的偏差（即对过去的坚持）。这种偏差不一定是错误的（许多刻板印象都有现实基础），但在另一个层面上却是无益的，因为它缩小了焦点并阻止模型看到与它们先入为主的想法不匹配的东西。更简单的系统将不那么准确，但更开放，因此，其更有能力处理新的不可预测性。

这个问题与管理过去和未来之间的关系有关，这在传统上是记忆的任务。过拟合的系统实际上会记住过去并使用这种技能来预测未来。后见之明比先见之明更准确，并且系统存在预测性能差的风险，以及容易出现泛化错误的风险。因此，为了处理过拟合，数据科学家建议通过施加随机误差来"拖累"算法，以防止学习变得过于准确。② 其他解决方案建议完全遗忘过去：因此，记忆被视为一种偏差，而预测危及对新奇事物的开放性。③

这一定是最好的解决方案吗？ 为了更好地面对未来，我们的记忆效果应该更差吗？ 一方面，正如尼采所说，对于能够与世界打交道、能够去希望和能够去学习而言，遗忘的能力是至关重要的；④另一方面，如果没有记忆，你就无法制订计划，并且每次都必须重新开始。⑤ 因此，其结果并非更好。那些不记得过去的人不一定是创新的，他们往往会在不知不觉中产生琐碎的旧形式。⑥

（接上页）Role of Occams Razor in Knowledge Discovery[J/OL]. Data Mining and Knowledge Discovery，1999，3(4)：409-425. https://doi.org/10.1023/A：100986892989.

① GOODFELLOW I.，BENGIO Y.，COURVILLE A. Deep Learning[M]. Cambridge，MA：MIT Press，2016：130. 译者注：bias 在机器学习的语境之中应该翻译为偏差，其本身是一个不带褒义或贬义的中性词，但当探讨算法设计者的 bias 时，则译为偏见。

② KOTRAS B. Mass Personalization：Predictive Marketing Algorithms and the Reshaping of Consumer Knowledge[J]. Big Data & Society，2020，7(2)：7.

③ HARCOURT B. E. Against Prediction. Profiling，Policing and Punishing in an Actuarial Age [M]. Chicago：University of Chicago Press，2007：237-239.

④ Nietzsche，Unzeitgemässe Betrachtungen：Zweites Stück：116.

⑤ 减少偏差是徒劳的，MITCHELL T. M. Machine Learning[M]. Boston：McGraw Hill，1997：43. 在学习型算法中，高偏差转化为始终学习相同事物的趋势，但低偏差导致学习随机事物而不管真实信号如何，即学习很少或学习无关紧要的东西。

⑥ 在机器学习中，这个问题是从利用和探索之间的关系来讨论的（MARCH J. G. Exploration and Exploitation in Organization Learning[J]. Organization Science，1991，2：71-87)，其中利用是指使用经验来处理已知的世界，而探索是指追求未知的事实和惊喜（这可能很有启发性，但也有风险或者是徒劳的）。

社会记忆的演变表明，可以同时增加对过去的了解和对未来的开放性。①在现代社会，对过去的系统研究导致历史意识的发展和以开放的视野看待未来的能力。② 现代已经摒弃了用未来再现过去的观念，开始处理甚至重视新奇和惊喜。现代社会已经发展出一种能够遗忘更多的记忆方法，因为它可以记住更多东西。

结论

在我们的数字社会中，预测的挑战是将个性化算法预测与未来的开放性结合起来——这一挑战似乎表现为将预测与不可预测性相结合的悖论。我们能否提前知道我们的未来并仍然感到惊讶？我们能否在不限制未来创造力和创新可能性的情况下，积极主动地应对即将发生的事件？

算法预测，就像古代的占卜预测一样，是有语境的、个性化的，而且基本上是晦涩难懂的。然而，尽管有许多相似之处，但算法预测与占卜有着根本的不同。我们当代的世界并不是一个结构化的占卜世界，在占卜世界中，假设全球更高的秩序协调所有现象。即使当算法预测有助于产生特定的预测事件时，数字预测在一个比占卜更加复杂、被动和不稳定的社会环境中发挥作用——而且在一个不一定有基本秩序的世界中发挥作用。在占卜语义学中，预先看到未来结构的想法可能是合理的。但是在现代社会，尤其是在算法工作的数字化社会中，沟通的强度如此之大以致任何预测，即使是正确的都会被预期、评论和修改，从而产生新的不可预测的复杂性，而不能保证基本秩序。对预测型算法的有效性和问题的充分分析不仅是技术性的，而且需要考虑其所使用的社会和沟通条件。

① ESPOSITO E. Soziales Vergessen: Formen und Medien des Gedächtnisses der Gesellschaft[M]. Frankfurt am Main: Suhrkamp, 2002.

② KOSELLECK R. Vergangene Zukunft: Zur Semantik geschichtlicher Zeiten[M]. Frankfurt am Main: Suhrkamp, 1979: 38 - 66.

结　语

计算机可以设计出关于一切的理论吗？2020年,《纽约时报》的一篇文章对这个问题进行了辩论,该文章提出了一种可能性,即配备最复杂的深度学习技术、能够筛选模式数据并自动发现物理学基本公式的机器,可以将这些发现与宇宙的统一理论联系起来。① 2008年,克里斯·安德森在《连线》(*Wired*)杂志上发起的关于"理论终结"的辩论似乎是一个令人惊讶的结果,②但事实上,前提是相同的:"终结可能不是在理论物理学的视野中。但对于理论物理学家来说,它可能就在眼前。"③该理论将由自我编程机器产生,人类无法理解,并且独立于我们的推理形式。根据泰格马克的说法,否认这种可能性将是一种"碳沙文主义"。④

但是,使用这些说法真的会很方便吗？一个难以理解的理论有什么意义,我们需要一个这样的理论吗？在那篇《纽约时报》的文章发表后的几天内,就宣布了使用算法的自主工作来处理经典的"蛋白质折叠问题"的可能性:机器学习能够根据构成蛋白质的一串氨基酸来预测蛋白质的三维形状,其方式与人类研究完全不同。⑤ 这种发展可以加速新药的发现并改善

① OVERBYE D. Can a Computer Devise a Theory of Everything? [N/OL]. New York Times [2020 - 11 - 23]. https://www. nytimes. com/2020/11/23/science/artificial-intelligence-ai-physics-theory. htm.

② KELLY K. On Chris Andersons the End of Theory[EB/OL]. Edge, 2008. http://edge. org/discourse/the_end_of_theory. htm.

③ OVERBYE D. Can a Computer Devise a Theory of Everything? [N/OL]. New York Times [2020 - 11 - 23]. https://www. nytimes. com/2020/11/23/science/artificial-intelligence-ai-physics-theory. htm.

④ TEGMARK M. Life 3.0: Being Human in the Age of Artificial Intelligence[M]. New York: Knopf, 2017.

⑤ METZ C. London A. I. Lab Claims Breakthrough That Could Accelerate Drug Discovery[N]. New York Times, 2020 - 11 - 30.

病毒和疾病的治疗——但这并不是因为算法设计了一种理论，在任何情况下这种理论都是难以理解的。相反，它们学会了通过分析数千个已知病例及其物理形状来可靠地预测蛋白质的形状。如果它们的预测结果是可靠的，那么基本问题真的是像杰西·泰勒所希望的那样"拥有能够像物理学家一样思考的机器"吗？[1] 还是更确切地说，是找到一种与这些难以理解的机器进行有效沟通的方法，以便使用它们的结果并控制可能的错误或不良影响？

正如笔者在前几章中所论证的，后者是由能够自学习和编程的非透明算法的发展所带来的挑战。沟通是一个复杂且多方面的过程，从这个角度观察算法的工作会揭示出许多迷人而困难的问题。有些问题解决了，有些问题采取了不同的形式，还有一些问题出现了。

例如，基于图灵测试的有争议的问题得以解决：我们如何知道对话者是人还是机器？在提出该测试的文章发表了 70 年之后，[2]经过无数次讨论和评论，答案并非来自测试的某些详细版本，而只是来自与算法的互动：在大多数情况下，答案一点都不重要。如果有的话，就是机器必须使用某种版本的验证码，[3]来确保它们的对话者是人。相反，重要的是沟通有效，沟通伙伴以有趣、信息丰富、可靠甚至使人愉快的方式参与其中。通常没有时间和动机去质疑它究竟是机器还是人。

其他问题，例如棘手的偏差问题，则以另一种形式出现。在人工智能的所有实际应用中，偏差已成为讨论最多且最难处理的问题之一。[4] 算法是有偏差的，正如我们所熟知的那样，它们会产生有偏差的结果。面部识别系统在识别白人面孔方面比其他人种更准确，[5]用于预测犯罪的程序不成比例地针对某些种族群体和某些社区，[6]网络上的人工智能聊天机器人倾向

---

① 人工智能和基础交互研究所(https://iaifi.org)所长杰斯·泰勒引用了欧文拜的话，计算机可以设计万物理论吗？

② TURING A. M. Computing Machinery and Intelligence[J]. Mind, 1950, 59(236): 433-460.

③ 验证码代表完全自动化的公共图灵测试，以区分计算机和人类：http://www.captcha.net/.

④ 正如霍华德在《性、种族和机器人》中所说的那样，偏差是人工智能的原罪。

⑤ BUOLAMCWINI J., GEBRU T. Intersectional Accuracy Disparities in Commercial Gender Classification[J]. Proceedings of Machine Learning Research, 2018(81): 1-15.

⑥ ANGWIN J., LARSON J., MATTU S., KIRCHNER L. Machine Bias: Theres Software Used across the Country to Predict Future Criminals. And Its Biased against Blacks[EB/OL]. （转下页）

于发布种族主义和攻击性推文。① 在保险、广告、教育和信用评分等许多领域,算法和大数据的使用可能会导致加剧不平等和歧视性的决策。② 然而,这些结果是否取决于算法中人工产生的智能类型?

克劳福德和其他许多人声称,"与之前的所有技术一样,人工智能将反映其创造者的价值观。"③当我们与自我编程的机器打交道时,这真的是问题所在吗? 毕竟,目前还不完全清楚算法的设计者是否实际上是已实施程序的创造者。在笔者看来,这种情况下的问题不在于机器的工作方式反映了其创造者的偏见,而是相反,它之所以存在偏差,很大程度上是因为它们的工作方式并不反映其创造者的价值观。算法设计者不可避免地有自己的偏见,无论其是否有意在人工智能领域,他们主要是白人和男性。④ 那么,算法本身很可能会被相应地塑造。然而,最重要的问题并不是算法反映了其创造者的偏见——当然,这些创造者确实往往是白人。相反,算法偏差只是问题的一个组成部分。更深、更难管理的是通常被称为"数据偏差"的问题,它不取决于程序员的价值观。⑤ 相反,它取决于算法效率的基础来源:人们在网络上对大数据的访问,这些大数据通常建立在数十亿参与者、传感器和其他数字来源的不协调输入之上。机器参与的沟通既不是中立的,也不是平等的,它们学会相应地工作,其工作方式可能与设计者的偏好大不相同。⑥ 那么,在追求算法正义的目标时,⑦最困难的是沟通问题,而不是认知问题。

(接上页)ProPublica[2016 - 05 - 23]. https://www.propublica.org/article/machine-bias-risk-assessments-in-criminal-sentencin.

① REESE H. Why Microsofts Tay AI Bot Went Wrong[EB/OL]. Tech Republic[2016 - 03 - 24]. https://www.techrepublic.com/article/why-microsofts-tay-ai-bot-went-wrong.

② O'NEIL C. Weapons of Math Destruction[M]. New York: Crown, 2016.

③ CRAWFORD K. Artificial Intelligences White Guy Problem[N]. New York Times, 2016 - 06 - 25.

④ BERREBY D. Can We Make Our Robots Less Biased Than We Are? [N]. New York Times, 2020 - 11 - 22.

⑤ 关于算法偏差和数据偏差之间的区别,参见 MEHRABI N., MORSTATTER F., SAXENA N., LERMAN K., GALSTYAN A. A Survey on Bias and Fairness in Machine Learning[EB/OL].arXiv.org, submitted on August 23, 2019. arXiv: 1908.09635.

⑥ 对泰(Tay)进行编程的微软员工在阅读了聊天机器人发布的种族主义和色情信息后显然感到震惊,该聊天机器人很快被暂停(Mason 2016)。机器的行为显然没有反映他们的价值观和偏好。

⑦ 算法正义联盟的网站:https://www.ajl.org/.

最后，当焦点转移到沟通上时，还会出现其他问题。如今在许多领域积累的针对特定任务使用算法的实践经验，几乎在不经意间导致了与它们参与沟通相关的很多且极其复杂的问题的出现。例如，在法律中，"机器法学"（mechanicial jurisprudence）①已经成为现实：法律推理的计算系统能够探索法律数据库、发现模式、识别相关规则、应用它们、生成论据——甚至向用户解释它们的推理链条。② 然而，引发辩论的问题与推理者是机器这一事实无关。正如卡纳利和图泽特声称的那样，"司法动机不在于对导致决定的过程的心理解释，而在于表明证实其正当性的法律理由。"③

沟通必须奏效，这并不简单。如何在与算法的沟通中再现法律论证的基本模糊性？④ 为了解释不可避免的案例和语境的多样性，法律论证"通常是含混和模糊的"，⑤并且法律沟通必须"易于接受一种以上的合理解释。"⑥正如加芬克尔所说，律师的任务是使对事实和法律的解释变得模棱两可。⑦然而，对于算法来说，模糊性是一个众所周知的挑战。机器不仅难以理解人类沟通的模糊性，它们更难以产生模糊性的沟通——也就是说，以有效的方式使用法律论证所需的模糊性。

关于法律解释和诠释之间差异的辩论反映了这一困难。⑧ 正如可解释

① WALTON D., MACAGNO F., SARTOR G. Statutory Interpretation: Pragmatics and Argumentation[M]. Cambridge: Cambridge University Press, 2021.

② ASHLEY K. D. Artificial Intelligence and Legal Analytics: New Tools for Law Practice in the Digital Age[M]. Cambridge: Cambridge University Press, 2017.

③ Canale D., Tuzet G. La giustificazione della decisione giudiziale[M]. Torino: Giappichelli, 2020: IX; 这个论点并不能反映读者的想法。LUHMANN N. Das Recht der Gesellschaft[M]. Frankfurt am Main: Suhrkamp, 1993: 362.

④ LETTIERI N. Law, Rights and the Fallacy of Computation: On the Hidden Pitfalls of Predictive Analytic[J]. Jura Gentium, 2020(17): 46 - 61.

⑤ WALTON D., MACAGNO F., SARTOR G. Statutory Interpretation: Pragmatics and Argumentation[M]. Cambridge: Cambridge University Press, 2021: 4.

⑥ Solan, Lawrence M. Pernicious Ambiguity in Contracts and Statutes[J]. Chicago-Kent Law Review, 2004(79): 862.

⑦ GARFINKEL H. Studies in Ethnomethodology[M]. Englewood Cliffs, NJ: Prentice Hall, 1967: 111.

⑧ VANDERSTICHELE G. Interpretable AI, Explainable AI and the Sui Generis Method in Adjudication[Z]. Unpublished manuscript, 2020; DURT C. Why Explainability Is Not Interpretability: Machine Learning and Its Relation to the World[Z]. Unpublished manuscript, 2020. 译者注：汉语文献中的通行译法往往将 juristische Auslegung(legal interpretation)翻译成法律解释，但又同时将 explainability of artificial intelligence 翻译为人工智能的可（转下页）

的人工智能所要求的那样,机器为使决策透明化所做的工作是详细说明产生决策的程序步骤。这需要"微观细化中的决策分析",远远超出人与人之间的沟通所产生的结果。① 对于人类之间的有效沟通,只要规范了"决策的呈现,而不是决策的产生"就足够了。② 诠释可以而且通常必须保持模糊性,因为它"不关心我们如何理解或生产文本,而是关心我们如何建立起特定阅读的可接受性。"③为了解释所做出的决定,律师和法官必须提供令人信服的说明,这确实不一定意味着他们重构了他们推理的所有段落——他们的接收者会根据自己的选择来诠释它们。相反,在处理算法时,诠释通常与解释一致——没有必要的模糊空间,也没有使用歧义。矛盾的是,在处理对人类智能隐藏的算法时,人们甚至可以准确地说,法律论证中的诠释问题并不是由于机器解释得不够,而是解释得太多、太精确了。问题不在于机器如何工作,而在于它如何沟通。

　　这类问题以特定形式影响社会各部门,如果没有足够的沟通理论和对不同社会领域的透彻了解就无法掌握,更谈不上处理这类问题。分析我们社会中与算法使用相关的最紧迫问题不仅是一个技术问题,而且首先是一个沟通问题,即一个人工沟通的问题。

（接上页）解释性,这就导致当文本中同时出现 explanation 与 interpretation 时难以区分两者。从法律词源学角度看,explanation 对应德文的 Erklärung,即侧重客观性和描述性的说明,故 explanation 应该翻译为说明。interpretation 则存在两种对应情况,狭义的 interpretation 对应于德文的 Auslegung,即侧重揭示性与阐发性的阐释,故狭义的 interpretation 应翻译为阐释。广义的 interpretation 对应于德文的 Interpretation,乃是一种总体性的解释概念,该词兼具说明（Erklärung）与阐释（Auslegung）的双重内涵,前者通过逻辑方法与规则推导对被解释者做描述性的说明,后者通过解释主体的努力与发掘,把被解释对象未能明显表示出来的东西做规范性的阐释。广义的 interpretation 应翻译成解释或诠释,例如亚里士多德的《论诠释》（Peri hermeneias,希腊文为 Περὶ Ἑρμηνείας,拉丁文为 De Interpretatione,英文为 On Interpretation,中文也译作《解释篇》）。这也是最尊重诠释学（希腊文 Hermeneutike,拉丁文 hermeneutica,德文 Hermeneutik,英文 hermeneutics）脉络的翻译,也吻合于其 Hermes（希腊文 hermeios）词根背后的寓意。为尊重人工智能领域的通用译法,作者仍旧保留了人工智能的可解释性的译法。同时为了保证全书术语的一致性,作者将 explanation 译为解释,interpretation 译为诠释。此处译者注供读者后续研究使用。

① LUHMANN N. Recht und Automation in der öffentlichen Verwaltung[M]. Berlin: Duncker & Humblot, 1966: 49.

② LUHMANN N. Recht und Automation in der öffentlichen Verwaltung[M]. Berlin: Duncker & Humblot, 1966: 106.

③ WALTON D., MACAGNO F., SARTOR G. Statutory Interpretation: Pragmatics and Argumentation[M]. Cambridge: Cambridge University Press, 2021: 9.

作者致谢

这本书得益于许多机构和个人的支持和鼓励，我感谢所有对这个项目的智力启发。

我有幸与哥伦比亚大学意大利学院、华威大学高等研究院、吕讷堡大学的 MECS 学院、浙江大学高等研究院以及柏林科学院的研究员进行了高水平的讨论。特别感谢阿基尔·瓦尔齐、克劳斯·皮亚斯、马丁·沃克、西莉亚·卢瑞、诺提尔·马瑞斯、妮可·布里施、托尔·沃尔曼、霍尔格·斯帕曼、坎苏·坎卡、卢卡·朱利安尼、芭芭拉·斯托尔伯格-里林格和丹尼尔·舍恩普弗洛格。感谢芭芭拉·卡内瓦利和伊曼纽尔·科恰在法国社会科学高等研究院给我提出的好的建议和启发。

本书的研究得到了欧洲研究委员会"预测"（PREDICT）项目的高级研究资助（项目号：833749）。

从给了我这项研究动力的客座教授尼克拉斯·卢曼开始，比勒费尔德大学为我提供了最好的工作和研究条件，为此，我将永远感谢格哈德·萨格勒校长。日尔克·施万特、克尔斯滕·克莱默、托拜厄斯·韦伦、霍尔格·戴纳特和我们研讨会的参与者帮助我调整了思考的重点，并澄清了一些问题。维托·吉隆达和安妮塔·亚当奇克的善意让许多事情变得更轻松、更愉快。在准备和修改我的书稿时，詹姆斯·麦克纳利和乔纳斯·米克以精确和智慧的方式与我进行了合作。

大卫·温伯格将本书的修改和更正变成了一场激动人心的智力冒险，结果也很有趣。和他一起工作是一种福利。感谢麻省理工学院出版社的吉塔·德维·马纳克塔拉和埃里卡·巴里奥斯。我很荣幸艾丽嘉·克法德为这本书的封面提供了图片，我特别欣赏她在选择图片时注重与本书的内容相协调。

我与詹卡洛·科西和阿尔贝托·切沃里尼有着多年的合作和激烈的辩论。本书带有这些痕迹。我的想法是在与大卫·史塔克的不断对话中发展起来的，他以敏锐的批判意识和无穷无尽的创造力及热情参与其中。我对他的慷慨、极佳的幽默感以及不断给我惊喜的惊人能力感激不尽。

艾玛的好奇心和激情是我每天的快乐源泉。

参考文献

（以作者首字母为序）

[1] ABRUZZESE A., MARIO P. Facebook come Fakebook [M]//BORGATO R., CAPELLI F., FERRARESI M. Facebook come: Le nuove relazioni virtuali. Milan: Franco Angeli, 2009.

[2] ADKINS L., CELIA L., eds. Measure and Value [M]. Malden, MA: Wiley, 2012.

[3] AGOSTINHO D. The Optical Unconscious of Big Data: Datafication of Vision and Care for Unknown Futures [J]. Big Data & Society, 2019, 6(1).

[4] AI-RFOU R., MARC P., JAVIER S., YUN-HSUAN S., BRIAN S., RAY K. Conversational Contextual Cues: The Case of Personalization and History for Response Ranking [EB/OL]. [2016 - 06 - 01]. https://arxiv.org/abs/1606.00372v.

[5] ALGEE-HEWITT M., RYAN H., FRANCO M. On Paragraphs: Scale, Themes and Narrative Form [EB/OL]. Literary Lab Pamphlet 10 October, 2015. https://litlab.stanford.edu/LiteraryLabPamphlet10.pd.

[6] ALHARBI M., ROBERT S. L. SoS TextVis: A Survey of Surveys on Text Visualization [J]. Computer Graphics & Visual Computing, 2018.

[7] AMAR A. On the Beginnings and Continuities of Omen Sciences in the Ancient World [M]//AMAR A. Divination and Interpretation of Signs in the Ancient World. Chicago: The Oriental Institute of the University of Chicago, 2010.

[8] AMOORE L., PIOTUKH V. Life Beyond Big Data: Governing with Little Analytics [J]. Economy and Society, 2015, 44(3).

[9] AMOORE L. Algorithmic War: Everyday Geographies of the War on Terror [J]. A Radical Journal of Geography, 2009, 41.

[10] AMOORE L. Data Derivatives: On the Emergence of a Security Risk Calculus for Our Times [J]. Theory, Culture & Society, 2011, 28(6).

[11] ANDERSON B. Preemption, Precaution, Preparedness: Anticipatory Action and Future Geographies [J]. Progress in Human Geography, 2010, 34(6).

[12] ANDERSON C. The End of Theory: The Data Deluge Makes the Scientific

Method Obsolete [EB/OL]. Wired 16, 2008. https://www.wired.com/2008/06/pb-theory/.

[13] ANDERSON C. The Long Tail: Why the Future of Business Is Selling Less of More [M]. New York: Hyperion, 2006.

[14] Anderson M. C. Rethinking Interference Theory: Executive Control and the Mechanisms of Forgetting [J]. Journal of Memory and Language, 2003(49).

[15] ANGWIN J., LARSON J., MATTU S., KIRCHNER L. Machine Bias: There's Software Used across the Country to Predict Future Criminals. And It's Biased against Blacks [EB/OL]. [2016 – 05 – 23]. https://www.propublica.org/article/machine-bias-risk-assessments-in-criminal-sentencin.

[16] ANZULEWICZ H. Aeternitas—Aevum—Tempus: The Concept of Time in the System of Albert the Great [M]//PORRO P. The Medieval Concept of Time: Studies on the Scholastic Debate and Its Reception in Early Modern Philosophy. Leiden: Brill, 2001.

[17] ARISTOTLE. Posterior Analytics [M]. Translated by Jonathan Barnes. Oxford: Clarendon Press, 1993.

[18] ASHER J., ARTHUR R. Inside the Algorithm That Tries to Predict Gun Violence in Chicago [N]. New York Times, 2017 – 06 – 13.

[19] ASHLEY K. D. Artificial Intelligence and Legal Analytics: New Tools for Law Practice in the Digital Age [M]. Cambridge: Cambridge University Press, 2017.

[20] ASSANTE E. Tutti pazzi per TikTok, il social che dà 15 secondi di celebrità [N]. La Repubblica, 2020 – 03 – 02.

[21] ASSMANN J., HOLSCHER T., eds. Identität in frühen Hochkulturen [M]. Frankfurt am Main: Suhrkamp, 1988.

[22] ASSMANN J. Das kulturelle Gedächtnis. Schrift, Erinnerung und politische Identität in frühen Hochkulturen [M]. Munich: Beck, 1992.

[23] AUERBACH D. A.I. Has Grown Up and Left Home: It Matters Only That We Think, Not How We Think [J/OL]. Nautilus, 2013 – 12 – 19. http://nautil.us/issue/8/home/ai-has-grown-up-and-left-hom.

[24] AUSLOOS J. The "Right to be Forgotten": Worth Remembering? [J]. Computer Law & Security Report, 2012, 28(2).

[25] BALTRUSAITIS J. Anamorphoses ou Thaumaturgus opticus [M]. Paris: Flammarion, 1984.

[26] BARABAS C., DINAKAR K., ITO J., VIRZA M., ZITTRAIN J. Interventions over Predictions: Reframing the Ethical Debate for Actuarial Risk Assessment

[J]. Proceedings of Machine Learning Research，2018，81.

[27] BARBER D. Bayesian Reasoning and Machine Learning [M/OL]. Cambridge：Cambridge University Press，2012. http：//web4. cs. ucl. ac. uk/staff/D. Barber/textbook/171216.pd.

[28] BARONE F.，ZEITLYN D.，MAYER—SCHONBERGER V. Learning from Failure：The Case of the Disappearing Web Site [J/OL]. First Monday，2015，20 (5). https：//doi.org/10.5210/fm.v20i 5.585.

[29] BATESON G. Steps to an Ecology of Mind [M]. San Francisco：Chandler，1972.

[30] BAYARD P. How to Talk about Books You Haven't Read [M]. New York：Bloomsbury，2007.

[31] BECK U. Risk Society：Towards a New Modernity [M]. London：Sage，1992.

[32] BEER D. Power through the Algorithm? Participatory Web Cultures and the Technological Unconscious [J]. New Media & Society，2009，11(6).

[33] BEHRISCH M.，BLUMENSCHEINl M.，Kim N. W.，SHAO L.，El-ASSADY M.，FUCHS J.，SEEBACHER D.，DIEHL A.，BRANDES U.，PFISTER H.，SCHRECK T.，WEISKOPF D.，KEIM D. A. Quality Metrics for Information Visualization [J/OL]. Computer Graphics Forum，2018，37. https：//doi.org/10. 1111/cgf.1344.

[34] BENKLER Y. The Wealth of Networks：How Social Production Transforms Markets and Freedom [M]. New Haven, CT：Yale University Press，2006.

[35] BENWAY J. P.，LANE D. M. Banner Blindness：Web Searchers Often Miss "Obvious" Links [J]. Itg Newsletter，1998，1(3).

[36] BERNERS-LEE T.，HENFER J.，LASSILA O. The Semantic Web：A New Form of Web Content That Is Meaningful to Computers Will Unleash a Revolution of New Possibilities [J]. Scientific American，2001，284.

[37] BERREBY D. Can We Make Our Robots Less Biased Than We Are? [N]. New York Times，2020 - 11 - 22.

[38] BINNS R. How to Be Open about Being Closed [J/OL]. Limn 6 March，2016. https：//limn.it/articles/how-to-be-open-about-being-closed.

[39] BISSELL T. Extra Lives：Why Video Games Matter [M]. New York：Random House，2010.

[40] BISSELL T. The Grammar of Fun：CliffyB and the World of the Video Game [N]. New Yorker，2008 - 10 - 27.

[41] BLAIR A. The Grammar of Fun：Cliffy and the World of the Video Game [M]// FRASCA-SPADA M.，JARDINE N.，Books and the Sciences in History. Cambridge：

Cambridge University Press, 2000.

[42] BLANCHETTE J-F., JOHNSON D. G. Data Retention and the Panoptic Society: The Social Benefits of Forgetfulness [J]. Information Society, 2002, 18.

[43] BLUMENBERG H. Nachahmung der Natur: Zur Vorgeschichte der Idee des schöpferischen Menschen [J]. Studium Generale, 1957, 10.

[44] BODE K. Reading by Numbers: Recalibrating the Literary Field [M]. London: Anthem Press, 2012.

[45] BOELLSTORFF T. Making Big Data, in Theory [J]. First Monday, 2013, 18 (10).

[46] BOLZONI L. La stanza della memoria: Modelli letterari e iconografici nell'età della stampa [M]. Torino: Einaudi, 1995.

[47] BORGES J. L. Funes el memorioso [M]//In Ficciones. Buenos Aires: Editorial Sur, 1944.

[48] BORGES J. L. The Analytical Language of John Wilkins [M]//In Other Inquisitions 1937 - 1952, translated by Ruth L. C. Simms. Austin: University of Texas Press, 1993.

[49] BORGO S. Ontological Challenges to Cohabitation with Self-Taught Robots [J]. Semantic Web, 2020, 11(3).

[50] BORNSTEIN A. M. Is Artificial Intelligence Permanently Inscrutable? Despite New Biology-Like Tools, Some Insist Interpretation Is Impossible [EB/OL]. [2016 - 09 - 01]. http://nautil. us/issue/40/learning/is-artificial-intelligence-permanently-inscrutabl.

[51] BOSTROM N. Superintelligence: Paths, Dangers, Strategies [M]. Oxford: Oxford University Press, 2014.

[52] BOTTERO J. Sintomi, segni, scritture nell'antica Mesopotamia [M]//VERNANT J. P., VANDERMEERSCH L., GERNET J., BOTTERO J., CRAHAY R., BRISSON L., CARLIER J., GRODZYNSKI D., RETEL-LAURENTIN A. Divination et Rationalité. Paris: Seuil, 1974.

[53] BOWKER G. C., STAR S. L. Sorting Things Out. Classification and Its Consequences [M]. Cambridge, MA: MIT Press, 1999.

[54] BOYD D., CRAWFORD K. Critical Questions for Big Data [J/OL]. Information, Communication and Society, 2012, 15 (5). https://doi. org/10. 1080/1369118x. 2012.67887.

[55] BRAIDOTTI R. The Posthuman [M]. Cambridge: Polity, 2013.

[56] BREIMAN L. Statistical Modeling: The Two Cultures [J]. Statistical Science,

2001，16(3).

[57] BRESNICK E. Intensified Play: Cinematic Study of TikTok Mobile App [D/OL]. University of Southern California，2019，2020 - 03 - 02. https://www.academia. edu/40213511/Intensified _Play_Cinematic_study_of_TikTok_mobile_ap.

[58] BRISSON L. Del buon uso della sregolatezza (Grecia) [M]//VERNANT J.P.， VANDERMEERSCH L.，GERNET J.，BOTTERO J.，CRAHAY R.，BRISSON L.，CARLIER J.，GRODZYNSKI D.，RETEL-LAURENTIN A. Divination et Rationalité,Paris: Seuil, 1974.

[59] BRUBAKER R. Digital Hyperconnectivity and the Self [J]. Theory and Society， 2020，49.

[60] BRUNRTON F.，NISSENBAUM H. Obfuscation: A User's Guide for Privacy and Protest [M]. Cambridge，MA: MIT Press，2015.

[61] BUOLAMCWINI J.，GEBRU T. Intersectional Accuracy Disparities in Commercial Gender Classification [J]. Proceedings of Machine Learning Research，2018，81.

[62] BURRELL J. How the Machine "Thinks": Understanding Opacity in Machine Learning Algorithms [J]. Big Data & Society，2016，1.

[63] CALLON M.，ed. The Laws of the Markets [M]. Oxford，Blackwell，1998.

[64] CALLON M. The Role of Hybrid Communities and Socio-Technical Arrangements in the Participatory Design [J]. Journal of the Centre for Information Studies， 2004，5(3).

[65] Canale D.，Tuzet G. La giustificazione della decisione giudiziale [M]. Torino: Giappichelli，2020.

[66] CARDON D. À quoi rêvent les algorithms [M]. Paris: Seuil，2015.

[67] CARD S.K.，MACKINLAY J.D.，SHNEIDERMAN B. Readings in Information Visualization，Using Vision to Think [M]. San Francisco: Morgan Kaufmann， 1999.

[68] CARR N. The Big Switch: Rewiring the World，From Edison To Google [M]. New York: Norton，2008.

[69] CARUSI A. Making the Visual Visible in Philosophy of Science [J]. Spontaneous Generations，2012，6(1).

[70] CECIRE N. Ways of Not Reading Gertrude Stein [J]. ELH: English Literary History，2015，82(1).

[71] CEVOLINI A.，ed. Forgetting Machines: Knowledge Management Evolution in Early Modern Europe [M]. Leiden: Brill，2016.

[72] CEVOLINI A. and Gérald Bronner，eds. What Is New in Fake News? Public

Opinion and Second-Order Observation in a Hyperconnected Society [J]. Special issue of Sociologia e Politiche Sociali, 2018, 21(3).

[73] CEVOLINI A. De arte excerpendi: Imparare a dimenticare nella modernità [M]. Firenze: Olschki, 2006.

[74] CEVOLINI A. Der Leser im Gelesenen: Beobachtung dritter Ordnung im Umgang mit Gelehrtenmaschinen [C]//Paper presented at the conference Die Veränderung der Realitätswahrnehmung durch die digitalen Medien, Universität der Bundeswehr München, September 1 - 2, 2016.

[75] Chabert, Jean-Luc, ed. A History of Algorithms. From the Pebble to the Microchip [M]. Berlin-Heidelberg: Springer, 1999.

[76] CHANTRAINE P. Les verbes grecs signifiant "lire" [M]//Mélanges Henri Grégoire, Annuaires de l'Institute de Philologie et d'Histoire Orientales et Slaves 2, 115 - 126. Bruxelles: Secrètariat des Editions de l'Institut, 1950.

[77] CHEN B X. Are Targeted Ads Stalking You? Here's How to Make Them Stop [N]. New York Times, 2018 - 08 - 15.

[78] CHENEY-LIPPOLD J. A New Algorithmic Identity: Soft Biopolitics and the Modulation of Control [J]. Theory, Culture & Society, 2011, 28(6).

[79] CHUN W. H. K. Programmed Visions: Software and Memory [M]. Cambridge, MA: MIT Press, 2011.

[80] CIACCIA P., DAVIDE M., RICCARDO T. Foundations of Context-Aware Preference Propagation [J]. Journal of the ACM, 2020, 67(1).

[81] CIMIANO P., Sebastian Rudolph and Helena Hartfiel. Computing Intensional Answers to Questions——An Inductive Logic Programming Approach [J]. Data & Knowledge Engineering, 2010, 69 (3).

[82] CLARK A. Surfing Uncertainty: Prediction, Action and the Embodied Mind [M]. New York: Oxford University Press, 2016.

[83] CLEMENT T. The Story of One: Narrative and Composition in Gertrude Stein's The Making of Americans [J]. Texas Studies in Literature and Language, 2012, 54(3).

[84] COLLINS H. Artificial Experts: Social Knowledge and Intelligent Machines [M]. Cambridge, MA: MIT Press, 1990.

[85] CONTZEN E. Die Affordanzen der Liste [J]. Zeitschrift für Literaturwissenschaft und Linguistik, 2017(3).

[86] COOLEY A., SNYDER J., eds. Ranking the World: Grading States as a Tool of Global Governance [M]. Cambridge: Cambridge University Press, 2016.

[87] COOPER D., CHRISTOPHER D., PATRICIA M-F. Literary Mapping in the Digital Age [M]. Abingdon: Routledge, 2016.

[88] COWLS J., RALPH S. Causation, Correlation and Big Data in Social Science Research [J]. Policy & Internet, 2015(7).

[89] CRAWFORD K., Kate Miltner and Mary L. Gray. Critiquing Big Data: Politics, Ethics, Epistemology [J]. International Journal of Communication, 2014(8).

[90] CRAWFORD K. Artificial Intelligence's White Guy Problem [N]. New York Times, 2016 - 06 - 25.

[91] CUSTERS B. Critiquing Big Data: Politics, Ethics, Epistemology [J]. Big Data & Society, 2016(2).

[92] DASTON L. Classical Probability in the Enlightenment [M]. Princeton: Princeton University Press, 1988.

[93] DAVIS L. Classical Probability in the Enlightenment [EB/OL]. [2009 - 08 - 28]. https://io9.gizmodo.com/at-last-a-graph-that-explains-scifi-tv-after-star-trek-534763.

[94] DAVIS M. Computability and Unsolvability [M]. New York: McGraw-Hill, 1958.

[95] DAVIS P. What Is the Difference between Personalization and Customization? [EB/OL]. [2019 - 06 - 19]. https://www. towerdata. com/blog/what-is-the-difference-between-personalization-and-customizatio.

[96] DAVIS R. Moving Targets: Web Preservation and Reference Management [EB/OL]. Presentation at Innovations in Reference Management workshop, http://www.ariadne.ac.uk/issue/62/davis.

[97] DE GOEDE M., RANDALLS S. Precaution, Preemption: Arts and Technologies of the Actionable Future [J]. Environment and Planning: Society and Space, 2009, 27: 859 - 878.

[98] DE MAURO T. Linguistica elementare [M]. Rome: Laterza, 1998.

[99] DERRIDA J. Ulysse gramophone, Deux mots pour Joyce [M]. Paris: Galilée, 1987.

[100] Desrosières, Alain. Mapping the Social World: From Aggregates to Individuals [EB/OL]. https://limn.it/articles/mapping-the-social-world-from-aggregates-to-individuals.

[101] DIAKOPOULOS N. Algorithmic Accountability [J/OL]. Digital Journalism, 2014, 3(3). https://doi.org/10.1080/21670811.2014.97641.

[102] DILL K. What Is Game AI? [M]//RABIN S., Game AI Pro: Collected Wisdom of Game AI Professionals. Boca Raton: CRC Press, 2013.

[103] DINUCCI D. Fragmented Future [J]. Print,1999, 53(4).

[104] DOMINGOS P. A Few Useful Things to Know about Machine Learning [J]. Communications of the ACM, 2012, 55(10).

[105] DOMINGOS P. The Master Algorithm: How the Quest for the Ultimate Learning Machine Will Remake Our World [M]. New York: Basic Books, 2015.

[106] DOMINGOS P. The Role of Occam's Razor in Knowledge Discovery [J/OL]. Data Mining and Knowledge Discovery,1999, 3(4). https://doi.org/10.1023/A: 100986892989.

[107] DOSHI-V F., MASON K., BUDISH R., BAVITZ C., GERSGMAN S., BRIEN D. O., SCOTT K., SCHIEBER S., WALDO J., WEINBERGER D., WOOD A. Accountability of AI Under the Law: The Role of Explanation [EB/OL]. [2017 - 11 - 03]. https://arxiv.org/abs/1711.01134.

[108] DOUGLAS J. Y. The End of Books—Or Books without End? [M]. Ann Arbor: University of Michigan Press, 2001.

[109] DREYFUS H. What Computers Can't Do [M]. Cambridge, MA: MIT Press, 1972.

[110] DRUKER J. Graphesis: Visual Forms of Knowledge Production [M]. Cambridge, MA: Harvard University Press, 2014.

[111] DRUKER J. Humanities Approaches to Graphical Display [J]. Digital Humanities Quarterly, 2011, 5(1).

[112] DUHIGG C. How Companies Learn Our Secrets [J]. New York Times Magazine, February 19, 2012.

[113] DURT C. Why Explainability Is Not Interpretability: Machine Learning and Its Relation to the World [Z]. Unpublished manuscript, 2020.

[114] ECO U. An Ars Oblivionalis? Forget it! [J]. Kos, 1987, 30.

[115] ECO U. Ci sono delle cose che non si possono dire: Di un realismo negative [J]. Alfabeta, 2012, 2(17).

[116] ECO U. Dall'albero al labirinto: Studi storici sul segno e l'interpretazione [M]. Milan: Bompiani, 2007.

[117] ECO U. FABBRI P. Prima proposta per un modello di ricerca interdisciplinare sul rapporto televisione/pubblico [M]. Mimeo: Perugia, 1965.

[118] ECO U. FABBRI P. Progetto di ricerca sull'utilizzazione dell'informazione ambientale [J]. Problemi dell'informazione, 1978, 4.

[119] ECO U. I limiti dell'interpretazione [M]. Milan: Bompiani, 1990.

[120] ECO U. Opera aperta [M]. Milan: Bompiani, 1962.

[121] ECO U. The Open Work [M]. Translated by Anna Cancogni. Cambridge, MA:

Harvard University Press，1989.

［122］ECO U. Trattato di semiotica generale ［M］. Milan：Bompiani，1975.

［123］ECO U. Vertigine della lista ［M］. Milan：Bompiani，2009.

［124］ELTING L. S.，WALKER J. M.，MARTIN C. G.，CANTOR S. B.，RUBENSTEIN E. B. Influence of Data Display Formats on Decisions to Stop Clinical Trials ［J］. British Medical Journal，1999，318.

［125］ERDELYI M. H. The Recovery of Unconscious Memories：Hypermnesia and Reminiscence ［M］. Chicago：University of Chicago Press，1996.

［126］ESPELAND W. N.，MICHAEL S. Rankings and Reactivity. How Public Measures Recreate Social Worlds ［J］. American Journal of Sociology，2007，113(1).

［127］ESPOSITO E.，STARK D. Debate on Observation Theory ［J/OL］. Sociologica 2，2013. https：//doi.org/10.2383/7485.

［128］ESPOSITO E.，STARK D. What's Observed in a Rating? Rankings as Orientation in the Face of Uncertainty ［J/OL］. Theory，Culture & Society，2019，36(4)，https：//doi.org/10.1177/026327641982627.

［129］ESPOSITO E. Algorithmische Kontingenz：Der Umgang mit Unsicherheit im Web ［M］//CEVOLINI A. Die Ordnung des Kontingenten：Beiträge zur zahlenmäßigen Selbstbeschreibung der modernen Gesellschaft. Wiesbaden：Springer VS，2014.

［130］ESPOSITO E. Artificial Communication? The Production of Contingency by Algorithms ［J］. Zeitschrift für Soziologie，2017，46(4).

［131］ESPOSITO E. Die Fiktion der wahrscheinlichen Realität ［M］. Frankfurt am Main：Suhrkamp，2007.

［132］ESPOSITO E. Digital Prophecies and Web Intelligence ［M］//HILDEBRANDT M.，VRIES K. D. Privacy，Due Process and the Computional Turn：The Philosophy of Law Meets the Philosophy of Technology. New York：Routledge，2013.

［133］ESPOSITO E. Illusion und Virtualität：Kommunikative Veränderung der Fiktion ［M］//Werner Rammert. Soziologie und künstliche Intelligenz. Frankfurt am Main：Campus，1995.

［134］ESPOSITO E. Interaktion，Interaktivität und die Personalisierung der Massenmedien ［J］. Soziale Systeme，1995，1(2).

［135］ESPOSITO E. Kontingenzerfahrung und Kontingenzbewusstsein in systemtheoretischer Perspektive ［M］//TOENS K.，WILLEMS U. Politik und Kontingenz. Wiesbaden：VS Springer，2012.

［136］ESPOSITO E. Limits of Interpretation，Closure of Communication：Umberto Eco and Niklas Luhmann Observing Texts ［M］//COUR A. L. Luhmann Observed：

Radical Theoretical Encounters. PHILIPPOPOLOULOS-MIHALOPOULOS A. London: Palgrave Macmillan, 2013.

[137] ESPOSITO E. Risiko und Computer: Das Problem der Kontrolle des Mangels der Kontrolle [M]//HIJIKATA T., NASSEHI A. Riskante Strategien: Beiträge zur Soziologie des Risikos. Opladen: Westdeutscher Verlag, 1997.

[138] ESPOSITO E. Soziales Vergessen: Formen und Medien des Gedächtnisses der Gesellschaft [M]. Frankfurt am Main: Suhrkamp, 2002.

[139] ESPOSITO E. The Structures of Uncertainty: Performativity and Unpredictability in Economic Operations [J]. Economy and Society, 2013, 42.

[140] ETZIONI O., BANKO M., CAFARELLA M. J. Machine Reading [C/OL]. American Association for Artificial Intelligence, 2006. https://www.aaai.org/Papers/AAAI/2006/AAAI06-239.pd.

[141] EUGENIDES J. The Virgin Suicides [M]. New York: Farrar, Straus and Giroux, 1993.

[142] Facebook, Community Standards Enforcement Report [EB/OL]. [2021 - 01 - 22]. https://transparency.facebook.com/community-standards-enforcement#fake-accounts.

[143] FERRARA E., VAROL O., DAVIS C., MENCZER F., FLAMMINI A. The Rise of Social Bots [J]. Communications of the ACM, 2016, 59(7).

[144] FISKE J. Introduction to Communication Studies [M]. London: Routledge, 1990.

[145] FLORIDI L., SANDER J. W. On the Morality of Artificial Agents [J]. Minds and Machines 14, 2004.

[146] FLORIDI L. Information: A Very Short Introduction [M]. Oxford: Oxford University Press, 2010.

[147] FLORIDI L. L'ultima legge della robotica [J]. La Repubblica Robinson, February 12, 2017.

[148] FOER J. Moonwalking with Einstein [M]. London: Penguin, 2011.

[149] FORMILAN G., STARK D. Testing the Creative Identity: Personas as Probes in Underground Electronic Music [Z]//Warwick: Unpublished manuscript, 2018.

[150] FOUCAULT M. Les mots et les choses [M]. Paris: Gallimard, 1966.

[151] FRIENDLY M. A Brief History of Data Visualization [M]//CHEN C-H., HARDLE W. K., UNWIN A. Handbook of Computational Statistics: Data Visualization. Heidelberg: Springer, 2006.

[152] FROSH P. The Gestural Image: The Selfie, Photography Theory and Kinesthetic Sociability [J]. International Journal of Communication, 2015, 9.

[153] FUCH P. Adressabilität als Grundbegriff der soziologischen Systemtheorie [J]. Soziale Systeme,1997, 3(1).

[154] Galloway A. Are Some Things Unrepresentable? [J]. Theory, Culture & Society, 2011, 28(7 - 8).

[155] GANTZ J., REINSEL D. The Digital Universe Decade——Are You Ready? [EB/OL]. IDC Analyze the Future, https://ifap.ru/pr/2010/n100507a.pd.

[156] GARFINKEL H. Studies in Ethnomethodology [M]. Englewood Cliffs, NJ: Prentice Hall, 1967.

[157] GERLITZ C., HELMOND A. The Like Economy: Social Buttons and the Data-Intensive Web [J]. New Media & Society, 2013, 15(8).

[158] GILLESPIE T. Algorithms, Clickworkers and the Befuddled Fury around Facebook Trends [EB/OL]. [2016 - 05 - 19]. https://www.niemanlab.org/2016/05/algorithms-clickworkers-and-the-befuddled-fury-around-facebook-trends.

[159] GILLESPIE T. The Relevance of Algorithms [M]//GILLESPIE T., BOCZKOWSKI P. J., FOOT K. A. Media Technologies. Cambridge, MA: MIT Press, 2014.

[160] GILLMOR D. We the Media: Grassroots Journalism by the People, for the People [M]. Sebastopol: O'Reilly, 2004.

[161] GILPIN L. H., BAU D., YUAN B. Z., BAIWA A., SPECTER M., KAGEL L. Explaining Explanations: An Overview of Interpretability of Machine Learning [EB/OL]. [2018 - 05 - 31]. https://arxiv.org/abs/1806.0006.

[162] GINSBERG J., MOHEBBI M. H., PARTEL R. S., BRAMMER L., SMOLINSKI M. S., BRILLIANT L. Detecting Influenza Epidemics Using Search Engine Query Data [J/OL]. Nature, http://dx.doi.org/10.1038/nature0763.

[163] GITELMAN L., ed. Raw Data Is an Oxymoron [M]. Cambridge, MA: MIT Press, 2013.

[164] GITELMAN L., VIRGINIA JACKSON. Introduction to Raw Data Is an Oxymoron [M]. GITELMAN L. Cambridge, MA: MIT Press, 2013.

[165] GOFFMAN E. The Presentation of Self in Everyday Life [M]. New York: Doubleday, 1959.

[166] GOLDER S. A., MICHAEL W. M. Digital Footprints: Opportunities and Challenges for Online Social Research [J]. Annual Review of Sociology, 2014, 40.

[167] GOODFELLOW I., BENGIO Y., COURVILLE A. Deep Learning [M]. Cambridge, MA: MIT Press, 2016.

[168] GOODY J. The Domestication of the Savage Mind [M]. Cambridge: Cambridge University Press, 1977.

[169] GRANKA L. A. The Politics of Search: A Decade Retrospective [J]. Information Society, 2010, 26.

[170] GRIMMELMANN J. The Google Dilemma [J]. New York Law School Law Review, 2009, 53.

[171] GROSSMAN L. How Computers Know What We Want——Before We Do [N]. Time, 2010 - 05 - 27.

[172] GUMBRECHT H. U., PFEIFFER K. L., eds. Materialität der Kommunikation [M]. Frankfurt am Main: Suhrkamp, 1988.

[173] HABERMAS J. Strukturwandel der Öffentlichkeit [M]. Neuwied: Luchterhand, 1962.

[174] HACKING I. The Emergence of Probability [M]. Cambridge: Cambridge University Press, 1975.

[175] HALBWACHS M. Les cadres sociaux de la mémoire [M]. Paris: Presses Universitaires de France, 1952.

[176] HALEVY A., NORVIG P., PEREIRA F. The Unreasonable Effectiveness of Data [J]. IEEE Intelligent Systems, 2009, 24(2).

[177] HAMBURGER E. Building the Star Trek Computer: How Google's Knowledge Graph Is Changing Search [EB/OL]. [2012 - 06 - 08]. https://www.theverge.com/2012/6/8/3071190/google-knowledge-graph-star-trek-computer-john-giannandrea-intervie.

[178] HAMMOND K. Practical Artificial Intelligence for Dummies [M]. Hoboken, NJ: Wiley, 2015.

[179] HAND D. J. Data Mining: Statistics and More? [J]. American Statistician, 1998, 52.

[180] HAND D. J. Why Data Mining Is More Than Statistics Writ Large [J]. Bulletin of the International Statistical Institute, 52nd Session, 1999, 1.

[181] HAND M. Ubiquitous Photography [M]. Cambridge: Polity, 2012.

[182] HARCOURT B. E. Against Prediction. Profiling, Policing, and Punishing in an Actuarial Age [M]. Chicago: University of Chicago Press, 2007.

[183] HARDY Q. Artificial Intelligence Software Is Booming: But Why Now? [N]. New York Times, 2016 - 09 - 19.

[184] HASLHOFER B., ISAAC A., Simon R. Knowledge Graphs in the Libraries and Digital Humanities Domain [M]//SAKR S, ZOMAYA A. Encyclopedia of Big Data Technologies. Cham: Springer, 2018.

[185] HAVELOCK E. A. Origins of Western Literacy [M]. Toronto: Ontario Institute

for Studies in Education，1976.

[186] HAVELOCK E. A. Preface to PLATO ［M］. Cambridge, MA：Harvard University Press，1963.

[187] HAVELOCK E. A. The Greek Concept of Justice ［M］. Cambridge, MA：Harvard University Press，1978.

[188] HAVELOCK E. A. The Muse Learns to Write：Reflections on Orality and Literacy from Antiquity to the Present ［M］. New Haven, CT：Yale University Press，1986.

[189] HAWALAH A.，FASLI M. Utilizing Contextual Ontological User Profiles for Personalized Recommendations ［J］. Expert Systems with Applications，2014，41(10).

[190] HAYLES N. K. How We Became Posthuman：Virtual Bodies in Cybernetics, Literature and Informatics ［M］. Chicago：University of Chicago Press，1999.

[191] HAYLES N. K. How We Read：Close, Hyper, Machine ［J］. ADE Bulletin，2020，150.

[192] HAYLES N. K. How We Think. Digital Media and Contemporary Technogenesis ［M］. Chicago：University of Chicago Press，2012.

[193] HAYLES N. K. How We Think：Transforming Power and Digital Technologies ［M］//BERRY D. M. Understanding Digital Humanities. London：Palgrave Macmillan，2012.

[194] HAYLES N. K. My Mother Was a Computer：Digital Subjects and Literary Texts ［M］. Chicago：University of Chicago Press，2005.

[195] HEARN A.，SCHOENHOFF S. From Celebrity to Influencer ［M］//MARSHALL P. D.，REDMOND S. A Companion to Celebrity. Chichester：John Wiley & Sons，2016.

[196] HEMPEL C. G. The Theoretician's Dilemma ［M］//FEIGL H.，SCRIVEN M.，MAXWELL G. Concepts, Theories and the Mind-Body Problem. Minneapolis：University of Minnesota Press，1958.

[197] HEMPEL C. G.，Aspects of Scientific Explanation ［M］//Carl G. Hempel. Aspects of Scientific Explanation and the Others Essays in the Philosophy of Science. New York：Free Press，1965.

[198] HERRMAN J. Aspects of Scientific Explanation ［N］. New York Times，2019 - 03 - 10.

[199] HEY T.，Tansley S.，TOLLE K.，eds. The Fourth Paradigm：Data-Intensive Scientific Discovery ［M］. Redmond：Microsoft Research，2009.

[200] HILDEBRANDT M. Smart Technologies and the End(s) of Law [M]. Cheltenham: Elgar, 2015.

[201] HITCHCOCK C., SOBER E. Prediction versus Accommodation and the Risk of Overfitting [J]. British Journal for the Philosophy of Science, 2004, 55(1).

[202] Höller J., TSIATIS V., CATHERINE M., KARNOUSKOS S., AVEDSAND S., BOYLE D. From Machine-to-Machine to the Internet of Things: Introduction to a New Age of Intelligence [M]. Amsterdam: Elsevier, 2014.

[203] HOFASTADTER D. R. Gödel, Escher, Bach: An Eternal Golden Braid [M]. New York: Basic Books, 1979.

[204] HOFMAN J. M., SHARMA A., WATTS D. J. Prediction and Explanation in Social Systems [J/OL]. Science, 2017, 355(6324). https://www.science.org/doi/abs/10.1126/science.aal385.

[205] HORNBY N. High Fidelity [M]. London: Indigo, 1995.

[206] HOWARD A. Sex, Race and Robots: How to Be Human in the Age of AI [M]. Audible Originals, 2019.

[207] HUFF D. How to Lie with Statistics [M]. New York: Norton, 1954.

[208] HUGHES G. E., CRESSWELL M. J. An Introduction to Modal Logic [M]. London: Methuen, 1968.

[209] HULBERT J. C., ANDERSON M. C. The Role of Inhibition in Learning [M]// BENJAMIN A. S., STEVEN DE BELLE J., ETNYRE B., POLK T. A. Human Learning. New York: Elsevier, 2008.

[210] HUNGER H., ARCHI A. Vicino Oriente: Liste lessicali e tassonomie [EB/OL]. Entry in Enciclopedia Treccani. Rome, 2001. http://www.treccani.it/enciclopedia/vicino-oriente-antico-liste-lessicali-e-tassonomie_%28Storia-della-Scienza%29.

[211] HUNT P., SAUNDERS J., HOLLYWOOD J. S. Evaluation of the Shreveport Predictive Policing Experiment [M/OL]. Santa Monica, CA: Rand, 2014. https://www.rand.org/pubs/research _reports/RR531.htm.

[212] HUTCHINS E. Cognition in the Wild [M]. Cambridge, MA: MIT Press, 1995.

[213] IMPERVA. The Imperva Global Bot Traffic Report [EB/OL]. https://www.imperva.com/resources/resource-library/reports/the-imperva-global-bot-traffic-report.

[214] JANICKE S., FRANZINI G., CHEEMA M. F., SCHEUERMANN G. On Close and Distant Reading in Digital Humanities: A Survey and Future Challenges [C]//BORGO R., GANOVELLI F. Eurographics Conference on Visualization—State of the Art Report (EuroVis). Aire-la-Ville: Eurographics Association, 2015.

[215] JANICKE S. Valuable Research for Visualization and Digital Humanities：A Balancing Act [J/OL]. Paper presented at the workshop Visualization for the Digital Humanities，IEEE VIS. Baltimore，Maryland October 23 – 28，2016. https：//www.informatik.uni-leipzig.de/—stjaenicke/balancing.pd.

[216] JESSOP M. Digital Visualization as a Scholarly Activity [J]. Literary and Linguistic Computing，2008，23(3).

[217] JONES M. L. Forgetting Made (Too) Easy [J]. Communications of the ACM，2015,34.

[218] JONES M. L. You Are What Google Says You Are：The Right to Be Forgotten and Information Stewardship [J]. International Review of Information Ethics，2012，17(7).

[219] JOSEPH II P. B.，PEPPERS D.，ROGERS M. Do You Want to Keep Your Customers Forever? [J]. Harvard Business Review，1995(3 – 4).

[220] JOUVENAL J. Police Are Using Software to Predict Crime. Is It a "Holy Grail" or Biased against Minorities? [N]. Washington Post，2016 – 11 – 17.

[221] JOYCE G. Five Examples of Creepy Marketing：When Personalization Goes Too Far [EB/OL]. Brandwatch Online Trends [2017 – 01 – 05]. https：//www.brandwatch.com/blog/react-creepy-marketing-personalisation-goes-far.

[222] JURGENSON N. The Social Photo. On Photography and Social Media [M]. London：Verso，2019.

[223] KANATOVA M.，MILYAKINA A.，PILIPOVEC T.，SHELYA A.，SOBCHUK O.，TINITS P. Broken Time，Continued Evolution：Anachronies in Contemporary Films [EB/OL]. Literary Lab Pamphlet 14 (2017). https：//litlab.stanford.edu/LiteraryLabPamphlet14.pd.

[224] KARIM A.，ZHOU SHANGBO. X-TREPAN：An Extended Trepan for Comprehensibility and Classification Accuracy in Artificial Neural Networks [J]. International Journal of Artificial Intelligence & Applications，2015，6(5).

[225] KARPIK L. La Guide rouge Michelin [J]. Sociologie du Travail，2000，42(3).

[226] KARPIK L. L'économie des singularités [M]. Paris：Gallimard，2007.

[227] KATH R.，SCHAAL G. S.，DUMM S. New Visual Hermeneutics [J]. Zeitschrift für Germanistische Linguistik，2015，43(1).

[228] KATSMA H. Loudness in the Novel [EB/OL]. Literary Lab Pamphlet 7，2014 [2020 – 02 – 12]. https：//litlab.stanford.edu/LiteraryLabPamphlet7.pd.

[229] KEIGHTLREY E.，PICKERING M. Technologies of Memory：Practices of Remembering in Analogue and Digital Photography [J]. New Media & Society，

2014, 16(4).

[230] KEIM D. A., ANKERST M. Visual Data-Mining Techniques [M]//HANSEN C. D., JOHNSON C. R. The Visualization Handbook. Cambridge. MA: Academic Press, 2004.

[231] KELLY K. On Chris Anderson's the End of Theory [EB/OL]. Edge, 2008. http://edge.org/discourse/the_end_of_theory.htm.

[232] KELLY T. Erik Kessels, Photographer, Prints Out 24 Hours Worth of Flickr Photos [EB/OL]. Huffington Post [2011 – 11 – 14]. https://www.huffpost.com/entry/erik-kessels-photographer_ n_1092989.

[233] KEMBER S. Ubiquitous Photography [J]. Philosophy of Photography, 2012, 3(2).

[234] Kerr, Ian and Jessica Earle. Prediction, Preemption, Presumption. How Big Data Threatens Big Picture Privacy [J/OL]. Stanford Law Review, 2013, 66(65). https://review.law.stanford.edu/wp-content/uploads/sites/3/2016/08/66_StanLRevOnline_65_KerrEarle.pd.

[235] KIRSCHENBAUM M. The Remaking of Reading: Data Mining and Digital Humanities [M/OL]. NGDM 07, National Science Foundation, Baltimore [2007 – 12 – 12]. http://www. csee. umbc. edu/~ hillol/NGDM07/abstracts/talks/MKirschenbaum.pd.

[236] KIRSCHENBAUM M. The txtual Condition: Digital Humanities, Born-Digital Archives, and the Future Literary [J/OL]. Digital Humanities Quarterly, 2013, 7(1). http://www.digitalhumanities.org/dhq/vol/7/1/000151/000151.htm.

[237] KITCHIN R. Big Data, New Epistemologies and Paradigm Shifts [J]. Big Data & Society, 2014, April.

[238] KLOC J. Wikipedia Is edited by Bots. That's a Good Thing [N]. Newsweek, 2014 – 02 – 25.

[239] KOCH U. Three Strikes and You're Out! A View on Cognitive Theory and the First-Millennium Extispicy Ritual [M]//AMAR A. Divination and Interpretation of Signs in the Ancient World. Chicago: The Oriental Institute of the University of Chicago, 2010.

[240] KOCH-WESTENHOLZ U. Mesopotamian Astrology: An Introduction to Babylonian and Assyrian Celestial Divination [M]. Copenhagen: Museum Tusculanum Press, 1995.

[241] KOLLANYI B., HOWARD P. N., WOOLLEY S. C. Bots and Automation over Twitter during the U.S. Election [M/OL]. Data Memo 2016.4. Oxford: Project

on Computational Propaganda，2016. https：//demtech.oii.ox.ac.uk/wp-content/uploads/sites/89/2016/11/Data-Memo-US-Election.pd.

[242] KOOPS B-J., HILDEBRANDT M. OLIVER D., CHIFFELLE J. Bridging the Accountability Gap：Rights for New Entities in the Information Society? [J]. Minnesota Journal of Law，Science & Technology，2010，11(2).

[243] KOOPS B-J. Forgetting Footprints，Shunning Shadows：A Critical Analysis of the Right to Be Forgotten in Big Data Practice [J]. Scripted，2011，8(3).

[244] KOSELLECK R. Vergangene Zukunft：Zur Semantik geschichtlicher Zeiten [M]. Frankfurt am Main：Suhrkamp，1979.

[245] KOTRAS B. Mass Personalization：Predictive Marketing Algorithms and the Reshaping of Consumer Knowledge [J]. Big Data & Society，2020，7(2).

[246] KRAMER S. Operative Bildlichkeit：Von der "Grammatologie" zu einer "Diagrammatologie"? Reflexionen über erkennendes "Sehen" [M]//HEBLER M., MERSCH D. Logik des Bildlichen：Zur Kritik der ikonischen Vernunft. Bielefeld：Transcript，2009.

[247] KURZWEIL R. The Singularity Is Near [M]. New York：Viking Books，2005.

[248] LACHMANN R. Die Unlöschbarkeit der Zeichen：Das semiotische Unglück des Memoristen [M]//HAVERKAMP A., LACHMANN R. Gedächtniskunst：Raum-Bild-Schrift. Frankfurt am Main：Suhrkamp，1991.

[249] LANCAN J. Ècrits：A Selection [M]. New York：Norton，1981.

[250] LANCAN J. Seminar XI：The Four Fundamental Concepts of Psychoanalysis [M]. New York：Penguin，1977.

[251] LANGOHR H., LANGOHR P. The Rating Agencies and Their Credit Ratings：What They Are，How They Work and Why They Are Relevant [M]. Chichester：Wiley，2009.

[252] LANGVILLE A. N., MEYER C. D. Google's PageRank and Beyond：The Science of Search Engine Rankings [M]. Princeton：Princeton University Press，2006.

[253] LATOUR B. Beware，Your Imagination Leaves Digital Traces [N]. Times Higher Education Literary Supplement，2007 - 04 - 06.

[254] LATOUR B. Visualization and Cognition：Drawing Things Together [M]//Knowledge and Society：Studies in the Sociology of Culture Past and Present，ed. H. Kuklick，1 - 40. Greenwich，CT：Jai Press，1986.

[255] LATOUR B. We Have Never Been Modern [M]. Cambridge，MA：Harvard University Press，1993.

[256] LAZARO C. Le pouvoir "divinatoire" des algorithmes: De la prédiction à la préemption du future [J]. Anthropologie et Sociétés, 2018, 42(2-3). https://doi.org/10.7202/1052640a.

[257] LAZER D., KENNEDY R., KING G., VESPIGNANI A. The Parable of Google Flu: Traps in Big Data Analysis [J]. Science, 2014, 343(6176).

[258] LEE M., MARTIN J. L. Surfeit and Surface [J]. Big Data and Society, 2015, 2(2).

[259] LEPORE J. The Cobweb: Can the Internet Be Archived? [N]. New Yorker, 2015-01-19.

[260] LERMAN J. Big Data and Its Exclusions [J]. Stanford Law Review, 2018, 66(65).

[261] LETTIERI N. Law, Rights and the Fallacy of Computation: On the Hidden Pitfalls of Predictive Analytic [J]. Jura Gentium, 2020, 17.

[262] LEVICH R. M., MAJNORI G., REINHART C. Ratings, Rating Agencies and the Global Financial System[M/OL]. New York: Springer US, 2002. https://doi.org/10.1007/978-1-4615-0999-.

[263] LEVY P. L'Intelligence Collective: Pour une Anthropologie du Cyberspace [M]. Paris: La Découverte, 1994.

[264] LIPTON Z. C. The Mythos of Model Interpretability [J]. ACM Queue, 2018, 16(3).

[265] LIU A. From Reading to Social Computing [M/OL]//PRICE K. M., SIEMENS R. Literary Studies in the Digital Age: An Evolving Anthology. Modern Language Association of America, 2013. https://dlsanthology.mla.hcommons.org.

[266] LIU A. The Meaning in the Digital Humanities [J]. PMLA, 2013, 128(2).

[267] LUCY C., DAY S. Algorithmic Personalization as a Mode of Individuation [J]. Theory, Culture & Society, 2019, 36(2).

[268] LUHMANN N. Das Recht der Gesellschaft [M]. Frankfurt am Main: Suhrkamp, 1993.

[269] LUHMANN N. Die Autopoiesis des Bewußtseins [J]. Soziale Welt, 1985, 36.

[270] LUHMANN N. Die Gesellschaft der Gesellschaft [M]. Frankfurt am Main: Suhrkamp, 1997.

[271] LUHMANN N. Die Wissenschaft der Gesellschaft [M]. Frankfurt am Main: Suhrkamp, 1990.

[272] LUHMANN N. Einführung in die Systemtheorie [M]. Heidelberg: Carl-Auer-Systeme, 2002.

[273] LUHMANN N. Einführung in die Theorie der Gesellschaft [M]. Heidelberg: Carl-Auer-Systeme, 2005.

[274] LUHMANN N. Ich sehe das, was Du nicht siehst [M]//LUHMANN N. Soziologische Aufklärung. vol. 5. Opladen: Westdeutscher Verlag, 1990.

[275] LUHMANN N. Individuum, Individualität, Individualismus [M]//Gesellschaftsstruktur und Semantik. Studien zur Wissenssoziologie der modernen Gesellschaft 3. Frankfurt am Main: Suhrkamp, 1989.

[276] LUHMANN N. Kommunikation mit Zettelkästen: Ein Erfahrungsbericht [M]// BAIER H., KEPPLINGER H. M., REUMANN K., Öffentliche Meinung und sozialer Wandel: Für Elisabeth Noelle-Neumann. Opladen: Westdeutscher Verlag, 1981.

[277] LUHMANN N. Recht und Automation in der öffentlichen Verwaltung [M]. Berlin: Duncker & Humblot, 1966.

[278] LUHMANN N. Soziale Systeme. Grundriß einer alllgemeinen Theorie [M]. Frankfurt am Maine: Suhrkamp, 1984.

[279] LUHMANN N. Soziologie des Risikos [M]. Berlin and New York: de Gruyter, 1991.

[280] LUHMANN N. Temporalisierung von Komplexität: Zur Semantik neuzeitlicher Zeitbegriffe [M]//In Gesellschaftsstruktur und Semantik. Studien zur Wissenssoziologie der modernen Gesellschaft 1. Frankfurt am Main: Suhrkamp, 1980.

[281] LUHMANN N. The Reality of the Mass Media [M]. Stanford: Stanford University Press, 1996.

[282] LUHMANN N. Was ist Kommunikation [M]//Niklas Luhmann. Soziologische Aufklärung.vol. 6. Opladen: Westdeutscher Verlag, 1995.

[283] LUHMANN N. Wie ist Bewußtsein an Kommunikation beteiligt? [M]// GUMBRECHT H. U., PFEIFFER K. L. Materialität der Kommunikation. Frankfurt am Main: Suhrkamp, 1988.

[284] LURIA A. R. The Mind of a Mnemonist: A Little Book about a Vast Memory [M]. Cambridge, MA: Harvard University Press, 1986.

[285] LURIA A. R. Cognitive Development: Its Cultural and Social Foundations [M]. Cambridge, MA: Harvard University Press, 1976.

[286] MACKENZIE A. The Production of Prediction: What Does Machine Learning Want? [J]. European Journal of Cultural Studies, 2015, 18(4-5).

[287] MACKENZIE D., MUNIESA F., SIU L. Do Economists Make Markets? On the Performativity of Economics [M]. Princeton: Princeton University Press, 2008.

［288］MACKENZIE D. An Engine, Not a Camera. How Financial Models Shape Markets ［M］. Cambridge, MA: MIT Press, 2006.

［289］MAINBERGER S. Exotisch——endotisch oder Georges Perec lernt von Sei Shonagon: Überlegungen zu Listen, Literatur und Ethnologie ［J/OL］. LiLi: Zeitschrift für Literatur und Linguistik, 2017, 48(3). https://doi.org/10.1007/s41244-017-0063-.

［290］MANJOO F. Where No Search Engine Has Gone Before ［J/OL］. Slate ［2013 - 04 - 11］. https://slate.com/technology/2013/04/google-has-a-single-towering-obsession-it-wants-to-build-the-star-trek-computer.html.

［291］MANOVICH L. How to Compare One Million Images? ［M］//BERRY D M. Understanding Digital Humanities. London: Palgrave Macmillan, 2012.

［292］MANOVICH L. The Language of New Media ［M］. Cambridge, MA: MIT Press, 2001.

［293］MANOVICH L. What Is Visualization? ［M］//GUNZEL S., LIEBE M., MERSCH D. DIGAREC Keynote—Lectures 2009/10. Potsdam: University Press, 2011.

［294］MARCH J. G. Exploration and Exploitation in Organization Learning ［J］. Organization Science,1991(2).

［295］MARCUSE H. One-Dimensional Man. Studies in the Ideology of Advanced Industrial Society ［M］. Boston: Beacon Press, 1964.

［296］MARRES N., GERLITZ C. Social Media as Experiments in Sociality ［M］//MARRES N., GUGGENHEIM M., WILKIE A. venting the Social. Manchester: Mattering Press, 2018.

［297］MASON P. The Racist Hijacking of Microsoft's Chatbot Shows How the Internet Teems with Hate ［N］. Guardian, 2016 - 03 - 29.

［298］MAUL S. M. Die Wahrsagekunst im alten Orient ［M］. Munich: Beck, 2013.

［299］MAUL S. M. Divination Culture and the Handling of the Future ［M］//LEICK G. The Babylonian World. New York: Routledge, 2007.

［300］MAUL S. M. How the Babylonians Protected Themselves against Calamities Announced by Omens ［M］//ABUSCH T., VAN DER TOOM K. Mesopotamian Magic: Textual, Historical and Interpretative Perspectives: Ancient Magic and Divination I. Groningen: Styx Publication, 1999.

［301］MAX D. T. The Art of Conversation. The Curator Who Talked His Way to the Top ［N］. New Yorker, 2014 - 12 - 01.

［302］MAYER-SCHONBERGER V., CUKIER K. Big Data. A Revolution That Will Transform How We Live, Work and Think ［M］. London: Murray, 2013.

[303] MAYER-SCHONBERGER V. Delete: The Virtue of Forgetting in the Digital Age [M]. Princeton: Princeton Univerity Press, 2009.

[304] MCCOMBS M. E. SHAW D. L. The Agenda-Setting Function of Mass Media [J]. Public Opinion Quarterly, 1972, 36(2).

[305] MCFARLAND D. A., MCFARLAND H. R. Big Data and the Danger of Being Precisely Inaccurate [J/OL]. Big Data & Society, 2015, 2(2). https://doi.org/10.1177/205395171560249.

[306] MCGOEY L. Strategic Unknowns: Towards a Sociology of Ignorance [J]. Economy and Society, 2012, 41(1).

[307] MCLUHAN M. Understanding Media [M]. New York: McGraw Hill, 1964.

[308] MEAD G. H. Mind, Self and Society [M]. Chicago (Ill.): The University of Chicago Press, 1943.

[309] MENNICKEN A. Numbers and Lists: Ratings and Rankings in Healthcare and the Correctional Services [Z]. Unpublished manuscript, 2016.

[310] MENNICKEN A. "Too Big to Fail and Too Big to Succeed": Accounting and Privatisation in the Prison Service of England and Wales [J]. Financial Accountability & Management, 2013, 29(2).

[311] METZ C. Google Made a Chatbot that Debates the Meaning of Life [EB/OL]. [2015 - 06 - 26]. https://www.wired.com/2015/06/google-made-chatbot-debates-meaning-life.

[312] METZ C. How Google's AI Viewed the Move No Human Could Understand [EB/OL]. [2016 - 03 - 14]. https://www.wired.com/2016/03/googles-ai-viewed-move-no-human-understand.

[313] METZ C. If Xerox Parc Invented the PC, Google Invented the Internet [EB/OL]. [2012 - 08 - 08]. https://www.wired.com/2012/08/google-as-xerox-parc.

[314] METZ C. Inside Libratus, the Poker AI That Out-Bluffed the Best Humans [EB/OL]. [2017 - 02 - 02]. https://www.wired.com/2017/02/libratus.

[315] METZ C. In Two Moves, AlphaGo and Lee Sedol Redefined the Future [EB/OL]. [2016 - 03 - 16]. https://www.wired.com/2016/03/two-moves-alphago-lee-sedol-redefined-future.

[316] METZ C. London A.I. Lab Claims Breakthrough That Could Accelerate Drug Discovery [N]. New York Times, 2020 - 11 - 30.

[317] METZ C. What the AI behind AlphaGo Can Teach Us about Being Human [EB/OL]. [2016 - 05 - 19]. https://www.wired.com/2016/05/google-alpha-go-ai.

[318] MIALKI S. How to Use Content Personalization with All Digital Marketing

Campaigns [EB/OL]. 2019. Updated (Feb. 2020): 4, Strategies of Content Personalization &. How to Use Them in Digital Marketing Campaigns. https://instapage.com/blog/content-personalizatio.

[319] MICHURA P., RUECKER S., RADZIKOWSKA M., FIORENTINO C., CLEMENT T., SINCLAIR S. Slot Machines, Graphs and Radar Screens: Prototyping List-Based Literary Research Tools [M]//DOLEZALOVA L. The Charm of a List: From the Sumerians to Computerised Data Processing. Newcastle upon Tyne: Cambridge Scholars Publishing, 2009.

[320] MIELE A., QUINTARELLI E., TANCA L. A Methodology for Preference-Based Personalization of Contextual Data [C]//In Proceedings of the 12th International Conference on Extending Database Technology: Advances in Database Technology. New York: Association for Computing Machinery, 2009.

[321] MIKLOS B. Computer Respond to This Email: Introducing Smart Reply in Inbox by Gmail [EB/OL]. Google (blog) [2015 - 11 - 03]. https://gmail.googleblog.com/2015/11/computer-respond-to-this-email.html.

[322] MILLER T. Explanation in Artificial Intelligence: Insights from the Social Sciences [EB/OL]. [2018 - 08 - 15]. https://arxiv.org/pdf/1706.07269.pd.

[323] MITCHELL T. M. Machine Learning [M]. Boston: McGraw Hill, 1997.

[324] MITTELSTADT B. D., ALLO P., TADDEO M., WACHRTER S., FLORIDI L. The Ethics of Algorithms: Mapping the Debate [J]. Big Data and Society, 2016, 3(2).

[325] MOELLER H-G. On Second-Order Observation and Genuine Pretending: Coming to Terms with Society [J]. Thesis Eleven, 2017, 143(1).

[326] MOOR J. The Dartmouth College Artificial Intelligence Conference: The Next Fifty Years [J]. AI Magazine, 2016, 27(4).

[327] MORETTI F., SOBCHUK O. Hidden in Plain Sight. Data Visualization in the Humanities [J]. New Left Review, 2019, 118: 86 - 115.

[328] MORETTI F. Conjectures on World Literature [J]. New Left Review, 2000(1).

[329] MORETTI F. Evolution, World-Systems, Weltliteratur [M]//LINDBERG-WADA G. Studying Transcultural Literary History. Berlin: Walter de Gruyter, 2006.

[330] MORETTI F. La letteratura vista da lontano [M]. Torino: Einaudi, 2005.

[331] MORETTI F. Literature, Measured [EB/OL]. [2016 - 04]. Literary Lab Pamphlet 12, https://litlab.stanford.edu/LiteraryLabPamphlet12.pd.

[332] MORETTI F. Maps, Graphs, Trees [J]. London and New York: Verso, 2005.

[333] MORETTI F. More Conjectures [J]. New Left Review, 2003, 20: 73 – 81.

[334] MORETTI F. Patterns and Interpretation [EB/OL]. Literary Lab Pamphlet, https://litlab.stanford.edu/LiteraryLabPamphlet15.pd.

[335] MORETTI F. Style, Inc. Reflections on Seven Thousand Titles (British Novels, 1740 – 1850) [J]. Critical Inquiry, 2009, 36(1): 134 – 158.

[336] MORI M. The Uncanny Valley [J/OL]. Translated by Karl F. MacDorman and Norri Kageki. IEEE Robotics and Automation, 2012, 19(2): 98 – 100. https://doi.org/10.1109/MRA.2012.219281.

[337] MORIN O., ACERBI A. Birth of the Cool: a Two-Centuries Decline in Emotional Expression in Anglophone Fiction [J]. Cognition and Emotion, 2017, 31(8): 1663 – 1675.

[338] MOROZOV E. The Net Delusion: The Dark Side of Internet Freedom [M]. New York: Public Affairs, 2011.

[339] MOZUR P. Google's AlphaGo Defeats Chinese Go Master in Win for A.I. [N]. New York Times, 2017 – 05 – 23.

[340] MULLAINATHAN S. Why Computers Won't Be Replacing You Just Yet [N]. New York Times, 2014 – 07 – 01.

[341] MULLIN S. Why Content Personalization Is Not Web Personalization (and What to Do About It) [EB/OL]. CXL [2019 – 09 – 04]. https://cxl.com/blog/web-personalization.

[342] MUNZNER T. Process and Pitfalls in Writing Information Visualization Research Papers [M]//KERREN A., STASKO J. T., FEKETE J-D., NORTH C. formation Visualization: Human-Centered Issues and Perspectives. Heidelberg: Springer, 2008.

[343] MUSSELIN C. La Grande Course des Universités [M]. Paris: Presses de Sciences Po, 2017.

[344] NABI Z. Resistance Censorship Is Futile [J/OL]. First Monday, 2014, 19(11). https://firstmonday.org/ojs/index.php/fm/article/view/552.

[345] NASS C., YAN C. The Man Who Lied to His Laptop: What We Can Learn About Ourselves from Our Machines [M]. London: Penguin, 2010.

[346] NEFF G., STARK D. Permanently Beta: Responsive Organization in the Internet Era [M]//HOWARD P. N., JONES S. The Internet and American Life. Thousand Oaks. CA: SAGE, 2004.

[347] NEGARESTANI R. Intelligence and Spirit [M]. Cambridge, MA: Urbanomic/Sequence Press, 2018.

[348] NICHOLS R. Customization vs Personalization [EB/OL]. AB Tasty Blog [2018 - 03 - 09]. https://www.abtasty.com/blog/customization-vs-personalization/.

[349] NIETZSCHE F. Unzeitgemässe Betrachtungen. Zweites Stück: Vom Nutzen und Nachteil der Historie für das Leben [M]. Berlin and New York: de Gruyter, 1972.

[350] NILSSON N. J. The Quest for Artificial Intelligence. A History of Ideas and Achievement [M]. New York: Cambridge University Press, 2010.

[351] NISSENBAUM H. Privacy as Contextual integrity [J]. Washington Law Review, 2004, 79(1).

[352] NISSINEN M. H. Prophecy and Omen Divination: Two Sides of the Same Coin [M]//AMAR A. Divination and Interpretation of Signs in the Ancient World. Chicago: The Oriental Institute of the University of Chicago, 2010.

[353] OBRIST H. U. Ways of Curating [M]. London: Allen Lane, 2014.

[354] O'DOHERTY B. Inside the White Cube: The Ideology of the Gallery Space [M]. Santa Monica: Lapis Press, 1986.

[355] O'DONNELL K., CRAMER H. People's Perceptions of Personalized Ads [C/OL]//In Proceedings of the 24th International Conference on World Wide Web, 1293 - 1298. New York: ACM Press, 2015. https://doi.org/10.1145/2740908.274200.

[356] OLIVEIRA F., CHRISTINA M., LEVKOWITZ H. The Rise of Social Bots [J/OL]. IEEE Transactions on Visualization and Computer Graphics, 2003, 9(3). https://doi.org/ieeecomputersociety.org/10.1109/TVCG.2003.120744.

[357] O'NEIL C. Weapons of Math Destruction [M]. New York: Crown, 2016.

[358] ONG W. J. Orality and Literacy. The Technologizing of the Word [M]. New York: Methuen, 1982.

[359] O'REILLY T. What is Web 2.0: Design Patterns and Business Models for the Next Generation of Software [J/OL]. Communications & Strategies, 2007, 1. https://ssrn.com/abstract=100883.

[360] ORING E. Jokes on the Internet: Listing toward Lists [M]//BLANK T. J. Folk Culture in the Digital Age: The Emergent Dynamics of Human Interaction. Boulder. CO: Utah State University Press, 2012.

[361] OVERBYE D. Can a Computer Devise a Theory of Everything? [N/OL]. New York Times [2020 - 11 - 23]. https://www.nytimes.com/2020/11/23/science/artificial-intelligence-ai-physics-theory.htm.

[362] PAGANO R., PAOLO C., MARTHA L., HIDASI B., TIKK D., KARATZOGLOU

A., QUADRANA M. The Contextual Turn: from Context-Aware to Context-Driven Recommender Systems [C/OL]//In Proceedings of the 10th ACM Conference on Recommender Systems. New York: Association for Computing Machinery, 2016. https://doi.org/10.1145/2959100.2959136.

[363] PAGE L., BRIN S., MOTWANI R., WINOGRAD T. The Page Rank Citation Ranking: Bringing Order to the Web [EB/OL]. Technical Report, Stanford Infolab, 1999. http://ilpubs.stanford.edu:8090/422.

[364] PANOFSKY E. Die Perspektive als "symbolische Form." [M]//Vorträge der Bibliothek Warburg 1924 – 1925. Leipzig: Teubner, 1927.

[365] PARISER E. The Filter Bubble. What the Internet Is Hiding from You [M]. London: Viking, 2011.

[366] Parker, Elizabeth S., Larry Cahill and James L. McGaugh. A Case of Unusual Autobiographical Remembering [J/OL]. Neurocase, 2006, 12(1). https://doi.org/10.1080/1355479050047368.

[367] PARSONS T., SHILS E. A., eds. Toward a General Theory of Action [M]. Cambridge, MA: Harvard University Press, 1951.

[368] PARSONS T. Interaction: Social Interaction [J]. International Encyclopedia of the Social Sciences, 1968(7).

[369] PASQUALE F. The Black Box Society. The Secret Algorithms That Control Money and Information [M]. Cambridge, MA: Harvard University Press, 2015.

[370] Peiser, Jaclyn. The Rise of the Robot Reporter [N/OL]. New York Times [2019 – 02 – 05]. https://www.nytimes.com/2019/02/05/business/media/artificial-intelligence-journalism-robots.htm.

[371] PENG T. LeCun vs Rahimi: Has Machine Learning Become Alchemy? [EB/OL]. Synced [2017 – 12 – 12]. https://syncedreview.com/2017/12/12/lecun-vs-rahimi-has-machine-learning-become-alchemy.

[372] PERUZZI A., FABIANA Z., LUCIA A., QUATTROCIOCCHI W. From Confirmation Bias to Echo-Chambers: A Data-Driven Approach [M]//CEVOLINI A., BRONNER G. What Is New in Fake News? Public Opinion and Second-Order Observation in a Hyperconnected Society. Special issue of Sociologia e Politiche Sociali, 2018, 21(3).

[373] PICHEL M., ZANGERLE E., SPECHT G. Towards a Context-Aware Music Recommendation Approach: What is Hidden in the Playlist Name? [C/OL]// Conference: 2015 IEEE International Conference on Data Mining Workshop. https://doi.org/10.1109/ICDMW.2015.14.

[374] PIERCE D. Meet the Smartest, Cutest AI-Powered Robot You've Ever Seen [EB/OL]. Wired [2016 - 06 - 27]. https://www. wired. com/2016/06/anki-cozmo-ai-robot-toy.

[375] PIERCE D. Spotify's Latest Algorithmic Playlist Is Full of Your Favorite New Music [EB/OL]. Wired [2015 - 08 - 05]. http://wired. com/2016/08/spotifys-latest-algorithmic-playlist-full-favorite-new-music.

[376] PLATO. Complete Works [M]. Indianapolis: Hackett, 1997.

[377] PODOLNY S. If an Algorithm Wrote This, How Would You Even Know? [N]. New York Times, 2015 - 03 - 07.

[378] POOLE S. Top Nine Things You Need to Know about Listicles [N]. Guardian, 2013 - 11 - 12.

[379] Popovich, Nadja, Blacki Migliozzi, Karthik Patanjali, Anja Singhvi and Jon Huang. See How the World's Most Polluted Air Compares With Your City's [N/OL]. New York Times [2019 - 12 - 02]. https://www.nytimes.com/interactive/2019/12/02/climate/air-pollution-compare-ar-ul.htm.

[380] POPPER K. Conjectures and Refutations. The Growth of Scientific Knowledge [M]. New York: Basic Books, 1962.

[381] PORPHYRY (the Phoenician). Isagoge [M]. Translated by Edward W. Warren. Toronto: Pontifical Institute of Mediaeval Studies, 1975.

[382] PORTER T. M. The Rise of Statistical Thinking 1820 - 1900 [M]. Princeton: Princeton University Press, 1986.

[383] PRESNER T., SHEPARD D. Mapping the Geospatial Turn [M]//SCHREIBMAN S., SLEMENS R., UNSWORTH J. A New Companion to Digital Humanities. Chichester: Wiley, 2016.

[384] PREY R. Nothing Personal: Algorithmic Individuation on Music Streaming Platforms [J/OL]. Media, Culture & Society, 2018, 40(7). https://doi.org/10.1177/016344371774514.

[385] QUITO A. The Next Design Trend Is One That Eliminates All Choices [EB/OL]. Quartz[2015 - 06 - 18]. https://qz. com/429929/the-next-design-trend-is-one-that-eliminates-all-choice.

[386] R. Rakesh Agrawal Speaks Out [EB/OL]. Interview by Marianne Winslett, 2003. http://sigmod.org/publications/interviews/pdf/D15.rakesh-final-final.pd.

[387] RAMSAY S. Reading Machines: Toward an Algorithmic Criticism [M]. Champaign: University of Illinois Press, 2011.

[388] REDING V. The EU Data Protection Reform 2012: Making Europe the Standard

Setter for Modern Data Protection Rules in the Digital Age [EB/OL]. [2012 - 01 - 22]. http://europa.eu/rapid/pressReleasesAction. do?reference＝SPEECH/ 12/26&format＝PD.

［389］REESE H. Why Microsoft's "Tay" AI Bot Went Wrong [EB/OL]. Tech Republic [2016 - 03 - 24]. https://www. techrepublic. com/article/why-microsofts-tay-ai-bot-went-wrong.

［390］RIBEIRO M. T., SINGH S., GUSETRIN C. "Why Should I Trust You?" Explaining the Predictions of Any Classifier [EB/OL]. [2016 - 08 - 09]. https:// arxiv.org/pdf/1602.04938.pd.

［391］RICOEUR P. Memory, History, Forgetting [M]. Chicago: University of Chicago Press, 2004.

［392］RIEDER B. Scrutinizing an Algorithmic Technique: The Bayes classifier as Interested Reading of Reality [J/OL]. Information, Communication and Society, http://dx.doi.org/10.1080/1369118X.2016.118119.

［393］ROCHBERG F. Reasoning, Representing, and Modeling in Babylonian Astronomy [J/OL]. Journal of Ancient Near Eastern History, 2018, 5(1 - 2). https://doi. org/10.1515/janeh-2018-000.

［394］ROCHBERG F. The Heavenly Writing: Divination, Horoscopy and Astronomy in Mesopotamian Culture [M]. Cambridge: Cambridge University Press, 2016.

［395］ROCHBERG F. The History of Science and Ancient Mesopotamia [J]. Journal of Ancient Near Eastern History, 2014, 1(1).

［396］ROGERS R. Digital Methods [M]. Cambridge, MA: MIT Press, 2013.

［397］ROHLFING K. J., CIMIANO P., SCHARLAU I., MATZNER T. B., HEIKE M., BUSCGMEIER H., ESPOSITO E. Explanation as a social practice: Towards a conceptual framework to foster social design of AI systems [C/OL]// IEEE Transactions on Cognitive and Developmental Systems, 2020. https://doi. org/10.1109/TCDS.2020.304436.

［398］RONA-TAS A. Predicting the Future: Art and Algorithms [J]. Socio-Economic Review, 2020, 18(3).

［399］RONSON J. So You've Been Publicly Shamed [M]. New York: Riverhead, 2015.

［400］ROSEN J. The Right to Be Forgotten [J]. Stanford Law Review Online, 2012(64).

［401］ROUVROY A. Réinventer l'art d'oublier et de se faire oublier dans la société de l'information? [M]//LACOUR S. La sécurité de l'individu numérisé. Réflexions prospectives et internationals. Paris: L'Harmattan, 2008.

［402］RUPPERT E. Population Objects: Interpassive Subjects [J]. Sociology, 2011,

45(2).

[403] Rusbridger, Alan. Breaking News: The Remaking of Journalism and Why It Matters Now [M]. New York: Farrar, Straus and Giroux, 2018.

[404] RUSSELL S. J., NORVIG P. Artificial Intelligence. A Modern Approach [M]. Upper Saddle River, NJ: Pearson Education, 2003.

[405] SABBAGH M. The Important Differences between First-Person and Third-Person Games [EB/OL]. Gamasutra [2015 - 08 - 27]. https://www.gamasutra.com / blogs / MichelSabbagh / 20150827 / 252341 / The_important_differences_between_firstperson_and_thirdperson_games.ph.

[406] SANDER M., TERRAS M. The Visual Side of Digital Humanities: a Survey on Topics, Researchers and Epistemic Cultures [J]. Digital Scholarship in the Humanities, 2019, 35(2), https://doi.org/10.1093/llc/fqz02.

[407] SARVAS R., FROHLICH D. M. From Snapshots to Social Media——The Changing Picture of Domestic Photography [M]. London: Springer. 2011.

[408] SAUSSURE F. D. Cours de linguistique générale [M]. Paris: Payot, 1922.

[409] SCHAFFRICK M., WERBER N. Die Liste, paradigmatisch [J]. Zeitschrift für Literaturwissenschaft und Linguistik, 2017(47).

[410] SCHLEIERMACHER F. Hermeneutik. Nach den Handschriften neu herausgegeben [M]. Heidelberg: Winter, 1959.

[411] SCHMIDT J. Niklas Luhmann's Card Index: Thinking Tool, Communication Partner, Publication Machine [M]//CEVOLINI A. Forgetting Machines. Knowledge Management Evolution in Early Modern Europe. Leiden: Brill, 2016.

[412] SCHOCH C. Big? Smart? Clean? Messy? Data in the Humanities [J]. Journal of Digital Humanities, 2013, 2(3).

[413] SCHOLKOPF B. Learning to See and Act [J]. Nature, 2015, 518.

[414] SCHULZ K. What Is Distant Reading? [N]. New York Times, 2011 - 06 - 24.

[415] SCHWANDT S. Digitale Methoden für die Historische Semantik——Auf den Spuren von Begriffen in digitalen Korpora [J]. Geschichte und Gesellschaft, 2018, 44(1).

[416] SCHWANDT S. Digitale Objektivität in der Geschichtswissenschaft? Oder: Kann man finden, was man nicht sucht? [J]. Rechtsgeschichte, 2016(24).

[417] SCHWANDT S. Virtus as a Political Concept in the Middle Ages [J]. Contributions to the History of Concepts, 2015(10).

[418] SCHWARTZ O. Digital ads are starting to feel psychic [EB/OL]. The Outline [2018 - 07 - 13]. https://theoutline.com/post/5380/targeted-ad-creepy-surveillance-

facebook-instagram-google-listening-not-alone?zd＝1&zi＝t5zvwdz.

[419] SCOTT M. Use of Ad-Blocking Software Rises by 30% Worldwide [N]. New York Times, 2017 - 01 - 31.

[420] SCOTT S.V., ORLIKOWSKI W. J. Reconfiguring Relations of Accountability: Materialization of Social Media in the Travel Sector [J]. Accounting, Organizations and Society, 2012, 37(1).

[421] SEABROOK J. Can a Machine Learn to Write for the New Yorker? [N/OL]. New Yorker [2019 - 10 - 14]. https://www.newyorker.com/magazine/2019/10/14/can-a-machine-learn-to-write-for-the-new-yorke.

[422] SEARLE J. R. Mind, Brains and Programs [J]. Behavioral and Brain Sciences, 1980, 3(3).

[423] SEAVER N. Algorithmic Recommendations and Synaptic Functions [EB/OL]. Limn 2, 2012. http://limn.it/algorithmic-recommendations-and-synaptic-functions.

[424] SHALEV-SHWARTZ S., BEN-DAVID S. Understanding Machine Learning: From Theory to Algorithms [M]. Cambridge: Cambridge University Press, 2014.

[425] SHANNON C. E., WEAVER W. The Mathematical Theory of Communication [M]. Urbana: University of Illinois Press, 1949.

[426] SHAPIRO A. Reform Predictive Policing [J]. Nature, 2017(541).

[427] SHARMA A. How Predictive AI Will Change Shopping [J/OL]. Harvard Business Review [2016 - 11 - 18]. https://hbr.org/2016/11/how-predictive-ai-will-change-shoppin.

[428] SHARON T., ZANDBERGEN D. From Data Feticism to Quantifying Selves: Self Ttracking Practices and the Other Values of Data [J/OL]. New Media & Society, 2016, 19(11). https://doi.org/10.1177/1461444481663609.

[429] SHMUELI G. To Explain or to Predict? [J]. Statistical Science, 2010, 25(3).

[430] SIEGEL E. Predictive Analytics: The Power to Predict Who will Click, Buy, Lie or Die [M]. Hoboken, NJ: Wiley, 2016.

[431] SILVER N. The Signal and the Noise: Why Most Predictions Fail——but Some Don't [M]. New York: Penguin, 2012.

[432] SIMON J. Epistemic Responsibility in Entangled Socio-Technical Systems [M]// DODIG-CRNKOVIC G., ROTOLO A., SARTOR G., SIMON J., SMITH C. Social Computing, Social Cognition, Social Networks and Multiagent Systems. Social Turn——SNAMAS 2012. Birmingham: The Society for the Study of Artificial Intelligence and Simulation of Behaviour, 2012.

[433] SINCLAIR S., ROCKWELL G. Text Analysis and Visualization: Making

Meaning Count [M]//SCHREIBMAN S., SLEMENS R., UNSWORTH J. A New Companion to Digital Humanities. Chichester: Wiley, 2016.

[434] SINCLAIR S., ROCKWELL G. Voyant Tools [EB/OL]. [2018 - 03 - 01]. https://voyant-tools.org/docs/#!/guide/abou.

[435] SINHA J. I., FOSCHT T., FUNG T.T. How Analytics and AI Are Driving the Subscription E-commerce Phenomenon [EB/OL]. MIT Sloan Management Review (blog) [2016 - 12 - 06]. https://sloanreview.mit.edu/article/using-analytics-and-ai-subscription-e-commerce-has-personalized-marketing-all-boxed-up.

[436] SLIVER D., HASSABIS D. AlphaGo: Mastering the Ancient Game of Go with Machine Learning [EB/OL]. Google AI Blog [2016 - 01 - 27]. https://research.googleblog.com/2016/01/alphago-mastering-ancient-game-of-go.htm.

[437] SLIVER D., SCHRITTWIESER J., SIMONYAN K., ANTANOGLOU I., HUANG A., GUEZ A., HUBERT T., et al. Mastering the Game of Go without Human Knowledge [J]. Nature, 2017(550).

[438] Smith, Ben. Why the Success of the New York Times May Be Bad News for Journalism [N]. New York Times, 2020 - 03 - 02.

[439] Sneha: P. Reading from a Distance—Data as Text [EB/OL]. The Centre for Internet & Society [2014 - 07 - 23]. http://cis-india.org/raw/digital-humanities/reading-from-a-distanc.

[440] SOBER E. Ockham's Razors: A User's Manual [M]. Cambridge: Cambridge University Press, 2016.

[441] Solan, Lawrence M. Pernicious Ambiguity in Contracts and Statutes [J]. Chicago-Kent Law Review, 2004(79).

[442] SOLON O. Weavrs. The Autonomous, Tweeting Blog-Bots That Feed on Social Content [EB/OL]. Wired.co.uk [2012 - 03 - 28]. https://www.wired.co.uk/article/weavrs-spambots-or-discoverability-agent.

[443] SOLOVE D. J. "I've Got Nothing to Hide" and other Misunderstandings of Privacy [J]. San Diego Law Review, 2007(44).

[444] SOLOVE D. J. Speech, Privacy and Reputation on the Internet [M]//LEVMORE S., NUSSBAUM M. C. The Offensive Internet: Speech, Privacy, and Reputation. Cambridge MA: Harvard University Press, 2011.

[445] SOLOVE D. J. The Future of Reputation: Gossip, Rumor and Privacy on the Internet [M]. New Haven: Yale University Press, 2007.

[446] SONTAG S. On Photography [M]. London: Penguin, 1977.

[447] SPENCE R. Information Visualization: Design for Interaction [M]. Harlow:

Pearson，2007.

[448] STARK D. and Verena Paravel. PowerPoint in Public. Digital Technologies and the New Morphology of Demonstration [J]. Theory, Culture & Society, 2008, 25(5).

[449] STARK D. The Sense of Dissonance：Accounts of Worth in Economic Life [M]. Princeton：Princeton University Press，2009.

[450] STUART D. L. Reputational Rankings：Background and Development [J]. New Directions for Institutional Research，1995(88).

[451] SUCHMAN L. A. Plans and Situated Actions：The Problem of Human-Machine Communication [M]. Cambridge：Cambridge University Press，1987.

[452] SUNSTEIN C. Republic.com [M]. Princeton：Princeton University Press，2001.

[453] SUNSTEIN C. Republic：Divided Democracy in the Age of Social Media [M]. Princeton：Princeton University Press，2017.

[454] SWEENEY E. 75% of Consumers Find Many Forms of Marketing Personalization Creepy, New Study Says [EB/OL]. Marketing Dive [2018 – 02 – 21]. https：// www. marketingdive. com/news/75-of-consumers-find-many-forms-of-marketing-personalization-creepy-new-s/517488.

[455] TALBOTT W. Bayesian Epistemology [EB/OL]. ZALTA E. N. Stanford Encyclopedia of Philosophy. Stanford：Center for the Study of Language and Information (CSLI)，2008. https：//PLATO. stanford. edu/entries/epistemology-bayesian/.

[456] TAYLOR L. When Seams Fall Apart：Video Game Space and the Player [J]. Game Studies，2003，3(2).

[457] TAYLOR P. The Concept of "Cat Face."[J]. London Review of Books，2016， 38(16).

[458] TEGMARK M. Life 3.0：Being Human in the Age of Artificial Intelligence [M]. New York：Knopf，2017.

[459] TELEA A. C. Data Visualization：Principles and Practice [M]. Boca Raton： CRC，2015.

[460] TEUBNER G. Elektronische Agenten und große Menschenaffen：Zur Ausweitung des Akteurstatus [J]. Recht und Politik. Zeitschrift für Rechtssoziologie，2006， 27(1).

[461] THIEDEKE U. Wir Kosmopoliten. Einführung in eine Soziologie des Cyberspace [M]//THIEDEKE U. Soziologie des Cyberspace：Medien, Strukturen und Semantiken. Wiesbaden：Springer VS，2013.

[462] THRUN S, PRATT L, eds. Learning to Learn [M]. Dordrecht: Kluwer, 1998.

[463] TOOBIN J. The Solace of Oblivion. In Europe, the Right to Be Forgotten Trumps the Internet [N]. New Yorker, 2014 - 09 - 29.

[464] TREASTER J. B. Will You Graduate? Ask Big Data [N]. New York Times, 2017 - 02 - 02.

[465] TUFTE E. R. Envisioning Information [M]. Cheshire: Graphic Press, 1990.

[466] TUFTE E. R. The Visual Display of Quantitative Information [M]. Cheshire: Graphic Press, 1983.

[467] TUFTE E. R. Visual Explanations: Images and Quantities, Evidence and Narrative [M]. Cheshire: Graphic Press, 1997.

[468] TURING A. M. Computing Machinery and Intelligence [J]. Mind, 1950, 59(236).

[469] TURKLE S. Alone Together. Why We Expect More from Technology and Less from Each Other [M]. New York: Basic Books, 2011.

[470] VAIDHYANATHAN S. The Googlization of Everything (And Why We Should Worry) [M]. Berkley/Los Angeles: University of California Press, 2011.

[471] VANDERMEERSCH L. Dalla tartaruga all'achillea (Cina) [M]//VERNANT J. P., VANDERMEERSCH L., GERNET J., BOTTERO J., CRAHAY R., BRISSON L., CARLIER J., GRODZYNSKI D., RETEL-LAURENTIN A., Divination et Rationalité. Paris: Seuil, 1974.

[472] VANDERSTICHELE G. Interpretable AI, Explainable AI and the Sui Generis Method in Adjudication [Z]. Unpublished manuscript, 2020.

[473] VAN DIJCK J. Digital Photography: Communication, Identity, Memory [J]. Visual Communication, 2008(7).

[474] VAN H., NANCY A. Personal Photography, Digital Technologies and the Uses of the Visual [J]. Visual Studies, 2011, 26(2).

[475] VAN HOBOKEN J. Search Engine Freedom: On the Implications of the Right to Freedom of Expression for the Legal Governance of Web Search Engines [M]. Alphen aan den Rijn: Kluwer Law International, 2012.

[476] VAN HOBOKEN J. The Proposed Right to be Forgotten Seen from the Perspective of Our Right to Remember, Freedom of Expression Safeguards in a Converging Information Environment [Z]. Unpublished manuscript, 2013.

[477] VERNANT J-P. Parole e segni muti [M]//VERNANT J. P., VANDERMEERSCH L., GERNET J., BOTTERO J., CRAHAY R., BRISSON L., CARLIER J., GRODZYNSKI D., RETEL-LAURENTIN A. Divination et Rationalité. Paris: Seuil, 1974.

［478］VESPIGNANI A. L'algoritmo e l'oracolo: Come la scienza predice il futuro e ci aiuta a cambiarlo ［M］. Milan: Il Saggiatore, 2019.

［479］VIS F. A Critical Reflection on Big Data: Considering APIs, Researchers and Tools as Data Makers ［J/OL］. First Monday, 2013, 18(10). https://doi.org/10.5210/fm.v18i10.487.

［480］VISI T. A Science of List? Medieval Jewish Philosophers as List Makers ［M］// DOLEZALOVA L. The Charm of a List: From the Sumerians to Computerised Data Processing. Newcastle upon Tyne: Cambridge Scholars Publishing, 2009.

［481］VOLODYMYR M., KAVUKCUOGLU K., SLIVER D., RUSU A. A., VENESS J., BELLEMARE M. G., GRAVES A., RIEDMILLER M., et al. Human-Level Control through Deep Reinforcement Learning ［J］. Nature, 2015, 518.

［482］VON FOERSTER H. Cibernetica ed epistemologia: Storia e prospettive ［M］// BOCCHI G., CERUTI M. La sfida della complessità. Milan: Feltrinelli, 1985.

［483］VON FOERSTER H. Notes on an Epistemology for Living Things ［R］. BCL Report NO.9.3. Biological Computer Laboratory, University of Illinois, 1972.

［484］VON FOERSTER H. Observing Systems ［M］. Seaside, CA: Intersystems Publications, 1981.

［485］VON GLASERSFELD E. Einführung in den radikalen Konstruktivismus ［M］// WATZLAWICK P., Die erfundene Wirklichkeit. Munich: Piper, 1981.

［486］VON SODEN W. Leistung und Grenze sumerischer und babylonischer Wissenschaft. Die Welt als Geschichte ［M］//LANDSBERGER B, Die Eigenbegrifflichkeit der babylonischen Welt. Leistung und Grenze sumerischer und babylonischer Wissenschaft. Darmstadt: Wissenschaftliche Buchgesellschaft, 1975.

［487］WACHTER S., MITTELSTADT B., FLORIDI L. Transparent, Explainable and Accountable AI for Robotics ［J/OL］. Science Robotics, 2017, 2 (6). https://doi.org/10.1126/scirobotics.aan608.

［488］WAGGONER Z. My Avatar, My Self: Identity in Video Role-Playing Games ［M］. Jefferson: McFarland, 2009.

［489］WAGNER-PACIFICI R., MOHR J. W., BREIGER R. L. Ontologies, Methodologies and New Uses of Big Data in the Social and Cultural Sciences ［J］. Big Data & Society, 2015, 2(2).

［490］WALTON D., MACAGNO F., SARTOR G. Statutory Interpretation: Pragmatics and Argumentation ［M］. Cambridge: Cambridge University Press, 2021.

［491］WANG YONGDONG. Your Next New Best Friend Might Be a Robot: Meet Xiaoice. She's Empathic, Caring, and Always Available—Just Not Human ［EB/

OL]. Nautilus [2016 – 02 – 04]. http://nautil.us/issue/33/attraction/your-next-new-best-friend-might-be-a-robo.

[492] WARD M., GRINSTEIN G., KEIM D. Interactive Data Visualization: Foundations, Techniques and Applications [M]. Boca Raton: CRC, 2015.

[493] WARE C. Information Visualization: Perception for Design [M]. San Diego: Academic Press, 2000.

[494] WASIK B. And Then There's This: How Stories Live and Die in Viral Culture [M]. London/New York: Viking, 2009.

[495] WATZLAWICK P., BAVELAS J. B., JACKSON D. D. Pragmatics of Human Communication: A Study of Interactional Patterns, Pathologies, and Paradoxes [M]. New York: Norton, 1962.

[496] WATZLAWICK P. Die erfundene Wirklichkeit [M]. Munich: Piper, 1981.

[497] WEINBERGER D. Everything Is Miscellaneous: The Power of the New Digital Disorder [M]. New York: Henry Holt, 2007.

[498] WEINBERGER D. Our Machines Now Have Knowledge We'll Never Understand [EB/OL]. Wired [2017 – 04 – 18]. https://www.wired.com/story/our-machines-now-have-knowledge-well-never-understand.

[499] WEINBERGER D. Taxonomies to Tags: From Trees to Piles of Leave [M]. New York: CNET Networks, 2005.

[500] WEINRICH H. Gibt es eine Kunst des Vergessens? [M]. Basel: Schwabe, 1996.

[501] WEINRICH H. Lethe. Kunst und Kritik des Vergessens [M]. Munich: Beck, 1997.

[502] WEITIN T. Thinking Slowly: Reading Literature in the Aftermath of Big Data [M]//Lit Ling Lab Pamphlet 1, 2015.

[503] WELCH C. Google Just Gave a Stunning Demo of Assistant Making an Actual Phone Call [EB/OL]. The Verge [2018 – 05 – 08]. https://www.theverge.com/2018/5/8/17332070/google-assistant-makes-phone-call-demo-duplex-io-201.

[504] WHITMORE M. Text: A Massively Addressable Object [M]//GOLD M. K. Debates in the Digital Humanities. Minneapolis: University of Minnesota Press, 2012.

[505] WILDING J., VALENTINE E. Superior Memories [M]. Hove: Psychology Press, 1997.

[506] WILLIAMS E. 24 Hours in Photos [J/OL]. Creative Review [2011 – 11 – 11]. https://www.creativereview.co.uk/24-hours-in-photos.

[507] WINOGRAD T. A., FLORES F. Understanding Computer and Cognition

Reading [M]. MA：Addison-Wesley，1986.

[508] WOLCHOVER N. AI Recognizes Cats the Same Way Physicists Calculate the Cosmos [EB/OL]. Wired [2014 - 12 - 15]. https：//www. wired. com/2014/12/deep-learning-renormalization/.

[509] WOODRUFF A. Necessary, unpleasant and disempowering：reputation management in the internet age [C]//In Proceedings of the SIGCHI Conference on Human Factors in Computing Systems. New York：ACM Press，2014.

[510] WRIGHT T., BORIA E., BREIDENBACH P. Creative Player Actions in FPS Online Video Games [J/OL]. Game Studies, 2002, 2(2). http://www.gamestudies.org/0202/wright.

[511] WRISLEY D. J., JANICKE S. Visualizing Uncertainty：How to Use the Fuzzy Data of 550 Medieval Texts? [EB/OL]. Abstract for Digital Humanities, University of Nebraska-Lincoln，2013 - 07. http://dh2013.unl.edu/abstracts/ab-158.htm.

[512] WU T. The Attention Merchants：The Epic Scramble to Get Inside Our Heads [M]. New York：Alfred A. Knopf，2016.

[513] XIAO LANG, LU QIBEI, GUO FEIPENG. Mobile Personalized Recommendation Model Based on Privacy Concerns and Context Analysis for the Sustainable Development of M-commerce [J]. Sustainability, 2020, 12(7).

[514] YATES F. A. The Art of Memory [M]. London：Routledge & Kegan Paul，1966.

[515] YOUYOU WU, KOSINSKI M., STILLWELL D. Computer-Based Personality Judgments Are More Accurate Than Those Made by Humans [J]. Proceedings of the National Academy of Sciences，2015，112(4).

[516] ZUBOFF S. The Age of Surveillance Capitalism：The Fight for a Human Future at the New Frontier of Power [M]. London：Profile Books，2019.

[517] ZUMTHOR P. Introduction à la poésie orale [M]. Paris：Seuil，1972.

透明度与解释：模糊性在法律 AI 中的作用 *

　　处理不透明的机器学习技术，关键问题已成为算法工作及其结果的可解释性。解释的转变需要从人工智能转向创新的人工沟通形式。在许多情况下，解释的目的不是揭示机器的程序，而是与它们沟通并获得相关受控的信息。由于人类解释不需要神经连接或思维过程的透明度，因此，算法解释不必披露机器的操作，而是必须产生对其对话者有意义的重新表述。这一举措对法律沟通产生了重要影响，其中模糊性发挥着重要作用。法律论证中的诠释问题不在于算法解释得不够充分，而是它们必须解释得足够多且足够精确，从而限制了诠释的自由和法律决定的可争议性，其结果可能是对支撑现代法治的法律沟通的自主性造成限制。

简介：从人工智能到人工沟通

　　经过反复的"寒冬"，①人工智能研究现在似乎进入了一个新的"春天"——然而，机器、工作方式甚至各相关问题都发生了变化。今天我们更多地谈论算法而不是计算机。我们理所当然地提到网络（包括用户的积极参与）以及要处理的数据不是稀缺而是过剩的事实。我们身处自学习算法和大数据的世界。在这个新阶段，中心问题不是计算机的容量或处理能力。② 今天，关

---

* 本篇文章的作者也是本书的作者：埃琳娜・埃斯波西托教授。经作者本人同意，列入本书的附录部分。

① RUSSELL S., NORVIG P. Artificial Intelligence: AModern Approach [M]. Prentice Hall, 2003: 29; CARDON D., CONINTET J-P., MAZIERES A., La revanche des neurons. Linvention des machines inductives et la controverse de lintelligence artificielle [J]. Réseaux, 2018, 211(5): 173.

② 人们试图用摩尔定律及其变体进行预测。

键问题是理解，或者说算法及其工作结果的可理解性。①

向诠释的转变要求对数字信息处理的研究，从对（人工）智能的参考转向对创新沟通形式的参考，这可以被定义为"人工沟通"。② 目标不是制造智能机器，而是制造能够与算法进行沟通以获得相关和受控的信息。必须理解的是在这种沟通中产生的信息，而不是机器的运行过程，这些运行过程通常是模糊不清的。在本章接下来的两节中，以上观点获得了阐述，这些部分涉及透明度问题和解释的目标。

从智能到沟通的转变在许多不同领域带来了问题和机遇，包括复杂的法律诠释领域，笔者将在"人工理性和机器法学"一节中进行讨论。在那里，笔者讨论了诠释对法律系统自主性的作用，在其下一节中，笔者探讨了法律论证模糊性的必要性，以及由此产生的算法使用挑战。"机器法学"可以影响法律实践及其所依赖的原则，尤其是法治。

对难以理解的机器的诠释

最近对理解问题的强调是编程技术和数据管理创新的结果。借助深度学习方法和大数据，算法可以自主学习以程序员未必预见的方式执行任务，并且在某些情况下，人类（包括设计它们的人）无法理解，甚至程序员也可能

---

① 在最近关于人工智能及其转变的讨论中，"算法"一词的使用通常是不准确的。当然，计算机编程从一开始就使用算法，而且这个术语在控制论之前就已经存在。无论多么不完美，笔者将遵循当前的用法，并使用算法来指代使用机器学习和大数据的高级编程技术。参见 DEANGELIS S.F., Artificial Intelligence. How Algorithms Make Systems Smart[EB/OL]. Wired [2021 - 06 - 23]. 译者注：在机器学习和人工智能的语境之中，有必要区分可理解性（interpretability）和可解释性（explainability）。可理解的 AI（Interpretable Al）指本质上可理解的模型（例如具有少量输入变量的小型决策树或线性模型），该概念从先验维度强调 AI 模型的事前可解读性，以观察到模型的因果关系。可解释的 AI（Explainable Al）指在复杂模型的训练之后，应用一种方法对更复杂模型的输出进行建模的过程，该概念从后验维度强调对 AI 模型的事后加以解释，以解释深度学习模型的内部机制。此处区分语境，将 interpretation 分别翻译成理解（人工智能语境）和诠释（法学语境）。
② ESPOSITO E., Artificial Communication? The Production of Contingency by Algorithms[J]. Zeitschrift für Soziologie, 2017, 46(4)：249；ESPOSITO E., Artificial Communication. How Algorithms Produce Social Intelligence[M]. MIT Press, 2021.

不理解机器是如何运行以及它是如何得出其结果的。① 当人们需要理解算法的结果和过程时，必须对其进行诠释，但不清楚应该如何实现。

与机器学习和大数据一起工作的算法越来越擅长做越来越多的事情：它们快速准确地产生信息、学习比人类更安全可靠地驾驶汽车、回答我们的问题、进行交谈、作曲和读书，它们甚至可以写出有趣的、恰当的，而且——如果需要的话——有趣的文本。它们已经取得了这些结果，这似乎表明机器终于变得智能化了，因为它们的程序员或多或少地明确放弃了试图以人工方式再现人类智能过程的尝试。算法以一种完全不同的方式工作，以我们的智力可能无法理解。因此，透明度或缺乏透明度是一个问题。

机器学习算法很难理解，首先是因为它们在不了解材料的情况下工作——它们做的事情不同。例如，最近的翻译程序不会试图理解它们翻译的文件，它们的设计者也不依赖任何语言理论。② 算法在不懂普通话的情况下从普通话翻译文本，它们的程序员也不懂普通话。示例在算法最成功的所有领域都成倍增加，例如在国际象棋、扑克和围棋中与人类玩家竞争，③生成文本、推荐程序、④图像识别等。算法不理解它们正在处理的任何材料。它们"不像人类那样推理是为了像人类一样写作（或者可能需要补充说，通常要像人类一样工作）"。⑤ 因此，机器的操作及其结果对于人类观察者来说往往是模糊的。

即使它们非常有效，但依赖黑箱也不能让人放心，尤其是当我们知道它们的操作不能免于各种偏差和错误时。⑥ 在许多情况下，我们想检查机器产生结果的正确性，这可能在许多不同的方面是错误的或不适当的，并

---

① GOODFELLOW I., BEGIO Y., COURVILLE A. Deep Learning: Adaptive Computation and Machine Learning[M]. MIT Press, 2016; BURRELL J. How the Machine Thinks: Understanding Opacity in Machine Learning Algorithms[J]. Big Data & Society, 2016, 3(1).

② BOELLSTORFF T. Making Big Data, in Theory[J]. First Monday, 2013, 18(10).

③ David Silver and Demis Hassabis, AlphaGo: Mastering the Ancient Game of Go with Machine Learning[EB/OL]. [2021 - 06 - 23]. https://ai.googleblog.com/2016/01/alphago-mastering-ancient-game-of-go.html.

④ PREY R. Nothing Personal: Algorithmic Individuation on Music Streaming Platforms[J]. Media, Culture & Society, 2018, 40(7): 1087.

⑤ HAMMOND K. Practical Artificial Intelligence for Dummies[M]. Wiley, 2015.

⑥ PASQUALE F. The Black Box Society. The Secret Algorithms That Control Money and Information[M]. Harvard University Press, 2015.

且会产生不同的后果。例如，在医学领域，人们担心算法可能无法充分考虑虽然相关但可能不明确的信息。① 例如，卡鲁阿纳讨论了一种算法，该算法预测哮喘患者死于肺炎的风险较低，而忽略了患者已经接受了大量医疗援助的事实。② 在其他领域，例如警务、③授予消费信贷④或大学录取程序，⑤人们担心它们可能会通过系统性或确认偏差复制或加剧数据的不平衡。因此，人们希望能够验证它们的结果并控制它们获得的方式。稍后将更详细地讨论，在法律领域，算法程序的模糊性可能会危及决策的可竞争性。

　　最近关于"可解释的人工智能"的研究分支试图通过开发程序来解释自学习算法的操作来回应这一担忧。⑥ 结果阐明了人类与机器互动过程的各个方面，并且通常在特定情况下管理此类流程。然而，在深度学习算法的情况下存在一个基本障碍：如果通过解释意味着一个允许人类观察者理解机器做什么以及为什么这么做的程序，那么企业就没有希望了。最近出现的智能算法的过程对于人类智能来说本质上是难以理解的。正如温伯格所说，在这个意义上要求解释等于"强迫人工智能人工地愚蠢到足以让我们理解它是如何得出结论的"。⑦

---

① HOLZINGER A., et al. Causability and explainability of artificial intelligence in medicine[J]. WIREs Data Mining and Knowledge Discovery, 2019, 9(4): 1312.

② Rich Caruana et al. Intelligible Models for Health care: Predicting Pneumonia Risk and Hospital 30-day Readmission[C]//Proceedings of the 21th ACMSIGKDD International Conference on Knowledge Discovery and Data Mining, 2015.

③ LUM K., ISAAC W. To Predict and Serve. Significance, 2016, 13(5): 14.

④ NEIL C. O. Weapons of Math Destruction[M]. Crown, 2016.

⑤ HAO K. The UK Exam Debacle Reminds Us that Algorithms Cant Fix Broken Systems[J]. MIT Technology Review.

⑥ WACHTER S., MITTELSTADT B., FLORIDI L. Transparent, Explainable and Accountable AI for Robotics[J]. Science Robotics (eaan6080), 2017, 2(6); Tim Miller. Explanation in Artificial Intelligence: Insights from the Social Sciences[J]. Artificial Intelligence, 2019, 267: 1.

⑦ WEINBERGER D. Our Machines Now Have Knowledge Well Never Understand [EB/OL]. Wired [2021 - 06 - 23]. 关于算法性能的可解释性和准确性之间备受争议的权衡，参见 MONTAVON G., SAMEK W., MULLER K-R. Methods for Interpreting and Understanding Deep Neural Networks[J]. Digital Signal Processing, 2018, 73(1); MONROE D. AI, Explain Yourself[J]. Communications of the ACM, 2018, 61(11); RUDIN C. Stop Explaining Black Box Machine Learning Models for High Stake Decisions and Use Interpretable Models Instead [J]. Nature Machine Intelligence, 2019, 1: 206; BUSUIOC M. Accountable Artificial Intelligence: Holding Algorithms to Account[J]. Public Administration Review, 2020, 81(5): 825.

策略必须有所不同,事实上许多可解释的人工智能项目最近都采用了另一种方法,与算法过程的极度晦涩相适应。① 关键的概念是透明度,通常被视为可解释的人工智能项目的第一个要素。然而,争论涉及许多其他相关概念,它们之间的关系并不总是很清楚,②以及人机互动远远超出了触发争论的深度学习问题:何时以及为什么需要解释算法的操作? 解释的目的应该是透明度吗? 透明与不透明、解释与诠释之间的关系是什么? 必须解释什么、向谁解释、出于什么目的而解释? 什么时候可以说实际上已经产生了解释? 这些问题的答案涉及对人工智能及其社会相关性的诠释。

解释需要透明度吗?

在关于技术的社会学研究中,缺乏透明度一直是一个长期存在的问题。③ 这个问题在算法方面变得更加尖锐。在这里,笔者想区分一种特定的非透明性,可以称为不透明性,涉及最近的机器学习方法,例如使用"黑箱"算法的神经网络。④ 无论经验如何,相应的模型对于人类观察者来说都是根本无法理解的。但是,原则上可以理解(并非不透明)的其他模型,例如基于决策树⑤或归纳逻辑编程⑥的"白盒"算法,由于其大小或复杂性,它

① Katharina J Rohlfing et al. Explanations as a Social Practice: Toward a Conceptual Framework for the Social Design of AI Systems[J]. IEEE Transactions on Cognitive and Developmental Systems, 2020, 13(3).
② MONROE D. AI, Explain Yourself[J]. Communications of the ACM, 2018, 61(11); ANANNY M., CRAWFORD K. Seeing Without Knowing: Limitations of the Transparency Ideal and its Application to Algorithmic Accountability[J]. New Media & Society, 2018, 20(3): 973; LIPTON Z. C. The Mythos of Interpretability[J]. ACM Queue, 2018, 16(3); HARA K. O. Explainable AI and the Philosophy and Practice of Explanation[J]. Computer Law& Security Review, 2020, 39.
③ WEYER J., SCHULZ-SCHAEFFER I (eds), Management Komplexer Systeme: Konzepte Fürdie Bewältigung von Intransparenz, Unsicherheit undChaos[M]. De Gruyter, 2009; LUHMANN N. DieKontrolle von Intransparenz[M]. Suhrkamp, 2017.
④ BUHRMESTER V., MUNCH D., ARENS M. Analysis of Explainers of Black Box Deep Neural Networks for Computer Vision: A Survey[J]. Machine Learning and Knowledge Extraction, 2021, 3(4): 966 - 989.
⑤ QUINLAN J. R. Induction of Decision Trees[J]. Machine Learning, 1986, 1: 81.
⑥ MUGGLETON S, DE RAEDT L. Inductive Logic Programming: Theory and Methods[J]. The Journal of Logic Programming, 1994, 19 - 20: 629.

们也可能是非透明的，由于对相关信息的访问受到限制（例如培训数据的来源和使用或模型的开发和实施），或者一般而言，因为观察者缺乏必要的能力。

在算法的使用中，非透明性比不透明性要广泛得多，即使所有数据源和所有程序都必须可供用户访问，但大多数系统对其用户来说仍然是不可理解的。然而，这本身既不新鲜也不成问题——大多数用户始终无法理解技术的内部运作。① 问题在于，今天的算法做了一些前所未有的事情，与其他技术系统不同：它们做出决定——关于医疗诊断、选择被大学录取的学生、围棋要采取的行动，以及获得学分或假释的人。必须解释的是这些决定，而不是机器的内部流程。可解释的人工智能的目的实际上是解释，而不是透明性，从这个角度来看，深度学习系统的不透明性并没有什么区别。无论如何，理解人工智能不是问题。

目标不是公开机器的程序，而是让机器本身提供对用户有用的解释。机器不被要求对人类观察者透明，而是以对对话者有意义的方式解释它们的决定。而且由于它们的对话者总是不同的，并且位于不同的情况和背景下，具有不同的兴趣和需求，因此解释必须是多样化和具体的。问题是为不同的用户提供适当的解释。

这就是人类做出决定时会发生的情况，我们可能还需要为此提供解释，提供线索，使接收者能够理解所做出的决定。当一个人获得解释时，他会在不了解解释者的神经生理或心理过程的情况下获得有关决定的信息，这（幸运的是）可能保持模糊性或私密性。解释我们的决定不需要披露我们的思维过程，更不用说我们神经元的连接。卢曼声称，解释是"具有更好连接性的额外好处的重新表述"。② 告知者生产了一个新的沟通，提供了与对话者的具体要求及其需求相关的额外元素。无论如何，这完全是一个沟通过程：我们不需要接触对话者的大脑或思想，也不需要接触外部世界。我们只需要获得允许沟通以受控、非任意方式进行的线索。

可以设想以相同的方法来处理与自学习机器互动中的解释困境。许多

---

① LATOUR B. Pandoras Hope: Essays on the Reality of Science Studies[M]. Harvard University Press, 1999.

② LUHMANN N. Die Wissenschaft der Gesellschaft[M]. Suhrkamp, 1990.

人建议,在可能需要解释的情况下,只应使用本质上可理解的模型。① 然而,这并不能解决产生可解释性需求的一般问题。② 相反,无论是不透明的还是其他的机器都应该能够对它们的流程进行"重新表述",以符合它们对话者的要求,并允许它们运用适合于语境的控制形式。与数字合作伙伴互动的技术挑战是重现人与人之间要求和提供解释的沟通情境。

事实上,最近的许多可解释的人工智能项目并没有试图模仿算法所做的计算,而是旨在产生"事后解释",重现人类在沟通中所做的事情。透明度不能成为解决方案,因为正如李普顿所说,无论如何理解透明度(在整个模型的级别、单个组件的级别或训练算法的级别),人类的解释都不会表现出透明度。③ 人们解释其决定的过程与他们做出决定的过程不同,通常是在事后产生的,而不会影响决策。同样,在可解释的人工智能领域,设计人员正在训练程序以产生解释,在不影响算法性能的情况下,事后说明(我们可以说"重新表述")算法的工作原理。正如产生人类解释的语言过程不同于产生需要解释决策的神经活动过程一样,产生人工智能模型解释的过程也将不同于模型的过程。④ 例如,它们可以使用口头解释机器产生的可视化和进行局部解释,例如显著图。⑤ 用户对机器产生解释的理解,不必与机器的运作过程相关。

这种有希望的观点意味着,自 20 世纪 50 年代开始就指导人工智能项

---

① ROBBINS S. A Misdirected Principle With a Catch: Explicability for AI[J]. Minds and Machines, 2019, 29: 495; RUDIN C. Stop Explaining Black Box Machine Learning Models for High Stake Decisions and Use Interpretable Models Instead[J]. Nature Machine Intelligence, 2019, 1: 206.

② 除了生产困难的 Catch-22。ROBBINS S. A Misdirected Principle With a Catch: Explicability for AI[J]. Minds and Machines, 2019, 29: 495. 如果机器学习被用于需要解释的决策,那么,它必须是可解释的人工智能,并且人类必须能够检查所使用的考虑因素是否可以接受,但如果我们已经知道应该将哪些考虑因素用于决策,那么我们就不需要机器学习。

③ LIPTON Z. C. The Mythos of Interpretability[J]. ACM Queue, 2018, 16(3): 15.

④ 由于算法的成功解释不需要访问算法的工作,因此深度学习算法的黑箱性质对其可解释性没有影响。相反,诸如深度神经网络之类的复杂算法可能更有效地学习哪些表示在与用户的沟通中更有效。LIPTON Z. C. The Mythos of Interpretability[J]. ACM Queue, 2018, 16(3): 15.

⑤ LIPTON Z. C. The Mythos of Interpretability[J]. ACM Queue, 2018, 16(3): 15. 译者注: 在机器视觉中,显著性是一种图像分区的模式,而显著图(Saliency map)是显示每个像素独特性的图像。显著图的目标在于将一般图像的表示加以简化或是改变为更容易分析的样式。例如某个像素在一张彩色图中具有较高的灰阶,则会在显著图中以较为明显的方式显示出来。

目的方法发生了深刻的变化——正如人工智能这个名字所表明的那样。有点矛盾的是，最近的可解释的人工智能项目并不专注于机器的智能。其目标是在算法和用户之间产生一种"对话"的条件，在该条件下机器提供答案，将始终不同的对话者澄清请求作为输入，①并且能够参与元沟通，元沟通可以将机器的运作过程或所使用的数据作为其对象。② 目的不是也不可能是让对话者理解这些过程，而是向他们解释机器传达的关于这些过程的内容，以便他们可以行使某种形式的控制。关于解释的辩论意味着从智能转变为使算法能够有效地为我们社会中新信息的产生做出贡献的特征：它们参与沟通的能力。机器应该能够根据对话者的不同要求做出充分的解释。

人工理性与机器法学

如果可解释的人工智能意味着从关注智能转向关注沟通，那么，社会学观察的任务将是展示与算法的互动通常如何影响在社会中的沟通，③尤其是算法解释如何作为依赖于不透明性的沟通过程发挥作用，这可能在不同的社会领域以不同的方式发生。在科学研究中，例如在医学中，注意力将集中在揭示数据中因果结构的可能性上；④在警务中，它将集中在对算法决策

---

① CIMIANO P., RUDOLPH S., HARTFIEL H. Computing Intensional Answers to Questions——An Inductive Logic Programming Approach[J]. Data & Knowledge Engineering, 2010, 69(3)：261；Katharina J Rohlfing et al. Explanations as a Social Practice：Toward a Conceptual Framework for the Social Design of AI Systems[J]. IEEE Transactions on Cognitive and Developmental Systems, 2020, 13(3).

② LUHMANN N. Die Gesellschaft der Gesellschaft[M]. Suhrkamp, 1997：250 - 251.

③ LUHMANN N. Die Gesellschaft der Gesellschaft[M]. Suhrkamp, 1997：304；ESPOSITO E. Artificial Communication? The Production of Contingency by Algorithms[J]. Zeitschrift für Soziologie, 2017, 46(4)：249.

④ 关于科学中相关性和因果关系差异的激烈辩论是一个有影响的案例，引发了对基本认识论问题的深刻反思，例如解释和预测之间的关系。参见 PEARL J. Causality[M]. Cambridge University Press, 2000；PEARL J., MACKENZIE D. The Book of Why：The New Science of Cause and Effect[M]. Basic Books, 2018；BREIMAN L. Statistical Modeling：The Two Cultures[J]. Statistical Science, 2001, 16(3)：199；SHMUELI G. To Explain or to Predict?[J]. Statistical Science, 2010, 25(3)：289；SOBER E. Ockhams razors：a users manual[M]. Cambridge University Press, 2016.

的信任上；当算法决定选择候选人或债务人时，问题将是算法决定是否符合道德原则。本节探讨在法律领域，算法工作中缺乏透明度以及管理如何影响法律实践及其前提，尤其是如何影响法治。

在法律领域，今天的算法能够以便宜、有效和快速的方式完成许多任务：它们可以自动完成文件、执行尽职调查、收集和分析过去的数据、整理法律信息并执行以前需要人工操作的其他活动。由此产生的就业机会和相关风险在法律领域和其他领域引发了广泛的辩论。① 我们在这里要解决的问题更加抽象且复杂，涉及诠释在法律论证中的作用。在这里，计算机也可以有效地用于执行许多任务。人们谈论"机器法学"②或"计算法律科学"③能够探索法律数据库的法律推理计算系统、④识别相关规则、做出决定、⑤生成论证，并向用户解释其推理链。⑥ 机器自主参与法律沟通：它们可以生成法律相关信息、进行论证，甚至解释。

这里问题的层次更深，不只涉及对人类工作者技能及其工作的威胁可能性。它涉及现代实在法的基本原理和法律的自主性和解释问题。正如希尔德布兰特所说，我们的法律系统形式是由于印刷机的普及以及由此产生的我们生产、书写和阅读文本方式的变化而发展起来的。⑦ 印刷机生产标准化、相同和不可变的文本，这些文本是脱离了口头沟通和手稿的"流动性"⑧——那些逃避评论实践的书籍。在以前的文本和以口头为主的

① SUSSKIND R. The End of Lawyers? Rethinking the Nature of Legal Services[M]. Oxford University Press, 2008.

② WALTON D., MACAGNO F., SARTOR G. Statutory Interpretation. Pragmatics and Argumentation[M]. Cambridge University Press, 2021.

③ LETTIER N. ExMachina: Analytical Platforms, Lawand the Challenges of Computational Legal Science[J]. Future Internet, 2018, 10(5).

④ ALETRAS N. et al. Predicting judicial decisions of the European Court of Human Rights: a Natural Language Processing Perspective[J]. Peer J. Computer Science, 2016, 2: 93.

⑤ BINNS R. Analogies and disanalogies between machine-driven and human-driven legal judgement[J]. Journal of Cross-disciplinary Research in Computational Law, 2020, 1(1).

⑥ ASHLEY K. Artificial Intelligence and Legal Analytics: New Tools for Law Practice in the Digital Age[M]. Cambridge University Press, 2017.

⑦ HILDEBRANDT M.Law for Computer Scientists and Other Folk[M].Oxford University Press, 2020; LUHMANN N. Das Recht der Gesellschaft[M]. Suhrkamp, 1993: 349.

⑧ ZUMTHOR P. Introduction à la poésie orale[M]. Seuil, 1972; Elizabeth L. Eisenstein. The Printing Press as an Agent of Change. Communications and Cultural Transformations in Early-Modern Europe[M]. Cambridge: Cambridge University Press, 1979.

文化中,每次阅读时都会添加注释和评论,并成为文本的一部分,这些文本不断变化("移动"),每次都会产生不同的沟通。① "移动"文本包含解释。

当使用印刷机时,文本变得固定并在所有阅读中保持不变,诠释成倍增加并可变。卢曼认为,写作引起了文本和诠释之间的差异,印刷推广了此种差异。② 必须对固定文本进行诠释,以使其在特定语境中有意义。但是,阅读文本的情况都是独一无二的,与其他任何情况都不同;如果文本保持不变,则思考它的方式必须改变。诠释的多样性不可避免,也是合理的:因为语境和环境总是不同的,诠释必须改变以将它们考虑在内。③ 因此,对同一文本的诠释总是可以不同,任何诠释都可能受到质疑。

这发生在与文本有关的所有领域,但在法律实践中,它采取了更复杂的形式。④ 如果法律是书面文本并且法律决定也采用这种形式,则需要进行大量诠释工作以考虑多样性情况和法律案件。法官诠释法律和以前的案件,他们的观察者(律师、诉讼当事人、公众)诠释他们的决定。在希尔德布兰特看来,诠释自由是现代法治的基础。这种自由是司法自治的基础。它允许司法机构遵循自己的逻辑和标准。这些不是由主权者决定的,可能与政治权力的原则和偏好相冲突。用弗里德的话来说,"法律的理性是理性的一部分",它不遵循一般理性的原则,而只是遵循"法律的人工理性"。⑤

诠释的自主性是法律独立的基本要求,但并不意味着恣意或模糊。法官的决定必须得到解释,即(在法律上)根据法律的特定理性动机,明确其所依据的理性。根据这种理性,解释被诠释,决定可以被质疑。"诠释的目的

---

① ASSMANN J., GLADIGOW B. (eds). Text und Kommentar[M]. Archäologie der Literarischen Kommunikation IV. Fink, 1995.

② LUHMANN N. Das Recht der Gesellschaft[M]. Suhrkamp, 1993: 362.

③ ESPOSITO E. SozialesVergessen. Formen und Medien des Gedächtnisses der Gesellschaft[M]. Suhrkamp, 2002: 226 - 227.

④ 关于语言的述行性(performativity of language),参见 AUSTIN J. L. How to Do Things with Words[M]. Oxford University Press, 1962. 在法律领域,这是一个基本条件:法官或立法者所说的话是直接的事实并具有具体的结果。

⑤ FRIED C. Artificial Reason of the Law or: What Lawyers Know[J]. Texas Law Review, 1981, 60(1): 35, 39, 58. 社会学系统理论将这种情况描述为现代社会中法律系统的分化(Ausdifferenzierung)。参见 N. Luhmann. Die Gesellschaft der Gesellschaft[M]. Suhrkamp, 1997: 743.

不是确保所有读者都以相同的方式理解文本,而是让面对相同文本的不同人参与统一的沟通".① 这是法律系统的受控运作所需的那种透明度,并且必须根据这种透明度来评估算法的可能透明度。人工智能在机器法学中提供的解释是否符合"法律的人工理性"的要求? 在自动化程序的基础上做出的决定是否可以被证明是正当的,以允许相关人员进行法律沟通和可能的争议? 正如我们所见,算法缺乏透明度在沟通使用中是不可避免的,这是否与法律决定的透明度要求兼容?

模糊性在法律论证中的作用

在第一个层面上,情况似乎如此。导致决策的数字过程与我们的智能不同,人类观察者可能无法访问或理解,就法律沟通而言,这并不一定标志着人类行动者做出决定的停顿。正如卡纳利和图泽声称的那样,"司法动机不在于对导致该决定的过程的心理解释,而是在于表明证明其理性的法律理由",②或如卢曼声称的那样,"论证并不反映读者的想法".③ 正确的动机并不意味着描述了导致该决定的想法和步骤,因此,可以争辩说,也没有必要描述算法遵循的过程以获得其结果。如果算法能够在沟通的意义上解释它的决定,即以可理解的方式指出导致它的法律理性,或者在弗里德的意义上,指出它所依据的人工理性。

然而,在第二个层面上,事情要复杂得多。从社会学的角度来看,法律对整个社会的作用是在诉讼管理中"吸收不确定性".④ 必须能够依赖于法律规则适用于具体案件,并以有效方式适用这一事实。⑤ 为了消除不确定性,必须论证(动机)有效性,即必须通过提供理由来证明法律决定是正当的。

---

① LUHMANN N. Das Recht der Gesellschaft[M]. Suhrkamp 1993：362.(本书作者翻译)。

② CANALE D., TUZET G. La giustificazione della decisione giudiziale[M]. Giappichelli, 2020.

③ LUHMANN N. Das Recht der Gesellschaft[M]. Suhrkamp,1993：362.(本书作者翻译)。

④ LUHMANN N. Recht und Automation in der öffentlichen Verwaltung[M]. Duncker & Humblot, 1966：56 - 57. 在马驰和西蒙的经典定义中：当从大量证据中得出推论,然后传达推论而不是证据本身时,就会发生不确定性吸收。参见 MARCH J. G., SIMON H. A. Organizations[M]. Wiley, 1958：165.

⑤ LETTIER N. Law, Rights and the Fallacy of Computation[J]. Jura Gentium, 2020, XVII(2)：72.

由于要处理的案件总是不同的，因此理由必须适合语境，①但是"关于什么决定能适合语境"的本身可能会引起争议，并导致怀疑和分歧。② 此外，在大多数情况下，双方为支持他们的论证而提出的证据是基于相互冲突的规则和先例。③ 尽管所有法律决定都参考同一组规则，但论证（解释）必须因案件而异，并且可以灵活地相互协调。

　　为了使协调成为可能，模糊性在法律沟通中发挥着重要作用。④论证"通常模糊和有歧义"，⑤也就是说，"容易受到不止一种合理解释的影响"。⑥法律规范的特点是多层次的模糊性，阻碍它们组织成一个正式的、完全一致的整体。在典型的法律论证案例中，"不一致是常态"，⑦而事实上，论证的目的只能是"避免可见的不一致"。⑧ 论证的真正目标不是实现抽象的逻辑连贯性，而是使该决定的理由似乎令人信服——而一个法律理由之所以令人信服，并不是因为它的所有步骤都经过了检查："处理法律问题的理由……不在于其结论的逻辑正确性……而是在于它必须足够使每个人都相信它已经说服了它的作者。"⑨当每个人都相信别人认为它令人信服时，动机（解释）似乎令人信服。修辞有效性比论证步骤的逻辑结果性更重要，这一点没

① WALTON D., MACAGNO F., SARTOR G. Statutory Interpretation. Pragmatics and Argumentation[M]. Cambridge University Press, 2021.

② EASTERBROOK F. H. The Absence of Method in Statutory Interpretation[J]. Chicago Law Review, 2017, 84(1)：81, 83 - 84.

③ BERMAN D., HAFNER C. Obstacles to the Development of Logic-Based Models of Legal Reasoning in Charles Walter, Computer Power and Legal Language[M]. Greenwood Press, 1988.

④ LETTIER N. Law, Rights and the Fallacy of Computation[J]. Jura Gentium, 2020, XVII(2)：72; HILDEBRANDT M. The Adaptive Nature of Text-Driven Law[J]. Journal of Cross-disciplinary Research in Computational Law, 2020, 1(1); HOFFMANN-RIEM W. Legal Technology/Computational Law：Preconditions, Opportunities and Risks[J]. Journal of Cross-disciplinary Research in Computational Law, 2020, 1(1).

⑤ WALTON D., MACAGNO F., SARTOR G. Statutory Interpretation. Pragmatics and Argumentation[M]. Cambridge University Press, 2021：4.

⑥ SOLAN L. Pernicious Ambiguity in Contracts and Statutes[J]. Chicago-Kent Law Review, 2004(79)：859, 862.

⑦ WALTON D., MACAGNO F., SARTOR G. Statutory Interpretation. Pragmatics and Argumentation[M]. Cambridge University Press, 2021：5; Bernardo Giorgio Mattarella, La trappola delle leggi：molte, oscure, complicate[M]. Il Mulino, 2011.

⑧ LUHMANN N. Das Recht der Gesellschaft[M]. Suhrkamp, 1993：356.（本书作者翻译）。

⑨ LUHMANN N. Recht und Automation in der öffentlichen Verwaltung[M]. Duncker & Humblot, 1966：55, 59.（本书作者翻译）。

有得到详细考察。

　　律师和法官是"法律人工理性的大师"，凭借经验和专业知识，他们非常擅长处理模糊性并将其用于修辞目的，例如通过运用"训练有素的、有纪律的直觉，细节过于广泛，无法让我们的思维进行演绎"。① 加芬克尔声称，律师的任务是对事实和法律的诠释变得模糊。② 它在与人类互动时效果很好，因为为了有效沟通，它足以规范"陈述，而不是决定的产生"。③ 律师和法官必须对他们做出的决定提供令人信服的说明，但他们的诠释可以而且经常必须保持模糊，因为它"不关心我们如何理解或产生文本，而关注我们如何确定特定解读的可接受性"。④ 观察者诠释的是法官或律师通常模糊的诠释。

　　然而，对于算法来说，模糊性是一个挑战。众所周知，模糊性的有效管理是机器的一个问题，几十年来一直在讨论人工智能的局限性。⑤ 即使在今天，算法也很难处理人类沟通中总是存在的各种程度的模糊性，或者在法律领域，很难管理规则和规范的多种可能诠释。⑥ 此外，如果重点从机器的智能（它们可以理解什么以及如何理解）转移到它们参与沟通，则会出现与模糊性相关的其他问题：不仅机器难以应对人类沟通的模糊性，而且机器自身也难以产生模糊性的沟通，即以有效的方式管理法律论证所要求的模糊性。

　　算法产生的法律解释本身应该是模糊的，就像人类对法律规范的诠释一样。正如我们倾向于认为的那样，模糊性并不与透明性相背离，⑦相

① FRIED C. Artificial Reason of the Law or: What Lawyers Know[J]. Texas Law Review, 1981, 60(1): 57.
② GARFINKEL H. Studies in Ethnomethodology[M]. Prentice Hall, 1967: 111.
③ LUHMANN N. Recht und Automation in der öffentlichen Verwaltung[M]. Duncker & Humblot, 1966: 106. (本书作者翻译)。
④ WALTON D., MACAGNO F., SARTOR G. Statutory Interpretation. Pragmatics and Argumentation[M]. Cambridge University Press, 2021: 9.
⑤ DREYFUS H. What Computers Cant Do[M]. The MIT Press, 1972.
⑥ LETTIER N. Law, Rights and the Fallacy of Computation[J]. Jura Gentium, 2020, XVII(2): 72.
⑦ ANANNY M. CRAWFORD K. Seeing Without Knowing: Limitations of the Transparency Ideal and its Application to Algorithmic Accountability[J]. New Media & Society, 2018, 20(3): 973; OLSEN J. P. Accountability and Ambiguity[M]//BOVENS M., GOODIN R. E., SCHILLEMANS T. The Oxford Handbook of Public Accountability. Oxford University Press, 2014; HEIMSTADT M., DOBUSCH L. Transparency and Accountability: Causal, Critical and Constructive Perspectives[J]. Organization Theory, 2020, 1(4).

反，它对于提供可争议性所需的多种法律诠释而言是必要的。正如希尔德布兰特所说，"由于人类语言固有的模糊性，文本驱动的信息和通信基础设施(ICIs)①会产生一种特定类型的多元诠释性，进而产生一种特定类型的可争议性。"②要挑战决策，人们需要能够发展独立于决策者提供的决策观点，③即质疑他们的诠释。然而，要做到这一点，动机必须在法律上显得模糊性——也就是说，正如我们所见，它必须容易受到不止一种合理诠释的影响。没有自己视角的机器不会诠释，所以它的解释没有模糊性。它提供的解释是对遵循进一步规则做出决策的重新表述，因此，询问算法的意义是没有意义的——算法并不意味着任何东西。

在法律领域试图实现某种形式的可解释的人工智能的实验中，缺乏对模糊性的有效管理也是一个问题。即使对于产生法律论证的最新计算模型来说，缺乏模糊性也是一种限制，④远远超出了人类之间法律沟通的要求，这种沟通是由显得令人信服和吸收不确定性的必要性所引导的。那么，自相矛盾的是，人们可以说，法律论证中的诠释问题——甚至在处理人类智能难以理解的算法时——并不是机器解释得不够多，而是它必须解释得够多，而且也确实解释得够多。正如该领域的学者所承认的那样，这种详细程度可能会掩盖而不是阐明法律沟通的实践。

　　我们很清楚，在使用结构化和形式主义的论证方法时，除了向他们解释法院如何才能更好地解决法定诠释(statutory interpretation)中的棘手(所谓的邪恶)问题之外，还存在使读者感到困惑的危险。⑤

---

① 信息和通信基础设施。

② HILDEBRANDT M. The Adaptive Nature of Text-Driven Law[J]. Journal of Cross-disciplinary Research in Computational Law，2020，1(1); HOFFMANN-RIEM W. Legal Technology/Computational Law: Preconditions, Opportunities and Risks[J]. Journal of Cross-disciplinary Research in Computational Law，2020，1(1)：7-8.

③ HARA K. O. Explainable AI and the Philosophy and Practice of Explanation[J]. Computer Law & Security Review，2020，39.

④ WALTON D.，MACAGNO F.，SARTOR G. Statutory Interpretation. Pragmatics and Argumentation[M]. Cambridge University Press，2021：11.

⑤ WALTON D.，MACAGNO F.，SARTOR G. Statutory Interpretation. Pragmatics and Argumentation[M]. Cambridge University Press 2021：12.

因此，一方面，存在解释不能令人信服的风险；另一方面，如果它具有说服力，也许会出现一个更严重的问题：可能会对支持法律沟通自主性的诠释自由施加限制，并且可能存在使用自动化模型时会改变基本面的风险。① 正如我们在上面所看到的，"法律的人工理性"与社会的普遍理性甚至与逻辑论证的抽象连贯性并不相符。然而，机器法学在识别和适用与所涉案件相关的法律规则时，并不适用于具有法律推理和解释特征的修辞有效型论证，②这些论证可能具有模糊性且不完全一致。由于沟通中的算法干预，法律沟通的自主性及其对现代社会结构的所有影响可能会采取不同的形式。

那些必须诠释"机器的"法律论证的人还有什么自由？尤其是如何对决定提出质疑？算法产生的论证不是诠释的、偶然的和可修正的，而是对一系列形式步骤的描述。观察者可以发现正式错误，并在这个级别上对决定提出异议。但是，他们无法探索和挑战诠释，因为机器没有诠释任何东西。所有涉及诠释的理由和动机的论证，即"可能导致决策者选择一种或另一种诠释的因素"，③它们都可能在事实上被取消资格，并成为现代社会法律沟通的基本组成部分。

结论：与机器沟通

从沟通的角度观察不透明算法所带来的挑战揭示了许多令人着迷和困难的问题。其中有一些问题解决了，例如基于图灵测试的问题：我们经常与数字合作伙伴互动，而不怀疑其是否是人类。其他问题采取不同的形式，例如复杂的偏见问题，它涉及反映程序员的价值观的算法偏见维度，④以及取决于数十亿参与者、传感器和其他数字来源的数据偏差维度。⑤ 在许多

① LETTIER N. Law, Rights and the Fallacy of Computation[J]. Jura Gentium, 2020, XVII(2)：72.
② ASHLEY K. Artificial Intelligence and Legal Analytics：New Tools for Law Practice in the Digital Age[M]. Cambridge University Press, 2017.
③ WALTON D., MACAGNO F., SARTOR G. Statutory Interpretation. Pragmatics and Argumentation[M]. Cambridge University Press, 2021：97.
④ CRAWFORD K. Artificial Intelligences White Guy Problem[N]. New York Times, 2016 - 06 - 25.
⑤ MEHRABI N. et al. A Survey on Bias and Fairness in Machine Learning[J]. ACM Computing Surveys (CSUR), 2021, 54(6)：1 - 35.

领域积累的实践经验方面还出现了其他问题，将算法用于特定任务几乎在不经意间导致与其参与沟通相关的各种且极其复杂的问题出现。法律论证中的诠释问题是一个特别重要的例子。问题不在于机器如何工作，而在于它们如何参与法律沟通。

译后记

　　埃琳娜·埃斯波西托教授是德国比勒费尔德大学和意大利博洛尼亚大学的社会学教授,她的研究植根于卢曼社会系统理论。她曾跟随享誉世界的哲学家、符号学家、历史学家、文学批评家和小说家翁贝托·埃科教授学习哲学,并跟随当代德国最为重要的社会学家之一尼克拉斯·卢曼教授研学,并获得社会学博士学位。作为德国社会系统理论的领军人物,她在社会理论、媒体理论、记忆理论和金融社会学方面发表了大量著作。她目前的研究项目《预测的未来:保险、医学和警务中算法预测的社会后果》得到了欧洲研究委员会五年期高级资助的支持。2019—2020年,她是柏林高等研究院的研究员,以及德意志学术交流中心(DAAD)的评估员。她的最新著作《人工沟通:算法如何生产社会智能》于2022年由麻省理工学院出版社出版,为国外的算法社会学理论提供了许多卓见。

　　我是卢曼社会系统理论的"发烧友",因此此前曾经关注过埃琳娜·埃斯波西托教授的其他作品,以及她的许多讲座。该书出版后很快也列入了我的阅读书单之中。不同于卢曼晦涩难懂的作品,埃琳娜·埃斯波西托教授的作品则在可读性与思想性之间保持了很好的均衡度,该书亦不例外。在初步阅读并翻译了该书的大部分内容之后,我向埃琳娜·埃斯波西托教授咨询本书的翻译授权与版权问题,得到了她的热情回复与细心解答。在她的帮助下,我得以用更多的精力投入到对该书的理解与翻译之中。本书除了翻译《人工沟通:算法如何生产社会智能》之外,还在征求埃琳娜·埃斯波西托教授建议的基础上,增加了《透明度与解释:模糊性在法律AI中的作用》这篇司法人工智能领域的优秀作品。由此,本书以《人工沟通与法:算法如何生产社会智能》的更完整形式向读者呈现。

　　在我看来,埃琳娜·埃斯波西托教授在该书中展现出了极大的理论抱负。

该书所涉及的诸多洞见可以为我国法学界提供非常多有趣的话题。法律人工智能是当下我国法学界中炙手可热的理论热点，围绕其发表的相关研究很多。国内的法律人工智能研究基本上遵循了"人工智能"的自然科学路径，但埃琳娜·埃斯波西托教授则沿袭了卢曼的"社会沟通"理论，提出了"人工沟通"的社会科学路径。两种路径的差异之处在于，前者关注研究、开发用于模拟、延伸和扩展人的智能的人工智能研究，后者则将研究重心放在观察人工智能如何参与到社会沟通之中。"人工沟通"的社会科学路径的核心思想是，放弃人类中心主义的思想，平等地将人工智能作为社会的行动者纳入社会沟通的关系网络之中，接纳"人工智能"与人共同参与的"人工沟通"对社会事实的建构。由于人工智能在许多时刻并不像人类那样思考，而是形成了"自创性"的运作逻辑，这种运作逻辑在"封闭中开放与学习"，尽量克服过拟合与欠拟合的弊端，这也是人工智能能够提供人类难以预想到的信息或知识的核心原因。因此，"人工沟通"能否成功的关键环节"理解"，并非去理解人工智能自身思考和理解的信息与内容，而是去理解人工智能向其沟通伙伴，即人类所传达的信息与内容。值得关注的是，埃琳娜·埃斯波西托教授的"人工沟通"概念是否构成对卢曼的"沟通"概念实质调整？这也是本书留给我们的理论问题。

　　埃琳娜·埃斯波西托教授提供的"人工沟通"路径尊重法学方法论知识的基本建构，即区分法律发现与法律论证。在卢曼系统理论的框架中，法律发现属于心理系统的心理意识范畴，是法律系统的环境，并不能直接影响法律系统，后者属于法律系统的社会沟通范畴，直接建构着法律系统的法律沟通。司法人工智能的难题在于其输出结果的可解释性问题，现有研究围绕可解释性提供了诸多标准，这些标准可以被区分为两大类，即心理标准和社会标准。在卢曼社会沟通理论的视域下，司法人工智能的输出结果本质上是对"信息"的"告知"，对此种信息的"理解"构成了确立可解释性标准的关键。此种"理解"并非对司法人工智能运作过程的全程化理解，而是对司法人工智能的终端输出的理解；此种"理解"并非从心理系统层面对终端输出的全局理解，而是从社会系统层面对终端输出的理性理解；此种"理解"并非高度个性化的个体心理性理解，而是在社会意义脉络的结构影响下的总体诠释性理解。因此，司法人工智能的可解释性标准应当是综合"法官—听众"双重视角的复合标准，而非符合某种技术公式的单一标准。本书中类似的洞见还有很多，此处仅抛砖引玉，供各位读者参考。

　　本书的内容涉及计算机科学与人工智能、算法社会学、计算语言学等领域的前沿知识与专业词汇,为此译者在查阅相关资料并咨询诸多师友的基础上,对相关术语予以反复甄别和比较。翻译本书时,我尽可能地将部分术语安置在前述学科的背景或语境下翻译,方便相关领域的学者与学生阅读理解。感谢对全书相关专业术语的翻译提供了实质性建议的诸多学友:上海交通大学凯原法学院宾凯副教授、北京航空航天大学法学院余成峰副教授、中国政法大学民商经济法学院讲师张焕然博士、微软中国软件开发工程师段振宇、中国航天工业设计工程师白占玺、清华大学中国语言文学专业(计算语言学方向)2022 级博士研究生刘柱、浙江大学计算机科学与技术专业(人工智能方向)2018 级博士研究生张建伟、南京大学电子科学与技术专业(智能芯片设计方向)2022 级博士研究生白一川、中国科学技术大学微电子学院(智能芯片设计方向)2022 级博士研究生韩凡、厦门大学信息学院(人工智能计算机视觉方向)2020 级硕士研究生邓文晋、中国科学院大学人文学院 2021 级(科学社会学方向)硕士研究生刘明。他们以丰厚的学养帮助我完善了译本的内容。除此之外,还要感谢上海交通大学出版社细心负责的专业编辑团队。译本内容中的不足之处,一如陈例,文责自负。

　　在翻译本书期间,我因突发病毒性心肌炎住院,至今身体仍处于康复阶段。其间,感谢谭俊老师以及许月老师的辛勤联络,他们耐心细致与严谨负责的态度极大地助推了本书的出版。感恩恩师季卫东先生对我的悉心指导与关爱照顾,每次与老师探讨学术问题,老师总会提示我关键的理论线索。顺着这些线索深挖,总能挖到许多学术富矿,让自己对特定领域的研究得到深化。距离第一次读到老师的书籍已将近七年,这些书籍也构成了自己知识体系的内核。距离第一次与老师见面也已将近三年,回想起与老师交往的点滴倍感人生的幸运。希望愚钝的自己能以本书为起点,博士期间在学术道路上持久攀登,努力取得扎实的研究成果。本书得到了上海交通大学中国法与社会研究院的出版资助,在此特别感谢。

　　感谢我的父母,我将这本译著献给他们。

翁壮壮
2022 年 11 月 29 日